La Dignidad de la Diferencia

Cómo evitar el choque de civilizaciones

Jonathan Sacks

A mi amigo y maestro
Álvaro, admirador de
Sacks antes de conocerle

David

NAGRELA
editores

Jonathan Sacks

La Dignidad de la Diferencia

Cómo evitar el choque de civilizaciones

Traducción castellana

David Jiménez-Blanco Carrillo de Albornoz

David Jiménez-Blanco Unciti

NAGRELA
editores

Título original: *The Dignity of Difference. How to avoid the clash of civilizations.*

Translation by arrangement with Louise Greenberg Books Ltd.

Originally published by Continuum International Publishing Group, London

© Nagrela Editores, S.L., 2013
Francisco Gervás, 8
28108 Alcobendas (Madrid)
Tel.: 91 662 63 02

Consejo Editorial: Samuel Bengio, Lior Haiat, David Jiménez-Blanco,
José Ignacio Jiménez-Blanco, Rubén Lerner, José Whagnon.

Traducción: David Jiménez-Blanco Carrillo de Albornoz y David Jiménez-Blanco Unciti

Diseño de portada: Susan Guenun

Maquetación y Preimpresión: Ignacio Olondo

ISBN: 978-84-940160-3-5

Depósito Legal: M-13732-2013

Impreso en Cayfosa – Impresia Ibérica.

Semuel ibn Nagrella (en hebreo Sh'muel ha-Levi ben Yosef han-Nagid; Mérida, Badajoz, 993 - 1055) fue un poeta y filósofo sefardí que llegó a ser Visir de Granada y general de sus ejércitos.

Llamado por sus contemporáneos Ha-Naguid, el Príncipe, protegió incansablemente la ciencia judía y las escuelas talmúdicas y emprendió una ambiciosa tarea erudita y literaria, especialmente interesada por el talmudismo y la gramática.

Índice

Prefacio a la Edición en Español

Escribí *La dignidad de la diferencia* como respuesta a los acontecimientos del 11 de septiembre de 2001. En mi opinión, el argumento que expuse entonces no ha perdido relevancia.

Los problemas del siglo XXI siguen ahí. Las desigualdades de renta entre naciones y dentro de cada nación continúan. Los Objetivos de Desarrollo del Milenio propuestos por Naciones Unidas no se están alcanzando. Todavía mueren al año dos millones de niños a causa de la pobreza, de la malnutrición o de enfermedades evitables. La desigual distribución de la riqueza ha llevado a la gente a perseguir el beneficio a corto plazo a costa de la sostenibilidad a largo plazo, lo cual ha sumido a los Estados Unidos y a Europa en la crisis financiera. Se ha producido un declive en la confianza en líderes e instituciones en todo Occidente. La política internacional, desestabilizada por los ataques sobre las Torres Gemelas y el Pentágono, no ha recuperado aún su equilibrio.

Y sin embargo las posibilidades son inmensas. Las nuevas tecnologías de la comunicación hacen posible el acceso universal a la información y a la educación de maneras que no habíamos soñado siquiera. Las redes sociales hacen posible movilizar a masas, derrocar tiranías, desnudar injusticias, aumentar el poder de las protestas y contribuir a llevar la democracia a partes del mundo que hasta ahora no la conocían. Los avances en el conocimiento y la tecnología médicas, desde la descodificación del genoma humano a los nuevos descubrimientos neurocientíficos, abren la puerta a la curación de enfermedades hereditarias o hasta ahora intratables. Las nuevas fuentes de energía pueden tener un impacto positivo sobre el medio ambiente en todo el mundo. El comercio internacional está generando crecimiento en partes del mundo que se encontraban hasta ahora en la pobreza.

En resumen, vivimos uno de los grandes momentos de cambio en la historia, aún más dramático que los que siguieron a la invención de la imprenta o a la revolución industrial. Hay tantos motivos para el temor como para la esperanza. ¿Cuál de ellos prevalecerá?

El argumento de este libro es que eso dependerá del marco de valores que apliquemos a los problemas a los que nos enfrentamos. Necesitamos un marco ético para una era globalizada. La economía de mercado es un mecanismo muy potente de creación de riqueza pero es menos efectivo para distribuirla equitativamente, así que hay que defender la necesidad de justicia social entre naciones y dentro de cada nación. La dignidad humana depende tanto de la igualdad de acceso a la educación como de la igualdad de riqueza y poder. Tenemos una responsabilidad no solo hacia nuestra generación sino hacia aquellos que nos han de seguir: de aquí la necesidad de contar con una ética medioambiental, entre otras cosas.

La visión ética que describo aquí es a la vez antigua y muy contemporánea. Tiene sus orígenes en la Biblia Hebrea o Antiguo Testamento, así que espero que encuentre cierta comprensión en las mentes de judíos, cristianos y musulmanes. Pero también he encontrado que los principios que defiendo resuenan con gentes de otras fes y tradiciones así como con humanistas seculares. Esta visión articula de la manera más fuerte posible el argumento a favor de una responsabilidad global hacia el bien común de nuestra humanidad compartida.

El argumento más importante que expreso, y el que da título al libro, es la idea de que las diferencias culturales y religiosas no tienen que llevarnos necesariamente a un choque de civilizaciones sino justo a lo contrario: a un respeto por la diferencia basado en principios sólidos. Como digo más adelante: la verdad del monoteísmo abrahámico es que la unidad en el cielo crea la diversidad en la tierra. El desafío para una ética religiosa del siglo XXI es ver que alguien que no está hecho a mi imagen –cuyo color, credo o cultura son diferentes de los míos– está hecho sin embargo a imagen de Dios.

PREFACIO A LA EDICIÓN EN ESPAÑOL

Al encontrarme en la Zona Cero hace más de diez años y darme cuenta del poder de la fe religiosa para generar odio y no solo amor, sentí una inmensa necesidad de contar con una nueva manera de pensar acerca de un problema que ha preocupado a la humanidad a lo largo de la historia: cómo relacionarse con el otro, el extraño, el extranjero, el que no es como yo. El resultado fue este libro. En los años que han transcurrido, me he visto abrumado por la positiva recepción que ha tenido el libro entre personas de muchas religiones diferentes o de ninguna, y en muchos países de todo el mundo.

La dignidad de la diferencia es, en parte, un argumento religioso contra el extremismo religioso. Pero también es la exploración de una idea –la idea de pacto constitutivo o alianza– que tiene el poder de inspirar a diferentes civilizaciones, seculares o religiosas, a cooperar con responsabilidad colectiva por el futuro de la humanidad, utilizando nuestras diferencias como fuente de esperanza y no de temor.

Así que estoy profundamente agradecido por esta nueva traducción, que hará el argumento accesible a una nueva comunidad de lectores. Creo que el poder de las ideas es mayor que la idea de poder. Si podemos pensar la manera de alcanzar un futuro más justo y compasivo, entonces podremos empezar a dar los pasos prácticos que nos llevarán hasta allí. Así que espero que las páginas que siguen, ofrecidas con humildad y amor, inspiren al lector a ver las diferencias entre grupos como nuestra mayor fuerza, y no como nuestra más profunda debilidad. Nos vemos aumentados, y no amenazados, por la diversidad. Esa es una verdad espiritual que puede transformar a creyentes y no creyentes, ayudándonos a construir juntos un mundo con más benevolencia y menos conflicto.

Jonathan Sacks
Febrero de 2013

Nota sobre la Presente Traducción

Traducir y publicar en castellano *La dignidad de la diferencia* en 2013 obliga a constatar una paradoja. El libro trata de ideas intemporales como la moralidad, la fe, la diversidad o el respeto y la responsabilidad que debemos tener hacia los demás y hacia el mundo; pero al mismo tiempo, y de manera esencial, trata de la plasmación de esas ideas intemporales en cada momento presente, y en particular en el convulso panorama global actual. Apareció en primer lugar como respuesta a los atentados del 11 de septiembre de 2001. Es inevitable por ello encontrar trazos del momento en el que el original inglés fue publicado, en 2002. Esos rastros pueden verse en las referencias a regímenes políticos concretos (el Afganistán de los talibanes o el Irak de Sadam Husein), en las estadísticas de pobreza y desarrollo que se citan, o en las geografías de conflicto que se enumeran en varios capítulos.

Tal vez llame la atención también constatar, en las discusiones sobre los efectos de la tecnología e internet sobre nuestras vidas, la ausencia de menciones al fenómeno de las redes sociales, desconocido aún en aquel momento. O, de manera más preocupante, leer al comienzo del capítulo 2 la descripción de dos escenarios alternativos para el mundo en 2020 y pensar, cuando ha transcurrido ya más de la mitad del tiempo que faltaba al formularlos, a cuál de ellos nos estamos acercando más.

Sea como fuere, el anclaje esencial del libro en ideas profundas y eternas permanece inalterado. Si acaso, creemos que la evolución reciente del mundo hace que el mensaje central del libro haya ganado urgencia y no haya perdido un ápice de su vigencia, como dice el autor en la introducción a la presente edición. Confiamos en que el lector hispanohablante de 2013 lo vea así también.

Los traductores

La Dignidad de la Diferencia

Capítulo 1

PRÓLOGO

> Cuando el Santísimo creó al primer hombre, le tomó de la mano y le guió por todos los árboles del Jardín del Edén y le dijo: «Contempla mis obras y lo bellas y espléndidas que son. Todo lo que he creado, lo he creado para ti. Ten cuidado, por tanto, de no destruir mi mundo, porque si lo destruyes no habrá nadie que repare lo que has destruido».
>
> (Midrash, *Ecclesiastes Rabbah*)

En enero del año 2002 me encontré en la Zona Cero de Nueva York, el lugar donde había tenido lugar la destrucción del World Trade Center el 11 de septiembre del 2001. Junto a mí se encontraban representantes religiosos procedentes de todo el orbe, reunidos con motivo de su participación en el Foro Económico Mundial, cuya sede se había movido desde Davos (Suiza) a Nueva York, en un gesto de solidaridad con una ciudad que había sufrido tal trauma y tan grandes pérdidas. El Arzobispo de Canterbury rezó una oración, al igual que un imán musulmán. Un gurú hindú recitó una meditación mientras rociaba el sitio con pétalos de rosas y agua bendita del Ganges. El Rabino Principal de Israel leyó una reflexión que había escrito para la ocasión. Otro rabino rezó el kaddish, la oración funeraria tradicional de los judíos. Fue un raro momento de fraternidad ante los efectos del inmenso poder destructivo del hombre. Me encontré dando vueltas en mi cabeza al contraste que había entre el fervor religioso de los secuestradores y el no menos intenso deseo de paz de los líderes religiosos que allí estaban. La yuxtaposición del bien y el mal, de la armonía y el conflicto, de la paz mundial y la guerra santa, me pareció una metáfora adecuada del siglo que acabábamos de empezar. Los hombres nos hemos adueñado de poderes fatídicos. Podemos curar y dañar, arreglar o destruir a una escala inimaginable para generaciones previas. Nunca ha habido tanto en juego, y tenemos que elegir.

Este es un libro sobre la globalización, sobre los desafíos que plantea, sobre las cosas buenas que trae, el sufrimiento que causa y la resistencia y el resentimiento que genera. Se han escrito muchos libros sobre el nuevo panorama global emergente, pero demasiados pocos sobre las cuestiones morales y éticas que lleva aparejadas.[1] Sin embargo, tales cuestiones se cuentan entre las más importantes que debemos abordar si queremos realzar la dignidad humana, mejorar las posibilidades de paz y evitar el choque de civilizaciones que predijo Samuel Huntington. Ocurren cosas malas cuando el ritmo de cambio supera a nuestra capacidad de cambiar, cuando los eventos se suceden más rápidos que nuestra capacidad de entenderlos. Es entonces cuando sentimos la pérdida del control sobre nuestras vidas. La ansiedad causa miedo, el miedo lleva a la ira, la ira genera violencia, y la violencia –cuando se combina con armas de destrucción masiva– se convierte en una realidad mortal. El antídoto más poderoso contra la violencia es el *diálogo*, expresar nuestros miedos, escuchar los miedos de otros, y en este compartir de vulnerabilidades descubrir un germen de esperanza. He intentado aportar una voz judía a lo que debe suponer un diálogo global, ya que todos tenemos algo en juego en el futuro, y todos nuestros futuros se entrelazan inexorablemente.

Este libro, sin embargo, no está dirigido sólo a judíos, y tampoco se limita a tratar temas religiosos convencionales. Demasiado a menudo en el mundo actual los grupos hablan consigo mismos, no unos con otros: los judíos con judíos, los cristianos con otros cristianos, los musulmanes con musulmanes, los líderes económicos con los economistas y los que protestan con otros miembros de su mismo grupo. La proliferación de canales de comunicación –correo electrónico, internet, periódicos online, y miles de canales de televisión por cable o digitales– significa que ya nunca nos dirigimos al mundo en general. Ahora podemos difundir información solamente a aquellos grupos que nos interesa alcanzar. Aquellos días en los que personas con distintas opiniones se veían obligadas a compartir los mismos canales, y por lo tanto a discutir y razonar con sus oponentes, se han esfumado. Hoy en día podemos dirigirnos a aquellos que comparten nuestra opinión y filtrar y eliminar las opiniones diferentes. Aquellos que quieren dar a conocer sus opiniones más ampliamente lo hacen de formas que capten la atención de los medios de comunicación, normalmente mediante algún tipo de violencia o protesta, creando un evento que pueda plasmarse en una imagen dramática, en un titular o en escenas de confrontación. Las noticias televisivas, en particular, con su notoria incapacidad de mantener la atención del espectador de manera prolongada, no pueden ser el sustituto de un debate racional y de un diálogo serio entre opiniones contrarias. El diálogo, el auténtico pulso de la política en democracia, se está muriendo, y con él nuestras posibilidades de alcanzar la paz civil, y más aún global.

Si, por ejemplo, nuestro pequeño grupo de líderes religiosos se hubiese roto y enfrentado, probablemente eso sí habría salido en las noticias. El reunirnos, como lo hicimos, en una armonía sombría y reflexiva, no fue suficiente para captar la atención. Una de las ideas más importantes de John Rawls, filósofo político de

Harvard, es la de la «razón pública»,[2] el proceso mediante el cual las personas involucradas en el debate político usan un lenguaje y una lógica accesibles a todo el mundo para que –en las palabras del profeta Isaías– «razonemos juntos». La idea de razonar juntos sufrió un golpe fatal en el siglo XX con el colapso del lenguaje moral, la desaparición del uso de la palabra «debería» y su sustitución por las de «quiero», «elijo» y «siento». Las obligaciones pueden ser objeto de debate. Los «deseos», las «elecciones» y los «sentimientos» solo pueden verse satisfechos o frustrados. La televisión, con su énfasis en lo visual, crea una cultura de ver en lugar de escuchar: una imagen vale más que mil palabras. Las imágenes evocan emociones. No generan, por sí mismas, entendimiento. El resultado es que la protesta más visual, la voz más indignada y el eslogan más extremista se imponen. Si la confrontación es noticia y la conciliación no, desarrollaremos una cultura de la confrontación. Esto es destructivo para aquellas cosas de las que depende nuestro futuro: nuestra capacidad de comprender y de ser comprendidos por personas cuyas creencias, credos, valores e intereses están reñidos con los nuestros y con quienes por lo tanto debemos hablar y a quienes debemos escuchar. Al exponer una perspectiva judía acerca de un asunto que nos concierne a todos, estoy aceptando un compromiso con ese razonamiento público. Cuando la imagen visual habla más fuerte que la calmada vocecita de la razón y la moderación, ocurren acontecimientos como los del 11 de septiembre de 2001, y habrá otros similares.

* * *

Mi argumentación se desarrollará en dos vertientes. En primer lugar, la economía y la política de la globalización tienen una ineludible dimensión moral. Su objetivo debe ser ensalzar la dignidad humana, no ponerla en duda. Los mercados sirven a aquellos que pagan, pero ¿qué pasa con los que no pueden pagar? La política se ocupa de los equilibrios de poder, pero ¿qué pasa con los que no tienen poder alguno? Los sistemas económicos crean problemas que no pueden ser resueltos solo a través de la economía. La política crea dilemas que no pueden ser resueltos mediante simples cálculos políticos. No hay manera de eludir los grandes problemas morales, y si los ignoramos, la experiencia histórica sugiere que regresarán en forma de indignación, de resentimiento y de una ardiente sensación de injusticia, que convertirá a nuestro ya de por si frágil orden en algo aún más precario.

En segundo lugar, las comunidades religiosas tienen ya una gran responsabilidad. Contra todo pronóstico, las religiones han emergido en el siglo XX como fuerzas clave de una era globalizada. En toda Latinoamérica, en el África subsahariana, en Filipinas, en Corea y en China ha habido un renacer arrasador del protestantismo evangélico. Todos los países musulmanes, desde el norte de África hasta el Sudeste Asiático, así como las comunidades musulmanas de todo el mundo, han experimentado un aumento de la religiosidad islámica. La iglesia católica, que acoge ya a unos 800 millones de fieles, participó activamente en la caída del comunismo en Europa Central y del Este (este hecho alarmó tanto a China que una publicación oficial decía en 1992: «Si China no quiere ver repetidos estos acontecimientos en su país, debe matar al bebé ahora que todavía está en la cuna»).[3] En las zonas de conflicto de todo el mundo –Irlanda del Norte, los Balcanes, Chechenia, Tayikistán, Oriente Próximo, Sudán, Sri Lanka, India, Cachemira, Timor Oriental– las religiones están en primera línea del conflicto, recordándonos la ácida observación de Jonathan Swift de que «tenemos suficiente religión para odiarnos los unos a los otros, pero no la suficiente como para amarnos los unos a los otros».

La religión puede ser una fuente de discordia. También puede ser una forma de resolución de conflictos. Estamos acostumbrados a lo primero, lo segundo no se utiliza lo suficiente. Sin embargo, es en esta acepción inutilizada donde debe residir, si es que debe residir en algún lado, la esperanza de crear una solidaridad humana lo suficientemente fuerte como para permitirnos soportar las tensiones que nos esperan. Las grandes religiones deben convertirse ya en una fuerza activa tanto a favor de la paz como de la justicia y la compasión en las que se basa aquella. Esto requerirá gran coraje, y puede ser que algo más aún: una cándida admisión de que, ahora más que nunca, tenemos que buscar –cada fe a su manera– una forma de vivir con aquellos que no comparten nuestra fe, y de admitir su integridad. ¿Podemos crear espacio para la diferencia? ¿Podemos escuchar la voz de Dios en una lengua o en una cultura distintas de la nuestra? ¿Podemos ver la presencia de Dios en la cara de un desconocido? La religión ya no es marginal para la política internacional. Después de un largo período en el que ha estado eclipsada, ha resurgido con una fuerza inmensa y a veces destructiva. Esto es lo que subyacía a una reunión altamente inusual –mi primer encuentro con la globalización– que tuvo lugar al comienzo del nuevo milenio.

* * *

El 28 de agosto del año 2000, más de dos mil líderes religiosos se reunieron en el edificio de la ONU en Nueva York. Era una imagen asombrosa. Podían verse túnicas azafrán de monjes tibetanos, vestiduras grises de sacerdotes sintoístas japoneses, sufíes con sus gorros característicos, sijs con turbantes, togas negras de imanes musulmanes, vestiduras sagradas rojas y azules de los hombres-reno del norte de Suecia, indios americanos con bonetes de plumas de águila, sacerdotes africanos de púrpura, anglicanos con cuellos almidonados, y parecía que todo tipo de vestimenta imaginable. Al estar ahí se tenía la impresión de estar andando por un repertorio viviente del legado religioso de la humanidad. Nunca antes había tenido lugar una reunión así en la

ONU. En la gran sala de conferencias normalmente reservada para que los políticos debatan los problemas del día a día, había hombres y mujeres que habían dedicado su vida a la música de la eternidad en lugar de al ruido del ahora, al paisaje interior del espíritu del ser humano en lugar de a las arenas movedizas del panorama internacional.

Sin embargo, a pesar de los semblantes serenos de los participantes, la sensación de urgencia era palpable. La ONU misma había designado 2001 como el año internacional del diálogo entre civilizaciones. El nuevo orden mundial que había surgido tras el fin de la guerra fría estaba derivando en un nuevo desorden mundial. El fin de un conflicto que estaba por encima de todos los demás, el que había entre el comunismo soviético y el mundo occidental, no había dado lugar a la paz, sino a un creciente número de conflictos entre comunidades que previamente habían convivido, si no en paz, sí al menos sin derramamiento de sangre. A menudo la religión era un factor en el conflicto; rara vez era la causa, que solía ser económica o política, pero aun así seguía siendo la falla que dividía a ambas partes. Esto era lo que subyacía a la reunión de líderes religiosos, preludio de la asamblea de 150 Jefes de Estado prevista para una semana más tarde. Fue bautizada como la Cumbre de la Paz Mundial del Milenio, un título ambicioso para una empresa ambiciosa.

El objetivo era conseguir enrolar a los líderes de todas las religiones mundiales en la causa de la paz mundial. Muchos de ellos nunca habían estado en una reunión así antes. Acostumbrados a rezar y a enseñar dentro de sus propias comunidades, se encontraban de repente en un universo mayor que incluía muchas religiones y lenguas. Dadas sus profundas diferencias, el grado de convergencia fue sorprendente. Hubo momentos incómodos, sobre todo por la gran cantidad de voces que necesitaban ser escuchadas. Sin embargo, hubo un consenso significativo en torno a la necesidad de respeto mutuo y de métodos no violentos de resolución de conflictos, y en torno a nuestra responsabilidad compartida respecto al futuro del planeta, nuestras obligaciones con los pobres y nuestro deber de proteger el medio ambiente. Al cabo de cuatro días de deliberaciones, mayormente en tono generoso y cordial, todos firmaron una declaración conjunta de compromiso con la paz en sus muchas dimensiones.

Uno de los momentos más emocionantes se produjo cuando un esquimal de Groenlandia, Angaangaq Lyberth, se dirigió en voz baja a aquella asamblea tan apartada de su mundo normal:

> Hace unos diez años, un miembro de mi pueblo volvió a nuestra aldea y nos contó un extraño fenómeno. «Hay un hilo de agua que baja por el glaciar. Creo que el hielo se está derritiendo.» Hoy en día, el hilo se ha convertido en un río. Así que yo os digo a vosotros: mientras estamos aquí sentados compartiendo palabras de paz, el hielo se está derritiendo... el hielo se está derritiendo.

Eso resumía el ambiente de esperanza.

Poco más de un año más tarde, el 11 de septiembre de 2001, no muy lejos del edificio de la ONU donde fueron pronunciadas esas palabras, dos aviones jumbo a plena carga se estrellaron contra las torres gemelas y cambiaron nuestro mundo. La tragedia estaba cargada de simbolismo. Dos iconos del capitalismo global, el avión y el rascacielos, fueron convertidos en instrumentos de destrucción. Oficinistas inmersos en su rutina diaria se encontraron de repente implicados en un conflicto cuyo epicentro estaba a miles de kilómetros de distancia y cuya existencia tal vez ignoraran completamente. El propio acto terrorista fue planeado a través de internet, de correos electrónicos encriptados y de teléfonos por satélite. Seguramente fue concebido con la idea del impacto televisivo global en mente. Los métodos de los terroristas eran típicamente modernos, pero sus ideas tenían siglos de antigüedad. Nada pudo demostrar más vívidamente la vulnerabilidad de nuestro mundo hiperconectado y las tensiones no resueltas que hay en él. De repente la religión dejaba de evocar un glaciar que se derretía y parecía más bien un incendio fuera de control. Lejos de ser demasiado y demasiado pronto, nuestras deliberaciones de un año antes parecían, más bien, demasiado poco y demasiado tarde.

* * *

En las semanas y meses que han transcurrido desde entonces, se ha puesto en evidencia el hecho de que nos enfrentamos a grandes amenazas y peligros en este siglo que comienza, y también nos hemos dado cuenta de que no estamos preparados para ello. Por una parte, la globalización nos está acercando más que nunca, entretejiendo nuestras vidas, a nivel nacional e internacional, de maneras complejas e inextricables. Por otra, un nuevo tribalismo –un regreso a creencias más antiguas y divisivas– nos está separando cada vez con más furia. De una manera u otra, la religión es y seguirá siendo parte de estos procesos. Puede guiarnos hacia la paz. Pero puede igualmente, y con gran combustibilidad, guiarnos hacia la guerra. Los políticos tienen poder, pero las religiones tienen algo más poderoso: influencia. Los políticos mueven las piezas en el tablero de ajedrez. La religión cambia vidas. La paz puede ser acordada en una mesa de reuniones, pero a menos que prenda en los corazones de la gente no durará mucho. Tal vez no logre ni siquiera empezar.

La paz es una paradoja. Muchas tradiciones la alaban y renuncian al conflicto y a la guerra. Pero en la guerra, incluso las personas normales se convierten en héroes. En cambio, en la búsqueda de la paz, incluso los héroes tienen miedo de asumir riesgos. Aquellos que muestran coraje en medio de la batalla son venerados. Aquellos que asumen riesgos por la paz son asesinados demasiado a menudo; entre ellos Lincoln, Gandhi, Martin Luther King, Anuar El Sadat o Isaac Rabin. La búsqueda de la paz puede llegar a ser percibida como un tipo de traición. Requiere ceder. Significa conformarse con menos de lo que uno querría. No tiene nada de la claridad y pureza de la guerra, en la cual los asuntos que se dilucidan –la defensa propia, el honor nacional, el patriotismo, el orgullo– son convincentes y poco ambiguos. La guerra apela a nuestro sentido más fundamental de identidad: hay un «nosotros» y hay un «ellos», y no cabe la posibilidad de confundirlos. Sin embargo, cuando los enemigos se dan la mano, ¿quién es ahora «nosotros» y quiénes son «ellos»? La paz implica una profunda crisis de identidad. Las fronteras entre el yo y el otro, entre «amigo» y «enemigo», deben ser dibujadas de nuevo. No es sorprendente entonces que, como observó Sir Henry Maine, «La guerra parece ser tan antigua como la humanidad; pero la paz es un invento moderno».[4]

Algo nuevo, sin embargo, ha irrumpido en el mundo de la posguerra fría. Hubo otros momentos en los que la paz se imponía por los imperios. Desde mediados del siglo XVII hasta mediados del siglo XX se convirtió en la competencia de Estados-nación bajo la doctrina del equilibrio de poder. Tras la Segunda Guerra Mundial fue mantenida bajo la bóveda de la confrontación de dos superpotencias y la espada de Damocles de la destrucción nuclear. La paz nunca fue total, y solo en el siglo XX más de 100 millones de personas perdieron la vida en el transcurso de alguna guerra. Sin embargo, incluso entonces la guerra tenía reglas básicas, convenciones, espacios para la diplomacia y los cálculos de riesgo, pérdidas y costes. La guerra era trágica, desastrosa y devastadora, pero no era completamente irracional.

El 11 de septiembre, sin embargo, anunció una nueva y aterradora posibilidad, concretamente la de que actores no estatales –individuos y pequeños grupos, difíciles de identificar y aun más difíciles de localizar, perseguir y llevar ante la justicia– fueran capaces de organizarse globalmente y de desatar la destrucción a gran escala de maneras impredecibles. Estos no son grupos movidos por intereses o razones de Estado. Ellos, y sus seguidores, no están limitados por consideraciones racionales. A menudo les mueve el odio y la violencia religiosa. Están dispuestos a aceptar, e incluso a abrazar fervorosamente, el suicidio como modo de ingreso en el paraíso. No hacen distinción alguna entre combatiente y no combatiente, entre inocente y culpable, entre viejo y joven, involucrado y no involucrado. En un futuro previsible pueden llegar a disponer de armas de destrucción masiva. Han entendido que la misma interconectividad de las sociedades globales – así como su apertura y su anonimato– constituye su vulnerabilidad. Esto no es la guerra en el sentido convencional. En cuanto al método se trata de algo nuevo. En sus motivaciones es algo bien antiguo. Es conflicto que se ha vuelto religioso, absoluto, y por lo tanto inmune a cualquier cesión en aras de la paz.

En tiempos como estos los líderes religiosos han de dar un paso al frente. Esto no quiere decir que tengamos el poder de evitar el extremismo. Es manifiesto que no lo tenemos. La campaña contra el terror no será, en primera instancia, religiosa. Será una compleja operación que involucrará la recogida de inteligencia, acciones militares selectivas y el rastreo de fondos, armas y líneas de comunicación, a la vez que formas sofisticadas de seguridad y de chequeo. Sin embargo, los creyentes no pueden mantenerse al margen cuando hay gente que está siendo asesinada en nombre de Dios o de una causa sagrada. Cuando la religión es invocada como justificación de un conflicto, hay que alzar voces religiosas en protesta. Tenemos que retirar los hábitos religiosos cuando son utilizados como capa para cubrir el derramamiento de sangre y la violencia. Si la fe es enrolada en la causa de la guerra, debe haber una voz religiosa igualmente poderosa usada en nombre de la paz. *Si la religión no es parte de una solución, desde luego será parte del problema.*

Una era global plantea desde luego una pregunta difícil e ineludible para aquellos que son seguidores leales de una tradición religiosa. ¿Hablamos para –y dentro de– las estrechas lealtades de nuestra fe, o genera la propia fe una generosidad de espíritu capaz de reconocer la legitimidad –sí, incluso la santidad– de otros mundos ajenos a nuestra fe?

Nadie debería subestimar las dificultades que supone la paz. Hay momentos, como en la reunión de la ONU, en los que parece muy simple. Todos los líderes religiosos que se encontraban en aquel lugar podían encontrar palabras dentro de sus propias tradiciones a favor de la paz, ya sea global o espiritual, como un ideal grande y noble. Y aun así alguien ajeno a la reunión podría entender por qué la religión es tan a menudo una fuente de conflicto como de reconciliación. La paz de la que se habló era demasiado a menudo «la paz en nuestros términos». El argumento era este: «Nuestra fe habla de paz; nuestros textos sagrados alaban la paz; por lo tanto, si el mundo entero compartiera nuestra fe y nuestros textos sagrados habría paz». Trágicamente, ese camino no lleva a la paz. En este mundo irredento, la paz significa convivir con aquellos que tienen otra fe y otros textos sagrados. Hay una diferencia fundamental entre la paz del fin del mundo y la paz histórica de cesiones y coexistencia. Perseguir la primera puede ser el mayor enemigo de la segunda.

A lo largo de la historia y hasta muy recientemente, la mayoría de la gente pasaba gran parte de sus vidas rodeada de personas con quienes compartía una fe, una tradición, unos rituales y unas narrativas de conmemoración y esperanza. En tales circunstancias, era posible creer que nuestra verdad era la única verdad; nuestra manera, la única manera. Los foráneos eran pocos; los disidentes, aún menos. Esta ya no es nuestra situación actual. Vivimos en presencia consciente de la diferencia. En la calle, en el trabajo o en la pantalla de televisión nos encontramos constantemente con culturas cuyas ideas e ideales son distintos de los nuestros. Esto puede verse como una profunda amenaza para la identidad. Una de las grandes transformaciones que ha habido del siglo XX al siglo XXI es que mientras el primero fue dominado por las políticas de *ideología*, ahora estamos entrando en una era de políticas de *identidad*. Es por esto por lo que ha resurgido la religión, después de un largo eclipse, hasta convertirse en una presencia tan poderosa en la escena mundial: la religión es una de las grandes respuestas a la cuestión de la identidad. Pero por eso mismo, también, es por lo que nos vemos abocados al peligro. La identidad divide. El mismo proceso de crear un «nosotros» implica crear un «ellos»: la gente que no es como «nosotros». En el mismo proceso de crear comunidades dentro de sus fronteras, la religión puede crear conflictos a través de esas fronteras.

Nuestra situación al comenzar el siglo XXI es como la de Europa a principios del siglo XVII. Entonces como ahora el paisaje estaba salpicado de los restos de conflictos religiosos, resultado de la Reforma y del final de una era en la cual Europa estaba dominada por una sola potencia superior. Fue entonces cuando hombres y mujeres honestos y considerados comenzaron a plantearse a sí mismos: si la gente de fe no puede convivir en paz, entonces por el bien de nuestro futuro debemos encontrar otro camino. La secularización de Europa, primero en las ciencias, luego en las artes, y más tarde en la política y en la estructura de la sociedad, derivó directamente de la incapacidad de la religión para afrontar el desafío del cambio. Como persona que verdaderamente cree en el poder humanizador de la fe, y en la drástica urgencia de la coexistencia en un tiempo en el que hay armas de destrucción masiva al alcance de grupos extremistas, creo que no podemos permitirnos fracasar otra vez. Una y otra vez en años recientes se nos ha recordado que la religión no se ha convertido en lo que la Ilustración europea esperaba: algo mudo, marginal y suave. Es fuego; y como el fuego, calienta pero también quema. Y nosotros somos los guardianes de la llama.

* * *

Dos diálogos son ahora necesarios. Uno debe tener lugar entre líderes religiosos de una parte, y líderes políticos y empresariales de otra, y debe versar sobre el rumbo que debe tomar la globalización. La tecnología y el ritmo cada vez más acelerado del comercio global están transformando nuestro mundo más rápidamente de lo que podemos soportar. Esto ha beneficiado a muchos, pero también ha provocado angustia, trastornos y pobreza a muchos otros cuya voz también merece ser escuchada. Desde los días del Antiguo Testamento, esa ha sido una tarea clásica de la fe y una de sus más majestuosas virtudes. Incluso Karl Marx, uno de los mayores críticos de la religión, dijo que «el sufrimiento religioso es a la vez una expresión de sufrimiento real y una protesta contra el sufrimiento real. La religión es el suspiro de la criatura oprimida, el sentimiento de un mundo sin corazón, el alma de una condición desalmada».[5] Debemos alzar la voz en favor de aquellos que hoy en día sufren necesidades, hambre, enfermedad, impotencia y falta de libertad.

Las democracias liberales de occidente no están preparadas para ocuparse de tales problemas. No es porque no tengan corazón –no es así, estos temas les importan–, sino porque han adoptado mecanismos que marginalizan las consideraciones morales. La política occidental se ha transformado en algo cada vez más procedimental y de gestión. Aunque no completamente: Gran Bretaña todavía tiene un Servicio Nacional de Salud, y la mayoría de países occidentales tienen alguna forma de provisión para el bienestar social. Pero cada vez más a menudo, los gobiernos son reacios a implementar una visión del bien común, dado que –como argumentan los pensadores libertarios– hay poca sustancia que podamos dar a la idea de bien que compartimos. Somos demasiado diferentes. Lo mejor que puede hacerse es dar la máxima libertad posible a los individuos para que tomen sus propias decisiones, y el medio más adecuado para esto es el mercado sin restricciones en el cual podemos comprar cualquier estilo de vida que se adecúe a nosotros, en cualquier momento. Más allá de la libertad de poder hacer lo que queramos y lo que podamos permitirnos económicamente, la política y la economía contemporáneas tienen poco que decir sobre la condición humana. Son una guía inadecuada para saber qué hacer frente a las azarosas brutalidades del destino. Tenemos que recuperar una tradición más antigua –esencialmente un conjunto de tradiciones religiosas– que trataba sobre la solidaridad humana, sobre la justicia y la compasión, y sobre la innegociable dignidad de cada vida individual.

La globalización plantea problemas grandes, incluso titánicos: demasiado complejos para ser conceptualizados, tal vez, por cualquier mente individual o de grupo, y aún más para ser confrontados en la práctica. ¿Qué puede aportar, pues, una perspectiva religiosa? No puede quedarse en los detalles. Las religiones más importantes del planeta surgieron durante la llamada «era axial» de la civilización, mucho antes del advenimiento de la modernidad. Sin embargo, es mucho lo que puede aportar una voz religiosa –o más precisamente un rango de voces religiosas– al diálogo colectivo actual sobre a dónde vamos. A la hora de enfrentarse a dilemas fatídicos, la humanidad necesita sabiduría, y las tradiciones religiosas, junto con las filosóficas, son la mayor fuente de sabiduría que tenemos. Son reflexiones sostenidas sobre el lugar que ocupa la humanidad en la naturaleza y sobre cuáles son las metas adecuadas para una sociedad y para una vida individual. Construyen comunidades, conforman vidas y cuentan historias que nos explican cómo somos. Proporcionan un marco a los rituales que expresan nuestras aspiraciones e identidades. En terreno desconocido uno necesita una brújula; las grandes religiones han sido las brújulas de la humanidad. En una época de incertidumbre, nos recuerdan que no estamos solos, ni tampoco privados de la orientación que nos proporciona el pasado. La mera tenacidad de las grandes religiones –mucho más antiguas que cualquier sistema político o ideología– sugiere que hablan a algo permanente de la naturaleza humana. Sobre todo, fue la religión la que enseñó a la humanidad a mirar más allá de la ciudad-Estado, de la tribu o de la nación para mirar a la humanidad como un todo.[6] Las religiones del mundo son un fenómeno global cuyo alcance es más amplio y en algunos casos más profundo que el del Estado-nación. El judaísmo es una de esas voces. Los antiguos profetas de Israel fueron los primeros en pensar globalmente, en concebir a un Dios que trascendiera el espacio y las fronteras nacionales y a la humanidad como una única comunidad moral vinculada por un pacto de responsabilidad mutua (el pacto con Noé después del Diluvio). Igualmente, fueron los primeros en concebir la sociedad como un lugar en el cual «la justicia fluye como el agua y la rectitud como un río inacabable», y un futuro en el cual la guerra habría sido abolida y la gente conviviría en paz. Esas intuiciones y aspiraciones no han perdido un ápice de su fuerza.

De manera no menos importante, el judaísmo fue la primera religión en lidiar con la realidad de la dispersión global. Tras la destrucción del Primer Templo en el siglo VI antes de la Era Común, los judíos habían sido deportados a Babilonia, al este, o habían escapado a Egipto, al oeste. Para cuando tuvo lugar la destrucción del Segundo Templo, en el año 70 de la Era Común, los judíos se habían dispersado por gran parte de Europa y Asia. Durante casi dos mil años, esparcidos por el mundo, continuaron considerándose a si mismos y siendo considerados por los demás como un solo pueblo: la primera comunidad «global». Esa experiencia forzó a los judíos a reflexionar sobre muchos problemas que ahora son experiencias compartidas por toda la humanidad: cómo mantener la identidad siendo una minoría, cómo convivir con la inseguridad, o cómo mantener la dignidad humana en un mundo que tan a menudo parece negarla.[7] El judaísmo eventualmente dio pie a otros dos monoteísmos, el cristianismo y el islam, que representan en conjunto la fe de más de la mitad de la humanidad. Hay mucho en común entre las éticas de estas tres religiones, aunque cada una hable con un tono característico.

La reverencia, la compostura, la humildad, un cierto sentido de los límites, la capacidad de escuchar y de responder a las dificultades humanas, son virtudes que el mercado no produce; sin embargo, son atributos que necesitaremos para que nuestra civilización global sobreviva y son parte esencial de la imaginación religiosa. Esta es la razón por la que me anima que en el año 2000 tuviera lugar un diálogo entre líderes religiosos y el Banco Mundial; que desde 2001 haya habido una presencia religiosa en el Foro Económico Mundial; y que una de las iniciativas más efectivas de los últimos tiempos en temas de condonación de deuda a países en desarrollo –Jubileo 2000– fuera una iniciativa religiosa de inspiración bíblica, y que atrajera tanto a líderes religiosos como a políticos. Los líderes religiosos nunca deberían buscar el poder, pero tampoco deberían renunciar jamás a su deber de ser la voz a contracorriente en la conversación de la humanidad.

La globalización ha dado lugar a una serie de grandes protestas públicas en Seattle, Washington, Praga, Londres, Davos y dondequiera que se reúnan líderes empresariales y políticos para planificar el futuro económico. Estas manifestaciones han congregado a una gran coalición de ecologistas, anticapitalistas y activistas pro-derechos humanos, unidos por el sentimiento –que comparto– de que algo va mal. En el capítulo 2 resumo los aspectos más importantes de la globalización; algunos positivos, otros profundamente inquietantes. En los capítulos centrales de este libro intento desmadejar estos complejos aspectos diferenciando seis dimensiones distintas.

La primera de ellas es la forma en la que los fenómenos globales socavan nuestro sentido de la responsabilidad moral. En el pasado era relativamente fácil identificar quién hacia algo a quién. Ya no es tan sencillo. El mercado global se mueve en respuesta a miles de millones de transacciones. Los medios electrónicos dan acceso a una multiplicidad casi infinita de canales de comunicación. Los Estados-nación tienen cada vez menos poder para configurar los acontecimientos económicos, políticos o medioambientales, que traspasan los límites de las fronteras nacionales. Las corporaciones se han convertido en entidades cada vez más opacas, que subcontratan sus actividades y son capaces de mover fondos y funciones de un sitio a otro en un instante. ¿Quién es entonces el autor de un hecho? ¿Está el mundo ahora fuera de control? ¿Podemos seguir usando el lenguaje ético cuando la conexión entre agentes, acciones y consecuencias individuales está cada vez menos clara? En el capítulo 4 argumentaré que podemos y debemos hacerlo si es que no vamos a abdicar de nuestra responsabilidad sobre el futuro.

La segunda es la economía de mercado en sí misma. Muchos de los manifestantes que protestan en todo el mundo están en contra del mercado libre por cuestión de principios. Yo argumento en el capítulo 5 que esta oposición es equivocada, aunque sus preocupaciones estén justificadas. El mercado libre es el mejor medio que hemos descubierto hasta ahora para aliviar la pobreza y crear un entorno humano de independencia, dignidad y creatividad. Y lo que es aún más importante, el mercado encapsula una idea que es central al argumento del libro en sí, concretamente que la *diferencia* es la fuente del valor, y de hecho la fuente de la sociedad en sí. Es precisamente porque no somos iguales como individuos, naciones o civilizaciones por lo que nuestras transacciones no son encuentros de suma cero. Gracias a que cada uno de nosotros tiene algo de lo que otro carece, y cada uno carece de algo que otro tiene, ganamos en las interacciones. Eso es lo que hace del intercambio la fuerza más poderosa contra la guerra.

El mercado, sin embargo, genera resultados desiguales, y cuanto más rápido se mueve tanto más flagrantes se hacen las desigualdades a las que da pie. Dentro de cada nación y entre naciones, estas desigualdades se han hecho ya inaceptablemente grandes. La concentración de la riqueza mundial en pocas manos mientras millones de niños viven en la pobreza, la ignorancia y la enfermedad, es un escándalo que ya no se puede sostener. Uno no tiene que ser un defensor redomado del igualitarismo para creer que tales extremos son una cicatriz en la cara de la humanidad. ¿Cómo debemos considerar entonces las responsabilidades de los ricos para con los pobres? ¿Cuáles son los criterios de la justicia distributiva? En el capítulo 6 sugiero que el concepto bíblico de *tzedakah*, con su idea básica de los requisitos económicos de la dignidad humana, es más útil que la dicotomía occidental de justicia o caridad.

Uno de los impulsores de la globalización es la revolución en las tecnologías de la información. ¿Tiene esto una dimensión ética? En el capítulo 7 cuento la historia de las tres revoluciones previas –el nacimiento de la escritura, del alfabeto y de la imprenta– para demostrar cómo cada una creó nuevas posibilidades sociales y políticas. Una perspectiva religiosa es particularmente útil en este caso porque, de formas no bien conocidas, cada revolución dio lugar a nuevas formas de civilización: la escritura dio lugar a sociedades «cosmológicas», el alfabeto al monoteísmo, y la imprenta a la Reforma protestante. No podemos prever los efectos de esta cuarta revolución, la de la comunicación instantánea global, pero ya podemos decir lo que requiere de nosotros, concretamente la primacía de la educación entre las prioridades de la ayuda internacional. Las tecnologías de la información democratizan el acceso al conocimiento, y uno de nuestros objetivos debe ser traer a todos los niños del planeta dentro de su radio de acción. La educación es la clave individual más importante de la dignidad humana.

El peligro surge en cualquier transformación social cuando una institución se excede de sus propios límites y coloniza áreas que tienen una lógica y un dinamismo distintos. Hubo tiempos –la Edad Media– en los que esto sucedió con la religión. En el siglo XVIII lo mismo le ocurrió a la ciencia. En los siglos XIX y XX, a la política. En el siglo XXI le ha sucedido a los mercados. El intercambio monetario es el mecanismo más apropiado para algunas transacciones, pero no para todas. La sociedad depende de la existencia de ciertas relaciones que están fuera de los cálculos económicos, entre las que se encuentran las familias, las comunidades, las congregaciones y las asociaciones de voluntariado. Estas son instituciones de la sociedad civil, y se han visto gravemente erosionadas en las culturas imbuidas de consumismo. En el capítulo 8, muestro cómo los avances que ha habido en teoría de juegos y en sociobiología han demostrado que la supervivencia de cualquier grupo depende no solo de la competencia sino también de los hábitos de cooperación, y que estos están en peligro debido a la intrusión de la lógica del mercado en relaciones que llamo «constitutivas de alianzas» y no contractuales.

El peligro que plantea la economía globalizada para el medio ambiente es bien conocido. Estamos alterando la biosfera de maneras que serán muy dañinas para futuras generaciones. ¿Cómo conceptualizamos entonces nuestros deberes para con la naturaleza y para con generaciones que aún no han nacido? La ética *postilustrada* encuentra difícil construir vínculos de obligación moral en este caso. Ni la naturaleza ni las personas que no existen aún son sujetos morales. ¿Cómo podemos entonces tener obligaciones hacia ellos? En el capítulo 9 sugiero que nos dejemos guiar por una sabiduría más antigua: que la naturaleza no nos pertenece ni mancomunada ni colectivamente, sino que la estamos guardando como fiduciarios de aquellos que vendrán tras nosotros. Somos huéspedes y guardianes de la Tierra.

Existe una inmensa tentación, ante desafíos tan complicados como los múltiples desarrollos que agrupamos bajo el nombre de globalización, bien de abdicar de nuestra responsabilidad –sea en favor de los expertos o del curso mismo de la historia–, o bien simplemente de oponerse al mercado y a todas sus obras. Estas curas son peores que la enfermedad. El mercado es un mecanismo; nada más que eso, pero tampoco nada menos que eso; y lo que importa son las restricciones que le imponemos y la dirección en la que deseamos ir. Esto requiere un diálogo serio y comprometido entre nosotros –todos nosotros, ya que a todos nos afectan estos desarrollos– y los políticos, economistas y grandes empresarios cuyas decisiones afectan a la economía global. Las campañas monotemáticas y las protestas globales son importantes pero no son suficientes, porque el orden mundial que se está desarrollando no se refiere a un solo tema, y porque la protesta es solo un preludio, y no un sustituto, de la argumentación matizada y de la construcción de consensos entre intereses en conflicto.

Mi propio punto de vista, y el que ha estructurado esta argumentación, es que en circunstancias de máxima incertidumbre, como mejor somos guiados es por principios morales simples –yo les llamo control, contribución, creatividad, cooperación, compasión y conservación– y sugiero que estas seis ces sean el preludio de una séptima, una nueva alianza global de solidaridad humana o *covenant*. Estas seis ces no están pensadas como procedimientos de decisión sino como agujas de una brújula, que nos permitan juzgar si nos estamos moviendo en el sentido correcto o no. Lo que es esencial, con todo, es el concepto de dirección. Mi propio punto de vista –es un punto de vista religioso, pero no hay que ser religioso para compartirlo– es que los sistemas económicos deben ser juzgados según su impacto sobre la dignidad humana. No se puede defender un orden mundial que prive sistemáticamente de dignidades fundamentales a una proporción significativa de la humanidad. Esto no significa abandonar el mercado global, pero sí que significa tomar en serio una serie de valores ajenos al mercado que deben tenerse en cuenta en nuestras decisiones sobre el futuro.

*   *   *

Sin embargo, hay una segunda conversación, no menos urgente e importante, que tiene que tener lugar entre religiones, o entre lo que Huntington llamó «civilizaciones». ¿Podemos vivir juntos? ¿Podemos crear espacio los unos para los otros? ¿Podemos sobreponernos a largas historias de distanciamiento y amargura? Aquí no he dudado en ser radical, y he elegido intencionadamente expresar este radicalismo en términos religiosos. Creo que la globalización está planteando un gran desafío a las grandes religiones mundiales, un desafío que hemos podido evitar en el pasado, pero que ya no podemos ignorar más. ¿Podemos encontrar, en el «tú» humano, una traza del «Tú» Divino? ¿Podemos reconocer la imagen de Dios en aquel que no es igual que yo? Hay ocasiones en las que Dios se nos aparece en la cara de un desconocido. La era global ha convertido nuestro mundo en una sociedad de desconocidos. Esto no es una amenaza para la fe sino una llamada a una fe más grande y más exigente de lo que a veces suponíamos. ¿Puedo yo, un judío, escuchar los ecos de la voz de Dios en la voz de un hindú o sij o cristiano o musulmán o en las palabras de un esquimal de Groenlandia que me habla sobre un glaciar derritiéndose? ¿Puedo hacerlo y no sentirme menos, sino más?

¿Qué es lo que le ocurre a mi fe entonces, que hasta ahora había abarcado el mundo entero y ahora tiene que hacer sitio a otra fe, a otra forma de interpretar el mundo?

Aquí tengo que hacer una confesión autobiográfica. No soy un judío liberal. Mi denominación es ortodoxa.[i] Estoy acostumbrado a ser llamado fundamentalista por mis compañeros liberales, y es precisamente aquí donde el desafío contemporáneo es más agudo. El renacer de la mayoría de las religiones en las últimas décadas ha ocurrido en el lado conservador del espectro más que en el lado liberal. La fuerza de los movimientos religiosos conservadores ha sido precisamente que han representado una protesta en contra de la modernidad, en vez de un acomodo a la misma. Son expresiones de una profunda consternación ante algunos de los efectos secundarios del capitalismo global: sus desigualdades, su consumismo y explotación, su fracaso al enfrentarse a la pobreza y a la enfermedad, su insensibilidad de gigante al tratar con culturas y tradiciones locales y la pobreza espiritual que va de la mano de la riqueza material. Es la religión, no en su faceta moderna sino antimoderna, la que ha ganado adeptos recientemente, y es aquí donde la batalla por la tolerancia, la coexistencia y la no violencia debe ser librada.

El fallecido Sir Isaiah Berlin, un hombre al que yo conocía y respetaba, resumió el credo liberal en una cita que hizo famosa al final de su gran ensayo titulado «Dos conceptos de libertad»: «Darse cuenta de la validez relativa de las convicciones propias, y aun así defenderlas a ultranza, es lo que diferencia a un bárbaro de un hombre civilizado».[8] Ese es un sentimiento noble. Sin embargo, Michael Sandel, uno de los críticos más elocuentes del liberalismo, replicó sobre esa cita: «Si las convicciones de uno son solo

[i] "El judaísmo ortodoxo es la rama más importante de la religión judía, al cual vienen a añadirse el judaísmo conservador o masortí y el judaísmo reformista.
El judaísmo ortodoxo es el que más sigue de todas las corrientes del judaísmo las leyes de la tradición oral. " [Definición de Samuel Bengio.] (N. del T.)

relativamente válidas, ¿por qué defenderlas a ultranza?».[9] Esto se ha convertido en una cuestión que reverbera. Si las libertades de palabra y de asociación son meras convenciones de la modernidad occidental, ¿qué derecho tengo yo de criticar a aquellos que las rechazan como una forma de decadencia? Si el respeto por la vida humana solo es un valor entre muchos, ¿qué derecho tengo yo de oponerme al terrorista suicida que cree que asesinando a otros se asegura un lugar en el paraíso?

El relativismo es demasiado débil para aguantar la tormenta del fervor religioso. Solo un fervor igual y contrario puede hacerlo. No creo que la santidad de la vida humana y las libertades inalienables de una sociedad justa sean relativas. Son absolutos religiosos. Fluyen directamente de la proposición de que no fuimos nosotros los que creamos a Dios a nuestra imagen, sino Dios quien nos creó a la Suya. Pertenecen a la tradición que comparten judíos, cristianos y musulmanes, que han vivido tanto tiempo en mutua hostilidad. La cicatrización debe provenir de las experiencias religiosas de aquellos cuyas vidas son gobernadas por dichas experiencias. Debe venir, si es que debe venir de algún lado, del mismo centro del huracán. Esto quiere decir que cada uno de nosotros, en nuestra fe, tiene que luchar contra las fuentes del extremismo dentro de nuestra propia fe.

En el capítulo 3 propongo un argumento revolucionario: que cierto paradigma que ha dominado desde los días de Platón el pensamiento occidental, *tanto religioso como secular*, está equivocado y es profundamente peligroso. Es la idea de que, cuando buscamos la verdad o la realidad suprema nos movemos desde lo particular hacia lo universal. Las particularidades son imperfecciones, fuentes de error, de parroquialismos y de prejuicios. La verdad, por contra, es abstracta, atemporal, universal, la misma para todos en todas partes. Las particularidades engendran la guerra; la verdad engendra paz, ya que cuando todos comprendemos la verdad, el conflicto se disuelve. ¿Cómo podría ser de otra manera? ¿No es el tribalismo nada más que otro nombre para la particularidad? ¿Y no ha sido el tribalismo fuente de conflictos durante tantos años?

Hay algo seductor en esta idea que ha tenido cautivadas a muchas mentes. Alfred North Whitehead dijo una vez que la filosofía occidental no era más que una serie de «anotaciones a pie de página a Platón». Podría haberlo dicho más firmemente: no solo la filosofía occidental sino las religiones occidentales han estado hechizadas por el fantasma de Platón. El resultado es inevitable y trágico. Si toda verdad –religiosa o científica– es la misma para todos en todo momento, entonces si yo tengo razón tú tienes que estar equivocado. Si a mí me importa la verdad entonces tengo que convertirte a mi modo de pensar, y si rehúsas convertirte, cuidado. De este modo de pensar surgieron algunos de los crímenes más grandes de la historia y mucho derramamiento de sangre.

La civilización occidental ha conocido cinco grandes culturas universalistas: la antigua Grecia, la antigua Roma, la cristiandad medieval, el islam y la Ilustración. Tres eran seculares, dos religiosas. Trajeron consigo grandes dones para el mundo, pero también mucho sufrimiento; sobre todo, pero no exclusivamente, a los judíos. Como una ola se llevaron por delante tradiciones locales o formas diferentes de hacer las cosas. Fueron para la diversidad cultural lo que más tarde sería la industrialización para la biodiversidad. Exterminaron formas más frágiles de vida. Disminuyeron la diferencia.

Hoy en día estamos viviendo en el sexto orden universal: el capitalismo global. Es el primero que no está propulsado por una serie de ideas sino por una serie de instituciones, entre ellas los mercados, los medios de comunicación, las corporaciones multinacionales e internet. Pero su efecto no es menos profundo.

Amenaza a todo lo que sea local, tradicional y particular. El 11 de septiembre de 2001 ocurrió cuando dos culturas universales, el capitalismo global y una forma fundamentalista del islam, cada una amenazada profundamente por la otra, se encontraron y chocaron.

Es hora de exorcizar el fantasma de Platón clara e inequívocamente. El universalismo debe verse equilibrado por un nuevo respeto hacia lo local, lo particular, lo único. Hay ciertamente principios morales universales; el Antiguo Testamento los menciona en «la alianza con Noé». La tradición judía interpretó que esta alianza se refería a siete mandamientos básicos: las prohibiciones de la idolatría, de la blasfemia, del asesinato, del robo, de la transgresión sexual y de la crueldad caprichosa hacia los animales, más el mandamiento positivo de instituir un sistema de justicia. Estos mandamientos constituían un código compartido de humanidad anterior y que trasciende las diferencias religiosas. Según Maimónides, un no judío que cumpla con estas leyes a causa de su creencia en la verdad revelada de la revelación mosaica es uno de los «píos de las naciones del mundo» y tiene parte en el mundo venidero. Quien lo haga en función de su raciocinio es uno de los «sabios» de las naciones.[10] Por lo tanto, según las enseñanzas judías una persona no tiene que ser judía para servir a Dios.

Esta antigua tradición ha adquirido nueva importancia en un mundo amenazado por los choques de civilizaciones. Sugiere que la proposición que hay en el centro del monoteísmo no es la que a menudo se ha creído que era: un solo Dios, por lo tanto un solo camino hacia la salvación. Por el contrario, es que *se adora a la unidad en la diversidad*. La gloria del mundo creado es su asombrosa multiplicidad: las miles de lenguas habladas por la humanidad, la proliferación de culturas, la inabarcable variedad de expresiones imaginativas del espíritu humano, en la mayoría de las cuales, si escuchamos detenidamente, oiremos la voz de la sabiduría que nos dice algo que necesitamos saber. A esto es a lo que me refiero con *la dignidad de la diferencia*.

Esta es una idea vasta y difícil, y llegué a ella solo después de pelearme mucho con el lugar que ocupa la religión en el mundo moderno y postmoderno. He empleado mucho tiempo en discusiones con grandes líderes religiosos de otros credos. He disfrutado mucho mi amistad con líderes cristianos y con muchos otros: hindúes, sijs, budistas, jainistas, zoroastrianos y bahá'ís. De manera no menos significativa, he encontrado una compenetración instantánea con representantes del islam, no solo de Gran Bretaña sino también de Oriente Próximo. En Gran Bretaña y en el plano internacional hemos trabajado juntos, desarrollando relaciones que nos han permitido –especialmente en momentos tensos como los que siguieron al 11 de septiembre de 2001– apagar la ira, combatir los estallidos de hostilidad locales, y generar, gracias a nuestros miedos compartidos, una sensación de solidaridad y buena voluntad.

Pero también he sido consciente de algo que no se dice. A menudo, cuando los líderes religiosos se reúnen y hablan, el énfasis se pone en las similitudes y en las cosas en común, como si las diferencias entre religiones fueran superficiales y triviales. Esto no es, sin embargo, lo que sale a la luz en tiempos de conflicto. Es entonces cuando lo que a un extraño le parecen variaciones menores cobra una importancia inmensa, dividiendo comunidades y convirtiendo amigos en enemigos. Freud lo llamaba «el narcisismo de las pequeñas diferencias». No hay nada tan pequeño que, bajo gran presión, no pueda convertirse en un signo de identidad y por lo tanto en razón de distanciamiento. En otras palabras, no solo necesitamos una teología de lo común –de los principios universales de la humanidad–, sino también una teología de la diferencia: por qué ninguna civilización tiene el derecho de imponerse sobre otras por la fuerza; por qué Dios nos pide respetar la libertad y la dignidad de los que no son como nosotros.

La dignidad de la diferencia es más que una idea religiosa. Es la aguja que enhebra los diversos hilos del argumento que construiré en los capítulos que siguen. Hasta un extremo asombroso, se suponía que la modernidad debía haber sido la marcha triunfante de un mismo grupo de ideas interrelacionadas. Su modelo era la ciencia; su discurso, la razón despojada de otros aditamentos basados en la tradición. Mediante los intercambios de los mercados y la división del trabajo se generaría riqueza. Mediante la industrialización y la tecnología se conquistaría a la naturaleza. Mediante cálculos utilitarios se maximizaría la felicidad. El mundo se convertiría en una gran máquina productora de satisfacción, repartiendo cantidades cada vez mayores de esa medida de todo llamada «progreso». Ese mito, noble pero radicalmente inadecuado a la situación humana, sigue sobreviviendo entre los fundamentalistas del mercado y sus correligionarios que mantienen que la desregulación máxima en todas las esferas de la actividad humana, en sí misma, conseguirá lo que Leibniz una vez creyó que era el terreno de Dios: todo para mejor en el mejor de los mundos posibles.

Yo sugiero un modelo y una metáfora diferentes. El mundo no es una máquina única. Es una ecología compleja e interactiva, en el cual la diversidad –biológica, personal, cultural y religiosa– es esencial. Cualquier intento de reducir esa diversidad a través de los muchos tipos de fundamentalismos que existen hoy en día –del mercado, científico o religioso– resultaría en una reducción de la rica textura de nuestra vida en común, en un estrechamiento potencialmente desastroso de nuestros horizontes de posibilidad. La naturaleza, las sociedades, las economías y las organizaciones políticas construidas por el ser humano son sistemas de complejidad ordenada. Eso es lo que las hace creativas e impredecibles. Cualquier intento de imponer sobre ellas una uniformidad artificial en nombre de una sola religión o cultura, representa una trágica incomprensión de qué es lo que las hace florecer. Gracias a que somos diferentes, cada uno tiene algo que contribuir, y cada contribución cuenta. Un instinto primitivo que se remonta al pasado tribal de la humanidad hace que veamos lo diferente como una amenaza. Ese instinto es enormemente disfuncional en una era en la que todos nuestros destinos están entrelazados. Extrañamente, es el mercado –el contexto menos claramente espiritual de todos– el que proporciona un mensaje profundamente espiritual: que es a través del intercambio como las diferencias se vuelven una bendición, no una maldición. Cuando la diferencia lleva a la guerra, ambos lados pierden. Cuando lleva al enriquecimiento mutuo, ambos ganan.

Las crisis ocurren cuando intentamos afrontar los desafíos de hoy en día con los conceptos del ayer. Por eso es por lo que necesitamos nada menos que un cambio de paradigma para prevenir que una era global se convierta en escenario de guerras intermitentes pero destructivas. Hablo desde la tradición judía, pero creo que cada uno de nosotros desde su propia tradición, religiosa o secular, debe aprender a escuchar y estar preparado para ser sorprendido por los demás. Debemos abrirnos a sus historias, que pueden chocar profundamente con las nuestras. Debemos incluso, en ocasiones, estar listos a escuchar sus dolores, humillaciones y resentimientos y descubrir que su imagen de nosotros es cualquier cosa menos nuestra imagen de nosotros mismos. Debemos aprender el arte del diálogo, del cual surge la verdad, no, como en los diálogos socráticos, de la refutación de lo falso sino por el proceso, bastante diferente, de dejar que nuestro mundo se amplíe por la presencia de otros que piensan, actúan e interpretan la realidad de manera radicalmente distinta a la nuestra. Debemos atender a lo particular, no solo a lo universal. Y es que cuando las civilizaciones universales chocan, el mundo tiembla, y se pierden vidas. Conseguiremos la paz solo cuando nos demos cuenta de que Dios ama la diferencia, y que, por fin, nosotros también debemos hacerlo. Dios ha creado muchas culturas, civilizaciones y religiones pero solo un mundo en el que convivir. Y se está haciendo cada vez más pequeño.

NOTAS

1 Entre los libros que consideran la dimensión moral se encuentran Booth et al. 2001; Bentley y Jones 2001; Stackhouse 2000 y 2001.

2 Rawls 1999, p. 129-80.

3 Samuel Huntington, «Religious Persecution and Religious Relevance in Today's World», en Abrams 2001, p. 60-61.

4 Ver Howard 2001.

5 Ver Cupitt, 1984, p. 139-47.

6 Ver Fukuyama 2001.

7 Ver Sacks 2001.

8 Berlin 2002, p. 217.

9 Sandel 1984, p. 8.

10 Maimonides, *Mishneh, Torah, Melakhim* 8:11. Ver R. Abraham Isaac Kook, *Iggrot Rayah*, I, 89, que defiende que los sabios tendrán su lugar en el mundo que está por llegar.

Capítulo 2

La Globalización y sus Descontentos

> La globalización divide tanto como une; divide en el acto de unir. Las causas de la división son idénticas a las que promueven la uniformidad del globo.
>
> (Zygmunt Bauman, *Globalization*)

Es el año 2020. Amanece sobre un mundo de prosperidad y paz globales. Las tecnologías de la información y las comunicaciones de alta velocidad han duplicado las rentas reales en el espacio de 20 años. La extensión de las técnicas de control de natalidad ha alejado los peligros de la superpoblación. Los cultivos genéticamente modificados y las nuevas variedades de plantas resistentes a las enfermedades han incrementado la producción de alimentos hasta tal punto que el hambre es cosa del pasado. Usando los programas académicos más avanzados, descargados de internet, las escuelas de las aldeas africanas han alcanzado el nivel de sus homólogas occidentales. Los acuerdos internacionales sobre el trabajo, los salarios y las condiciones laborales han puesto fin a las fábricas en las que se explotaba a los trabajadores, al trabajo infantil y al trabajo mal pagado que, a principios del siglo XXI, eran fuente de tanta injusticia y explotación. Los tratamientos médicos de bajo coste han servido para erradicar el SIDA, la tuberculosis y otras numerosas enfermedades que ahora están bajo control. La manipulación genética ha abierto el camino a la prevención de discapacidades y de enfermedades hereditarias. La investigación sobre el genoma humano ha hecho posible que los médicos desactiven los agentes responsables del envejecimiento. La posibilidad de vivir hasta los 120 años de edad ya no es una rareza. Los observadores están de acuerdo en que la humanidad está inmersa en una nueva edad de oro.

Es el año 2020. El mundo acaba de tambalearse por el último ataque terrorista sobre Nueva York. La llamada «bomba sucia» ha extendido residuos nucleares por una amplia área con centro en Manhattan. Hasta 20 millones de personas han podido verse afectadas. Mientras tanto, en un ataque coordinado a los sistemas de metro de Londres, París, Munich y Roma, se han abierto contenedores que almacenaban productos químicos mortíferos en estaciones llenas de gente. Se cree que habrá miles de muertos. El transporte aéreo está paralizado, debido a unos secuestros aéreos de gran impacto público. El colapso de varios gobiernos africanos ha dejado al continente renqueante tras la erupción de varias sanguinarias guerras civiles. Mientras tanto, revoluciones en Egipto, Jordania, Argelia y Arabia Saudí han creado un Oriente Próximo dominado por regímenes fundamentalistas. La economía global está en estado de colapso y cada vez más países presentan tasas récord de desempleo. Por todo Occidente, los centros de las ciudades y los espacios públicos se han convertido en ruinas abandonadas y en zonas prohibidas llenas de vagabundos, drogadictos y violencia. Los ricos viven en enclaves vallados protegidos por caros sistemas de seguridad privada. Cientos de miles de personas mueren cada año como consecuencia de los fenómenos meteorológicos –inundaciones, sequías y huracanes– causados por el calentamiento global. La polución ha hecho que sea imposible andar por las calles de las ciudades sin llevar una máscara protectora. La mayoría de los observadores coinciden en afirmar que la humanidad está inmersa en una nueva edad oscura.

Dos escenarios, igualmente posibles, que conjuntamente definen lo que está en juego en los próximos años. La incertidumbre es constitutiva de la condición humana: por muchas otras cosas que sepamos, nunca podremos saber lo que nos deparará el mañana. Sin embargo, hay grados de incertidumbre, y la mera velocidad de cambio en el siglo XXI en cada aspecto de la vida –económico, político, cultural y tecnológico– está acabando con buena parte de las continuidades que permitían a generaciones anteriores mirar al futuro con confianza.

Ya a comienzos del siglo XX, Alfred North Whitehead observó un cambio cualitativo en nuestra manera de experimentar el tiempo. En el pasado, decía él, «el lapso de tiempo necesario para los cambios importantes era considerablemente más largo que la duración de una vida humana». La mayoría de la gente vivía en un mundo cuyos contornos eran en gran medida los mismos cuando eran mayores que cuando eran jóvenes. «Hoy en día, el lapso de tiempo [del cambio dramático] es considerablemente más corto que el de una vida humana», y se ha seguido acelerando.[1] Por dar un solo ejemplo: tengo en mi estantería un libro de futurología publicado en 1990, titulado *Megatendencias 2000*. Llama la atención en él la ausencia de una palabra: Internet.[2] En un discurso post-presidencial, Bill Clinton dijo que cuando él tomó posesión en 1993 había solo unas 50 páginas web registradas. Cuando dejó la presidencia en 2000 había más de 350 millones.[3] El cambio se ha convertido en parte de la textura de la vida misma, y hay pocas cosas más difíciles de soportar que el cambio y la incertidumbre constantes.

La globalización –la interconexión del mundo a través de nuevos sistemas de comunicación– es una de las grandes transformaciones de la historia, comparable al paso del hombre cazador-recolector al hombre agricultor, o al del feudalismo a la era industrial. Como cualquier otra gran transición, da lugar a profundas ansiedades, evidenciadas en nuestro tiempo por las protestas de activistas ecologistas, pro derechos humanos y anticapitalistas que se han reunido en Seattle, Washington, Praga, Quebec o Génova, y en cualquier otro sitio donde se hayan reunido los líderes políticos y económicos mundiales para intentar trazar el futuro de la economía global. Es difícil no simpatizar con los que protestan. Parece que estemos, en las palabras de Matthew Arnold, atrapados «entre dos mundos, uno que ha muerto, y otro incapaz de nacer». Lo que es específico de nuestra situación actual es la sensación de que el cambio está yendo por delante de nuestra capacidad de trazar una ruta para un futuro compartido. Nuestras capacidades tecnológicas crecen a diario, mientras que nuestras convicciones morales se han vuelto cada vez más dubitativas y confusas. ¿Qué es lo que tiene la globalización que nos hace sentir como si estuviéramos en un viaje sin mapa, en un coche sin control?

* * *

El concepto de globalización no es nuevo. Hace casi cuatrocientos años, John Donne le dio una de sus expresiones más memorables:

> Toda la humanidad es de un solo Autor, y constituye un solo volumen. [...] Ningún hombre es una isla entera por sí mismo. Cada hombre es una pieza del continente, una parte del todo. Si el mar se lleva una porción de tierra, toda Europa queda disminuida, como si fuera un promontorio, o la casa de uno de tus amigos, o la tuya propia; la muerte de cualquiera me afecta, porque me encuentro unido a toda la humanidad; por eso, nunca preguntes por quién doblan las campanas; doblan por ti.[4]

El comercio internacional,[5] practicado extensivamente por los fenicios, se remonta casi al comienzo de la civilización. Las grandes aventuras marítimas, a partir del siglo XV, de Zheng He, Vasco de Gama, Magallanes y Colón crearon nuevas rutas y posibilitaron el crecimiento de los intercambios a larga distancia. Aún fue mayor el empuje añadido con el desarrollo de instrumentos de navegación de gran precisión, el crecimiento de los bancos y la financiación de empresas de riesgo, y el nacimiento de enormes sociedades internacionales como la Compañía Holandesa de las Indias Orientales. La industrialización, el despliegue de los ferrocarriles y la invención del telégrafo añadieron nuevo ímpetu durante el siglo XIX. La integración de regiones distantes entre sí en una sola economía internacional ha sido un proceso continuo, iniciado varios siglos atrás. Un espíritu inquieto ha llevado a la humanidad a viajar cada vez más lejos en busca de lo nuevo, lo remoto y lo que aún está por descubrir. Al inaugurar la Gran Exposición de Londres de 1851, el Príncipe Alberto dio un discurso que podría ser repetido casi palabra por palabra un siglo y medio después:

> Estamos viviendo un período de maravillosa transición que nos acerca rápidamente al cumplimiento de aquel gran fin al que tiende toda la historia: la realización de la unidad de la humanidad. [...] Las distancias que separaban entre sí a las diferentes naciones y partes del globo están desapareciendo rápidamente ante los logros de la invención moderna, y podemos recorrerlas con increíble facilidad. [...] El pensamiento se transmite con la rapidez y, literalmente, mediante la fuerza del rayo. [...] Productos de las cuatro esquinas del orbe están a nuestra disposición, y solo tenemos que escoger el mejor y el más barato para lo que necesitamos, y los poderes de la producción están confiados a los estímulos de la competencia y el capitalismo.[6]

En algún sentido, por tanto, el mundo en el que vivimos es una consecuencia lógica del legado de nuestros ancestros, la etapa más reciente de un viaje que comenzó hace milenios.[7] Pero hay cambios de grado que se convierten en cambios de fondo. La velocidad y el alcance de los avances de las modernas tecnologías de la comunicación han alterado las condiciones de la existencia para la mayoría de los 6.000 millones de habitantes del planeta. El poder de las comunicaciones instantáneas globales, el mero volumen de los movimientos monetarios internacionales, la internacionalización de procesos y productos y la facilidad con la que se pueden desplazar empleos de un país a otro han significado que nuestra interconexión se ha vuelto más inmediata y más vívida y que tenga más consecuencias que nunca. Una cosa es que un poeta como Donne evoque una idea metafísica y otra muy distinta es experimentarla a diario.

El capitalismo global es un sistema de una inmensa potencia, del que cada vez es más difícil que las naciones se desvinculen. De manera más efectiva que mediante ejércitos, ha ganado la batalla contra sistemas e ideologías rivales, entre ellos el fascismo, el comunismo y el socialismo, y se ha erigido como la opción dominante en el siglo XXI para aquellos países que buscan el crecimiento económico. Ha logrado alcanzar todos aquellos logros que sus alternativas se limitaban a prometer: niveles de vida más altos y mayores libertades. Los países que han aceptado la nueva economía –entre ellos Singapur, Corea del Sur, Taiwán, Tailandia, China, Chile, la República Dominicana, India, Mauricio, Polonia, Turquía– han visto aumentados sus niveles de vida de una forma espectacular.[8] Las mejoras experimentadas en la agricultura han significado que, mientras que antes de la industrialización se necesitaba a la mayoría de los trabajadores de un país para producir los alimentos necesarios, hoy en día en las economías avanzadas ese porcentaje sea de un 2 por ciento.[9] Por todo el mundo desarrollado, los avances de la medicina y de la sanidad pública han reducido la mortalidad infantil y aumentado la esperanza de vida. Un supermercado cualquiera de Occidente ofrece al consumidor un rango de opciones que hace un siglo hubiera estado fuera del alcance de reyes.

Pero la globalización tiene efectos enormemente diferenciales y desestabilizadores. Sus beneficios no se reparten equitativamente. Hay ganadores y perdedores, dentro de cada país y entre países. La «brecha digital» ha acentuado las desigualdades. Un norteamericano consume en promedio cinco veces más que un mexicano, diez veces más que un chino y treinta veces más que un indio. Hay 1.300 millones de personas –un 22 por ciento de la población mundial– viviendo por debajo del umbral de pobreza; 841 millones están mal alimentados; 880 millones no tienen acceso a servicios médicos; 1.000 millones carecen de vivienda adecuada; 1.300 millones no tienen acceso a agua potable; 2.600 millones carecen de cuarto de baño.[10] Entre los niños del mundo, 113 millones –de los que dos tercios son niñas– carecen de escolarización; 150 millones están malnutridos; 30.000 mueren diariamente a causa de enfermedades curables.[11]

En dieciocho países, todos ellos africanos, la esperanza de vida está por debajo de los 50 años. En Sierra Leona es de apenas 37 años. La tasa de mortalidad infantil es superior al diez por ciento en 35 países, la mayoría africanos pero también en Bangladesh, Bolivia, Haití, Laos, Nepal, Pakistán y Yemen.[12] Más de 80 países han visto disminuir su renta per cápita en los últimos diez años. Al final del milenio pasado, la quinta parte más rica del mundo disponía del 86 por ciento del PIB mundial, mientras que la quinta parte más pobre solo disponía del 1 por ciento. Los activos de las tres personas más ricas del mundo eran mayores que la riqueza agregada de los 600 millones de habitantes de los países menos desarrollados de la tierra.[13] La enorme riqueza de unos cuantos contrasta gravemente con la miseria de muchos y hace tambalearse nuestro sentido de equidad y justicia.

Dentro de los propios países desarrollados, las ganancias han sido muy selectivas. En los Estados Unidos, durante los últimos 20 años, el 97 por ciento del aumento de las rentas ha ido al 20 por ciento de familias más ricas, mientras que el 20 por ciento más pobre ha visto reducida su renta en un 44 por ciento. En 1996, Gran Bretaña tenía una de las proporciones más altas de Europa de menores viviendo en condiciones de pobreza, con 300.000 de ellos viviendo peor, en términos absolutos, que sus equivalentes de 20 años antes.[14] Los puestos de trabajo se han vuelto más inseguros. Los trabajos vitalicios han sido sustituidos por trabajos temporales, a tiempo parcial o eventuales. Mientras tanto, bajo la presión de los mercados abiertos, de la desregulación financiera y de la competencia internacional, los servicios de bienestar y las redes de seguridad que en los años de la posguerra protegían a los británicos y a los americanos de los efectos del paro se han visto recortados. El clima económico se ha vuelto más duro y la solidaridad social más desgastada.

El entorno social del mundo entero se ha vuelto menos predecible y más propenso a cambios repentinos y drásticos. La capacidad de desplazar la producción de un sitio a otro en respuesta a las variaciones de los tipos de cambio y a los niveles salariales significa que los puestos de trabajo –no solo en las industrias manufactureras sino también en los sectores de administración y servicios– se han vuelto vulnerables. Los flujos masivos de financiación internacional que entran en una economía nueva, alimentando inversiones especulativas y generando burbujas inmobiliarias, pueden marcharse igual de rápido que llegaron, dejando tras de sí quiebras y grandes subidas del desempleo. Economías enteras se ven desestabilizadas. Las naciones endeudadas, al solicitar ayuda a instituciones financieras internacionales, pueden verse sujetas a disciplinas económicas que tienen mucho que ver con la protección de los inversores y poco que ver con la provisión de infraestructuras a largo plazo y el crecimiento económico sostenible.

Las desigualdades entre países y dentro de cada país han existido antes. Lo que es nuevo en la situación actual es nuestra consciencia de ello. El filósofo David Hume observó que nuestro sentido de la empatía disminuye a medida que nos alejamos de los miembros de nuestra familia hacia nuestros vecinos, nuestra sociedad y el mundo en general. Tradicionalmente, nuestro sentido de participación en el destino de otros ha sido inversamente proporcional a la distancia que nos separaba de ellos. Lo que ha cambiado ahora es que la televisión e internet han abolido las distancias. Ambas han acercado a nuestra experiencia inmediata imágenes del sufrimiento existente en tierras lejanas. Nuestro sentimiento de compasión hacia las víctimas de la pobreza, la guerra y el hambre, va por delante de nuestra capacidad de actuar. Nuestro sentido moral se ve activado y frustrado simultáneamente. Sentimos que hay que hacer algo, pero ¿qué? ¿cómo? ¿por quién?

La globalización tampoco ha sido puramente económica. Ha sido cultural también. La televisión por cable y por satélite, la presencia global de megacorporaciones e internet han traído consigo una inmensa internacionalización de imágenes y artefactos –lo que Benjamin Barber llama el «McMundo»–[15]. Pueden verse los mismos pantalones vaqueros, camisetas, zapatillas, refrescos, restaurantes de comida rápida, música y películas en cualquier calle de casi cualquier ciudad del mundo, y también en muchas aldeas remotas. El mundo que muestran y representan es abrumadoramente estadounidense, y tiende a aplastar a las tradiciones locales, que son preservadas, si acaso, como atracciones para turistas. Esto también es algo profundamente amenazador para la integridad y la dignidad de las civilizaciones no occidentales. Es difícil para un occidental comprender cuán alienante, incluso decadente, puede parecer su cultura a aquellos que la experimentan como una importación extranjera. El énfasis en el consumo es considerado como algo que trivializa todo por aquellos con antiguas tradiciones espirituales, y como algo profundamente excluyente por aquellos que se ven como perdedores en la carrera hacia la riqueza.

* * *

Antes de que empezara el movimiento antiglobalización ya se habían manifestado en Occidente preocupaciones acerca del impacto que tendría sobre las instituciones sociales una cultura consumista dirigida por el mercado. Joseph Schumpeter había advertido ya en 1947 que «el capitalismo crea un ánimo crítico que, tras haber destruido la autoridad moral de tantas otras instituciones, al final se vuelve contra sí mismo».[16] En todas las democracias liberales de Occidente, las familias y las comunidades han ido deteriorándose, lo que ha llevado a nuevas concentraciones de pobreza y ruptura social. En el transcurso de una generación, especialmente entre los menores, se ha multiplicado por entre tres y diez la incidencia de síndromes relacionados con el estrés, desde enfermedades psiquiátricas hasta desórdenes alimenticios, alcoholismo y drogadicción, violencia, crímenes, suicidios e intentos de suicidio.[17] Los individuos se ven privados del apoyo de sus familias, amigos y vecinos, cuya presencia constituía a menudo un salvavidas en tiempos pasados.

En muchas ciudades de Occidente, los barrios se han segregado económicamente más que nunca. A causa del incremento de la criminalidad, aquellos que tienen los medios para hacerlo se mudan a comunidades valladas y a «guetos dorados». Los espacios públicos han ido disminuyendo en cantidad, sustituidos por grandes centros comerciales y complejos de entretenimiento, abiertos solo a aquellos con la capacidad de pagar por estar allí. Hay menos mezcla de la que había antiguamente entre diferentes edades y clases económicas, y con ello se ha ido pudriendo ese elemento de la solidaridad social difícil de definir, conocido como «confianza». La «gente bien» es menos propensa a hacer uso de los servicios públicos y por lo tanto ha dejado de apoyar las campañas a favor de su mejora. La descripción de Robert Reich fue reveladora: llamó a este fenómeno la «secesión de los triunfadores».[18]

La dominación del mercado no solo ha tenido un efecto corrosivo en el panorama social. También ha erosionado nuestro vocabulario moral, muy posiblemente nuestro recurso más importante para pensar acerca del futuro. En uno de los libros más influyentes publicados en tiempos recientes, *Tras la virtud*, Alasdair MacIntyre argumentaba que «poseemos sin duda simulacros de moral, continuamos usando muchas de las expresiones clave; pero hemos perdido –en gran parte, si no enteramente– nuestra comprensión, tanto teórica como práctica, de la moral».[19] El mismo concepto de ética (Bernard Williams lo llamó «esa peculiar institución»)[20] se ha vuelto incoherente. Cada vez más hablamos de eficiencia (cómo conseguir lo que quieres) y de terapia (cómo no sentirte mal sobre lo que quieres). Lo que es común a ambos es que tienen más que ver con la mentalidad del marketing (la estimulación y satisfacción del deseo) que con la de la moralidad (qué es lo que *deberíamos* desear). En el dominio público, los dos términos que dominan el discurso contemporáneo son *autonomía* y *derechos*, que comparten la mentalidad del mercado al enfatizar la elección, mientras descartan la posibilidad de que pueda haber razones objetivas para escoger una opción sobre otra. Esto ha hecho muy difícil deliberar colectivamente sobre algunas de las elecciones más fatídicas, ya sean medioambientales, políticas o económicas, a las que se ha enfrentado nunca la humanidad. Es difícil hablar del bien común cuando se ha perdido la capacidad de hablar de deber, obligación y autocontención, y solo existen derechos que reclaman ser satisfechos.

Incluso si nuestra imaginación moral estuviese bien, muchos de los problemas que plantea la globalización agotarían los recursos éticos convencionales. Este era el argumento usado, en los ochenta, por uno de los profetas de la era tecnológica, Hans Jonas. En su obra *El principio de la responsabilidad*, argumentaba que la modernidad estaba redefiniendo los parámetros de la acción y de la elección humanas.[21] La ética tradicional veía la acción en términos del efecto inmediato que tenía en los demás, que normalmente se encontraban cerca. Hoy en día somos conscientes de los efectos a largo plazo del comportamiento humano en los que no están cerca de nosotros, ya sea en el espacio o en el tiempo (las generaciones venideras). También nos enfrentamos al problema de que acciones insignificantes por sí mismas tengan sin embargo un impacto acumulativo, como puede ser el caso de los aerosoles o las emisiones de combustibles a la atmósfera.

Las generaciones anteriores podían tomar el medio ambiente natural como algo dado. Nosotros ya no podemos. Lo estamos alterando ya de formas destructivas. Estos temas son difíciles de tratar usando términos como deber o consecuencia. ¿Qué deberes tenemos hacia la naturaleza? ¿Qué responsabilidad tenemos hacia gente que aún no ha nacido? ¿Puede considerarse como mala una acción cuando no supone nada malo por sí misma, pero sumada con muchas parecidas puede ser perjudicial? ¿Cómo examinaremos sus consecuencias cuando por su misma naturaleza las de algunas de nuestras intervenciones no podrán ser conocidas hasta que ya no estemos aquí? Estas preguntas no han hecho más que aumentar desde que Jonas escribió su libro. ¿Qué responsabilidad tenemos sobre la pobreza global, la ignorancia y la enfermedad cuando son el resultado de políticas sobre las que no tenemos control alguno? ¿Qué pasa si son consecuencia de factores culturales cuya integridad nos vemos obligados a respetar? ¿Cuáles son nuestros deberes con quienes son oprimidos cuando los opresores son gobiernos legalmente constituidos de Estados soberanos? ¿Hasta qué punto estamos justificados al imponer sanciones a regímenes inicuos, cuando esto puede exacerbar el sufrimiento de los oprimidos sin derrocar a los tiranos responsables de ello? A través de la teoría del caos y de otros desarrollos en el entendimiento de los ecosistemas, nos hemos acostumbrado a considerar los grandes e impredecibles efectos de perturbaciones relativamente pequeñas y locales. Pero esta visión orgánica de la interconexión de la humanidad y la naturaleza –la metáfora dominante de la era global– hace que sea excepcionalmente difícil establecer los parámetros de la acción y la elección morales.

En cualquier caso, ¿quiénes son los actores del escenario global? Durante el último medio siglo en Occidente, ha habido un énfasis creciente en dos instituciones: los mercados y los gobiernos. Sin embargo, ninguno de ellos es capaz de soportar el peso que les hemos puesto encima actualmente. Los mercados son por su propia naturaleza transaccionales, no morales. Tratan de precios, no de valores. Son espacios de intercambio que no implican ningún juicio sobre lo que se está intercambiando, por quién o a cambio de qué. Mientras tanto, la política en Occidente se ha hecho cada vez más procedimental y administrativa, ocupada en proporcionar la máxima cantidad de servicios públicos al mínimo coste posible a la vez que ignora cuestiones morales sustanciales sobre qué tipo de mundo queremos construir colectivamente. John Rawls lo llama, y es uno de los credos del liberalismo contemporáneo, «la prioridad de lo correcto sobre lo bueno».[22] Muchos ya no creen que exista un consenso sobre el bien común en sociedades que se han vuelto pluralistas y multiculturales. Algunos van aún más lejos y argumentan que los gobiernos no tienen derecho a tomar decisión colectiva alguna sobre el «bien». Esto siempre debe dejarse a las conciencias y a las elecciones individuales. De una forma u otra, los dos actores más influyentes –los Estados y los mercados– han marginalizado a todos los efectos cualquier consideración ética en sus procesos de toma de decisiones.

Lo mismo puede decirse del nuevo actor que ha surgido en los últimos tiempos: la gran corporación global. Hoy en día, las grandes multinacionales tienen un enorme poder. De las 100 mayores economías en la actualidad, 51 son corporaciones y solo 49 son Estados-nación. Varios factores dificultan su integración en ámbitos coherentes de la política. Existen para obtener beneficios para sus accionistas. Esa es su razón de ser y la lógica que guía sus decisiones. Otras responsabilidades más amplias –con el medio ambiente, con culturas locales o relacionadas con su impacto sobre las comunidades en las que operan– no son esenciales para sus competencias, aunque muchas se hayan visto obligadas por presiones sociales a incorporarlas a sus políticas y misiones corporativas. En cualquier caso, la mera movilidad del capital y de la producción ha supuesto que a menudo sean capaces de evadir el control de los Estados nacionales con una táctica tan simple como desplazar la producción a otro sitio o subcontratar a empresas locales, moviendo su base financiera a países más amistosos.

También hay un problema de índole humana. En el pasado había una conexión directa y viva entre los que poseían riquezas y los que las producían. Los señores feudales y los líderes industriales, aunque les explotaran, por lo menos tenían algún interés en el bienestar de los que trabajaban para ellos. Las élites globales de hoy en día tienen poca conexión con la gente que se ve afectada por sus decisiones. No viven en el mismo país que los que fabrican sus productos. Pueden tener poco contacto, si es que tienen alguno, con los que los compran, especialmente si esa compra se lleva a cabo a través de internet. Esto es importante porque la responsabilidad moral no es una mera abstracción. Crece a base de relaciones directas cara a cara. Vemos cómo lo que hacemos afecta a los demás. Así es como aprendemos qué hacer y qué no hacer. La distancia e impersonalidad de la vida contemporánea nos han privado de la conexión inmediata entre acto y consecuencia, y esto también ha deteriorado nuestra sensibilidad moral.

Se ha abierto una brecha enorme entre las élites globales y el resto. El ejecutivo global es parte de una comunidad internacional. Puede pasar gran parte de su tiempo viajando por el mundo, pero siempre quedándose en el mismo tipo de hotel, comiendo el mismo tipo de comida, y tratando con el mismo tipo de gente. La gran mayoría de las personas, sin embargo, incluso en los países desarrollados, se encuentra atada a una zona concreta, que a su vez puede haberse visto privada de los espacios públicos y las actividades compartidas que servían para crear comunidades. Hay poco en común entre las élites extraterritoriales, para quienes la distancia física no significa nada y el tiempo significa todo, y el resto de las personas, quienes a menudo (debido al desempleo o al trabajo temporal) tienen mucho tiempo pero poca libertad para moverse de un sitio a otro.[23] Rara vez ha habido menos conexión entre quienes toman las decisiones y quienes las sufren. Las operaciones del mercado no son sustituto alguno para el sentimiento de que hay un arco moral que liga a los individuos en un destino compartido y les lleva a pensar y actuar en aras del bien común.

El mercado, en resumen, ha hecho algo más que ampliar el rango entre extremos de pobreza y riqueza. Ha subvertido otras instituciones: las familias, las comunidades, esos vínculos que enlazan a los miembros de una sociedad en un destino común, y el discurso moral según el cual, hasta ahora, podíamos mantener una distancia crítica entre el «yo quiero» y el «yo debería». Al remplazar una estructura jerarquizada de obligaciones colectivas por un supermercado de preferencias personalizadas de estilos de vida, el mercado ha socavado nuestra capacidad de hablar sobre los bienes públicos: aquellas cosas (desde parques hasta servicios públicos o lealtades) que no compramos ni vendemos pero que compartimos.

* * *

El fenómeno más inesperado de nuestros tiempos, sin embargo, no ha sido efecto directo de la globalización sino una consecuencia indirecta: el resurgir de la religión como factor significativo en muchas partes del mundo.

Si había una cosa en la que los arquitectos de la modernidad occidental asentían, era que la religión organizada había llegado a su fin. Toda su superestructura de creencias y prácticas, se suponía, sería remplazada completamente por otra basada en la racionalidad. Tras la Reforma protestante, durante el siglo XVI y principios del siglo XVII, Europa se había visto dividida por los conflictos religiosos. Había muchos factores en juego, muchos de ellos (incluso la mayoría) no religiosos. Estaba por un lado la afirmación del poder de muchos señores locales en detrimento de la iglesia católica. También la disminución del analfabetismo debida a la invención de la imprenta. Había un nuevo individualismo en el ambiente, como resultado, en parte, del surgimiento de una clase comercial. Hasta qué punto todos estos factores eran causa o consecuencia del ascenso del protestantismo y del puritanismo es algo que ha sido debatido sin fin, pero la consecuencia inmediata fue simple. Cuando la religión dio lugar a conflictos que ella misma no podía resolver, ¿qué podría convertirse en base de una sociedad que ya no estaba unida por una misma fe? La modernidad surgió de esta misma pregunta.

El primero y más llamativo de sus logros fue la ciencia. Descartes había comenzado su viaje filosófico dudando sistemáticamente de cada verdad recibida. Desde ahí solo hubo que dar un pequeño salto hasta la idea de que el conocimiento debería estar basado solo en la razón y en la observación, no en la tradición ni la autoridad. Copérnico, Galileo y, sobre todo, Newton, se convirtieron en iconos de la nueva epistemología a la que cualquier actividad social aspiraba. Los experimentos establecerían la verdad. La razón disiparía los prejuicios. La ética podría ser construida sobre nuevos cimientos, ya fuera sobre las emociones humanas (Hume), la razón (Kant) o la maximización de la utilidad (Bentham). La salvación se encarnó en la nueva y potente idea del progreso. Las revoluciones americana y francesa mostraron que no solo el conocimiento, sino también la política, podían disociarse de la religión. La doctrina de Locke sobre la tolerancia abrió el camino a la separación entre Iglesia y Estado y a la secularización de la política. La religión podría sobrevivir en las zonas privadas del alma, de la familia o de la congregación local, pero su papel público se había acabado.

Lo curioso, sin embargo, fue que la religión se negó a morir. Ya en la década de 1830 un visitante francés a los Estados Unidos, Alexis de Tocqueville, observó la sorprendente tenacidad de la religión en el Nuevo Mundo. «La filosofía del siglo XVIII», escribió, «proporcionaba una explicación muy simple del deterioro gradual de las creencias. El celo religioso, se decía, estaba condenado a extinguirse a medida que la Ilustración y la libertad se extendían. Es fastidioso ver que los hechos no encajan en absoluto con esta teoría.»[24] Gran parte del replanteamiento de los contornos del nuevo orden mundial posterior al fin de la guerra fría retoma el descubrimiento de Tocqueville. Lo que ha surgido, en palabras de George Weigel, ha sido la «des-secularizacion del mundo».[25]

El más célebre debate sobre el futuro posterior a la caída del muro de Berlín y el colapso del comunismo soviético fue el que hubo entre Francis Fukuyama («el fin de la historia») y Samuel Huntington («el choque de civilizaciones»). La opinión de Fukuyama era que la economía había demostrado ser más poderosa que la política. La Unión Soviética se había derrumbado sobre sí misma sin un solo disparo porque la economía planificada había fallado allí donde la economía de mercado había triunfado. No había proporcionado prosperidad, y eso es lo que la gente quería. La competición, en el futuro, sería para producir aparatos de vídeo, no misiles. El crecimiento económico demandaba un mercado libre, y así eventualmente una sociedad libre. Tal vez no inmediatamente, pero sí en última instancia, la democracia liberal sería el inevitable resultado en un país tras otro. Las luchas ideológicas del pasado estaban dando paso a un «fin de la historia» hegeliano, que podría ser aburrido pero al menos sería pacífico.[26]

Huntington estaba en desacuerdo. La modernización no significaba la occidentalización. Bien podía ser el caso que la política del futuro ya no fuera ideológica en el sentido del siglo XX. Pero seguiría habiendo profundas diferencias y antagonismos entre Occidente y el resto. Él llamó a tales diferencias «civilizacionales». No todos los conflictos tenían que darse entre Estados-nación, sistemas económicos y filosofías políticas. Ni tampoco era probable que hubiera guerras internas entre diversas partes beligerantes dentro de Occidente, como había ocurrido en el pasado. Pero la historia no se movió hacia una síntesis hegeliana. Algo más permanecía por encima de las realidades instrumentales de la producción y del consumo, del poder y de su distribución. Ese algo más era la cultura, o en su nivel más elemental, la civilización: los hábitos de lenguaje, historia, religión, costumbres y tradiciones que dividían y continuarían dividiendo a la humanidad. Cuanto más global se hiciera el conflicto internacional, más civilizacional se volvería, un choque entre códigos de significado y de comportamiento antiguos pero todavía operativos.[27]

En retrospectiva, el análisis más clarividente fue el ofrecido por Benjamin Barber en su ensayo de 1992 titulado «Yihad contra el

McMundo».[28] Para Barber, ambas tendencias estaban sucediendo a la vez. El mundo estaba convirtiéndose en una red única de interconexiones, propulsadas por la tecnología, la ecología, las comunicaciones y el comercio. Pero estas mismas fuerzas estaban generando su propia reacción opuesta en la forma de «la amenaza de unos Estados-nación "libanizados" en los que una cultura se enfrenta a otra, un pueblo a otro pueblo, una tribu a otra tribu». El fin de una era en la que el conflicto entre dos superpotencias dominaba a todo lo demás no estaba llevándonos a la armonía global sino a un creciente fraccionamiento en grupos cada vez más pequeños. «El planeta», concluía, «se está dividiendo y uniendo precipitadamente al mismo tiempo».

Pocos escritores han expresado más sentidamente que Michael Ignatieff la sensación de expectación eufórica que siguió a los dramáticos eventos de 1989:

> Cuando cayó el muro de Berlín, cuando Vaclav Havel salió al balcón de la plaza de Wenceslao de Praga y las multitudes celebraron el colapso de los regímenes comunistas en Europa, pensé, como mucha gente, que estábamos a punto de contemplar una nueva era de democracia liberal. [...] Con una risueña ligereza asumimos que el mundo dejaba atrás el nacionalismo irrevocablemente, el tribalismo, los límites provincianos de las identidades marcadas por nuestros pasaportes, de camino a una cultura global de mercado que iba que ser nuestro nuevo hogar.[29]

Sin embargo, para cuando hubo terminado un viaje por zonas de conflicto en Croacia, Serbia, Alemania, Ucrania, Quebec, Kurdistán e Irlanda del Norte, sus esperanzas se habían visto destruidas. Entonces hizo esta reflexión:

> [El mundo] no está controlado por escépticos y maestros de la ironía sino pistoleros y creyentes devotos, y el nuevo

> mundo que están legando al siglo que viene parece más violento y desesperado de lo que hubiera podido imaginar. Si al acabar la Guerra Fría creí que el nuevo mundo sería gobernado por filósofos y poetas, se debe a que creí tontamente que la civilización y el orden precarios de los países en los que vivo eran lo que todo el mundo racional desea. Pero ya no estoy tan seguro. Empecé un viaje siendo un liberal, y lo he terminado igual, pero no puedo evitar pensar que una civilización liberal (el imperio de la ley en vez de los hombres, de la discusión en vez de la fuerza, del compromiso en vez de la violencia) va profundamente en contra del carácter del hombre y solo se logra y se sostiene gracias a una lucha implacable contra la naturaleza humana. Las virtudes liberales (la tolerancia, el compromiso y la razón) siguen siendo tan valiosas como siempre, pero no se pueden enseñar a aquellos que están llenos de locura o de resentimiento.[30]

Estas palabras fueron escritas en 1993, pero no han perdido un ápice de su importancia en los años que han transcurrido desde entonces.

* * *

¿Por qué ha vuelto la religión al escenario mundial con tal fuerza primaria? No hay una respuesta única, pero no es difícil encontrar una explicación general. La globalización es profundamente desestabilizadora. Es la encarnación de lo que Schumpeter llamó la «perenne tempestad de destrucción creativa» del capitalismo.[31] Enfrentados al cambio, aquellos que se sienten amenazados por él buscan en la religión una fuente de estabilidad, como expresión de aquellas cosas que no cambian nunca. El mercado global tiende a reducir todo a términos económicos. La religión ofrece un consuelo distinto a los demás. Habla sobre la dignidad de la persona y el poder del espíritu humano. Nos dice que somos algo más, o algo distinto, que lo que ganamos o lo que compramos. En la vorágine de la economía mundial somos ganadores o perdedores. La vida requiere de una darwiniana lucha sin cuartel por la supervivencia. La religión nos recuerda que hay otras fuentes de valía personal. No estamos necesariamente enfrentados todos contra todos en una competición en la que se gana o se pierde.

De manera aún más importante, ningún otro sistema hace lo que la religión había intentado hacer tradicionalmente, concretamente ofrecer una explicación de quiénes somos y por qué, de nuestro sitio en el universo y del significado de los acontecimientos que van sucediendo a nuestro alrededor. Los grandes sistemas posteriores a la Ilustración –la ciencia, la economía y las ideologías políticas modernas– han abandonado sus antiguos roles de filosofías omnicomprensivas. La ciencia se ha hecho descriptiva, la economía transaccional, y la política más administrativa que nunca. Nos dicen el qué y el cómo pero no el por qué. Las usamos para conseguir lo que queremos, pero no para saber qué es lo que deberíamos querer. Eso constituye su fuerza, pero también, desde otra perspectiva, su debilidad. Nunca antes nos hemos enfrentado a más decisiones, pero nunca antes hemos recibido menos consejo de las grandes instituciones que definen la sociedad sobre por qué deberíamos elegir esto y no aquello. Las grandes metáforas de nuestro tiempo –el supermercado, la televisión por cable y satélite, internet– nos ofrecen un rango aparentemente infinito de opciones; cada una de ellas nos hace la mejor oferta, nos ofrece la mejor compra, la especificación más alta, el precio más bajo. Pero el consumo es un pobre candidato para ofrecer la salvación. La misma felicidad que se nos prometió al comprar esos vaqueros de diseño, ese reloj o ese coche, es lo que el siguiente producto nos promete que no conseguiremos hasta que hayamos comprado algo más. Una sociedad de consumo se mantiene en movimiento a través de un proceso interminable de estimulación, satisfacción y nueva estimulación del deseo. Es algo más parecido a una adicción que a una búsqueda de realización.

El siglo XXI se ha levantado sobre las ruinas del siglo XX, una era en la que muchas de las ideologías políticas –el fascismo, el socialismo, el comunismo, e incluso el nacionalismo– fueron desacreditadas. En la visión de Fukuyama del futuro sentimos el retorno de la esperanza ya expresada en el siglo XVIII, la de que el comercio haría lo que la política no hacía: domeñar las pasiones, domesticar al hombre guerrero y convertirlo en el hombre productor y consumidor, y unir a las naciones en una red de intercambios mutuos en la que todos serían ganadores.[32] La amalgama de los Estados-nación de Europa, que habían pasado gran parte de los últimos siglos en guerras intermitentes, para formar la Unión Europea parecía ser un buen augurio. El colapso de la Unión Soviética parecía otro. Lo que no se había tenido en cuenta era que, tanto entonces como ahora, el *homo sapiens* no es solo, ni siquiera en primera instancia, un animal maximizador, que elige racionalmente entre distintas opciones. Somos, de manera distintiva, un animal que busca significado. Nuestras preguntas más fundamentales son ¿quién soy? ¿a qué narrativa pertenezco? La gran esperanza de la imaginación liberal, que la política pudiera ser remplazada por la economía, sustituyendo el bien público por la elección privada, estaba destinada a fracasar porque la economía por sí misma no ofrece respuestas a las grandes preguntas del «quién» y el «por qué». La religión sí lo hace, y esa es su fuerza en el mundo contemporáneo. La política de las ideologías puede haber muerto, pero no ha sido remplazada por el «fin de la historia» sino por la política de la identidad.

Cabe suponer que los líderes religiosos ven esto como algo bueno, y de muchas formas lo es. La religión es un elemento esencial en un orden social humano y humanista, y en los capítulos centrales de este libro intentaré explicar por qué. Pero es precisamente ahora cuando los líderes religiosos deben advertir de los peligros que se avecinan. Como sistemas de significado o propósito, las grandes religiones del mundo nunca han sido superadas. Como sustitutos de la política, sin embargo, están llenas de peligro; y en eso es en lo que se han convertido en algunas partes del mundo. En algunos casos –muy notablemente en Afganistán bajo el dominio talibán– sociedades enteras han sido sometidas al imperio de las leyes religiosas. En otras –el Irak de Sadam Husein es un buen ejemplo– la religión es invocada por líderes esencialmente seculares como forma de movilizar y encauzar las pasiones populares. Hay combinaciones que son incendiarias, y la mezcla de la religión con el poder es una de ellas.

Merece la pena recordar los orígenes de las palabras «política» y «religión». Política viene del griego *polis*, que significa ciudad. Nos recuerda el lugar de origen de muchos de nuestros conceptos políticos, concretamente las ciudades-Estado de la antigua Grecia, especialmente Atenas, en los siglos anteriores al cristianismo. Política significa el proceso de gobernar las unidades políticas básicas, la ciudad y sus asuntos. Pero las ciudades tienen otra connotación en el mundo clásico. Era en ellas donde se llevaba a cambio el comercio, donde se reunían gentes de distintas clases y ocupaciones. Los grandes puertos mediterráneos eran cosmopolitas para su época. Allí se podía conocer a extranjeros, gente que había llegado en barcos para comprar y vender o para quedarse y trabajar. En contraste con lo que ocurría en una aldea, una ciudad era un lugar de diferencias donde se podían escuchar distintos idiomas o acentos y conocer gentes de distintas religiones y culturas. Hasta este día, la política retiene su vínculo con la ciudad en cosas tales como el arte de reconciliar diferencias: mediando en conflictos, decidiendo judicialmente entre reivindicaciones en disputa, proporcionando marcos de coexistencia pacífica. Esto requería unos ciertos protocolos. Todavía podemos oír ecos de la ciudad en palabras como urbano (*urbs* = ciudad), civil (*civis* = ciudadano) y cosmopolita. Muchas de las llamadas virtudes liberales –tolerancia, capacidad de consenso, razón– tienen sus orígenes en ese escenario.

La palabra religión, en contraste, viene de la palabra latina *religare*, que significa «unir». Eso es lo que las religiones hacían y siguen haciendo. Unen a las personas, unas con otras y con Dios. Forman comunidades. En algunos casos, como en la gran expansión islámica de los siglos VII y VIII, o en el Santo Imperio Romano Germánico, esas comunidades pueden ser mucho mayores que Estados-nación. Lo que tienen en común, especialmente en el caso de los grandes monoteísmos, es que crean una unidad, un sistema, un todo. Unen al grupo a través de rituales, narrativas, ceremonias colectivas y símbolos. Las religiones, como sistemas totales de significado, crean totalidades. Lo hacen de muchas formas. Hay una enorme diferencia entre la iglesia católica medieval, la *umma* del islam, el «sacerdocio de todos los creyentes» del calvinismo y «la congregación de Israel» del judaísmo postbíblico. Las religiones pueden crear comunidades jerárquicas o igualitarias, orgánicas o de alianza. Pero en su corazón está su visión de una unidad, una entidad, un todo. Eso es lo que las diferencia del entendimiento generalizado de la política. La diferencia es el lugar donde vive la política; pero es lo que la religión trasciende. La religión une. La política media. Por eso es por lo que ciertas virtudes que se consideran como tales en política –capacidad de consenso, ambigüedad, diplomacia, coexistencia– son vistas normalmente como vicios desde el punto de vista de la religión.

La religión y la política surgen como respuesta a distintos aspectos de la condición humana: en un caso, unir a la gente en lo común, en otro mediar pacíficamente entre sus diferencias. Las grandes tragedias del siglo XX sobrevinieron cuando la política se convirtió en religión, cuando la nación (en el caso del fascismo) o el sistema (en el del comunismo) se convirtieron en absolutos y fueron deificados. El riesgo más grande del siglo XXI es que ocurra lo contrario: no que la política se haga religión, sino que la religión se haga política. Lo que hace a la religión incapaz de ser política es lo mismo que condujo a Aristóteles a criticar la república de Platón.[33] Lo que buscaba Platón, en *La república*, era otorgar al Estado las características de una religión. Aristóteles respondió diciendo que sin la diferencia no puede existir la política. La política es el espacio que dejamos para aquello que las religiones individuales intentan superar: la diversidad de visiones, el conflicto de intereses, la multiplicidad. Y mientras que antes necesitábamos estas cosas a nivel local, ahora las necesitamos a nivel global.

Las religiones fueron el primer fenómeno global de la humanidad. Las grandes religiones de la era axial –especialmente los monoteísmos: el judaísmo, el cristianismo y el islam– nacieron cuando la humanidad comenzaba por primera vez a levantar la vista más allá de la tribu, de la ciudad y de la nación y a pensar en la humanidad como un todo. Hasta el día de hoy, más que cualquier otro actor que haya en el escenario internacional, las religiones cumplen con el imperativo del siglo XXI de «pensar globalmente, actuar localmente». Su visión es global pero su posicionamiento es local: la congregación, la sinagoga, la iglesia, la mezquita. La pregunta es: ¿están preparadas las religiones para superar el obstáculo más importante al que se han enfrentado, concretamente un mundo en el que incluso el conflicto local puede tener repercusiones globales? Una cosa era que cristianos y musulmanes se pelearan en tiempos de las cruzadas; otra muy distinta es que lo hagan en una época de armas nucleares, químicas y biológicas. Una cosa era que las guerras de religión tuvieran lugar en un campo de batalla, otra que cualquier sitio –un avión, un autobús o un edificio de oficinas– pueda convertirse en el frente bélico y en el escenario del terror.

La economía puede resolver los problemas económicos; la política puede resolver los problemas políticos; pero solo la religión puede resolver los problemas que surgen de la propia situación religiosa. Durante cuatro siglos Occidente funcionó con la hipótesis de que la ciencia, la política y la economía ocuparían el lugar tradicionalmente ocupado por la iglesia. El problema de la religión se resolvería al privarla de todo poder. ¿Qué ocurre, sin embargo, cuando la religión vuelve con toda su fuerza, precisamente porque responde a preguntas que la ciencia, la política y la economía no pueden responder? Las grandes religiones dan razón y propósito a sus fieles. La pregunta es: ¿pueden hacer espacio para aquellos que no son sus fieles, que cantan otra canción, escuchan otra música, cuentan otra historia? El destino del siglo XXI puede depender de esa pregunta.

NOTAS

1 Whitehead 1942.
2 Naisbitt y Aburdene 1990.
3 Clinton 2001.
4 Donne 1985.
5 Moore y Lewis 1999.
6 Ver Landes 2008; Jay 2002.
7 Citado en Barber 2001, p. 130.
8 Ver Hertz 2002.
9 Barber 2001, p. 27.
10 Held 2000, p. 175.

11 Gordon Brown, discurso ante la Asamblea General de las Naciones Unidas. Sesión especial sobre la infancia, 10 de mayo de 2002.

12 Harrison y Huntington 2000, p. xviii.

13 Held y McGrew 2000, p. 342-43.

14 Ver Hertz 2002.

15 Barber 1992.

16 Schumpeter 1947, p. 143.

17 James 1997.

18 Reich 1993 y 2001.

19 MacIntyre 2004, p. 15.

20 Williams 1985.

21 Jonas 1994.

22 Rawls 2004.

23 Bauman 1998.

24 Ver Tocqueville 2005.

25 Berger 1999.

26 Fukuyama 1989.

27 Huntington 2005.

28 Barber 1992.

29 Ignatieff 2012, p. 300.

30 *Ibíd.*, p.

31 Schumpeter 1947.

32 Ver Hirschman 1999.

33 Aristóteles 1999, p. 1261a : «De modo que aunque alguien fuera capaz de hacer eso [que la ciudad y el individuo sean más unitarios], no debería hacerlo, porque destruiría la ciudad.»

Capítulo 3

La Dignidad de la Diferencia: Liberándonos del Fantasma de Platón

> Los políticos pueden reiterar mil veces en los foros internacionales que la base del nuevo orden mundial debe ser el respeto universal por los derechos humanos, pero eso no querrá decir nada si ese imperativo no se deriva del respeto por el milagro del Ser... Debe enraizarse en la trascendencia más allá de uno mismo: la trascendencia como una mano tendida hacia los que nos rodean, hacia los forasteros, hacia la comunidad humana, hacia todas las criaturas vivientes, hacia la naturaleza, hacia el universo; la trascendencia como una experiencia profunda y gozosa debe estar en armonía incluso con aquello que nosotros no somos, con aquello que no comprendemos, con lo que parece distante de nosotros en el espacio y en el tiempo, pero con lo que estamos misteriosamente vinculados porque, junto con nosotros, constituye un único mundo; la trascendencia como la única alternativa real a la extinción.
>
> (Vaclav Havel, *The Art of the Impossible*)

Según una frase de Isaiah Berlin[1], hay una creencia que tiene más responsabilidad que ninguna otra por la matanza de personas en los altares de los grandes ideales históricos. Es la creencia de que aquellos que no comparten mi credo –o mi raza o mi ideología– no comparten mi humanidad. A lo sumo, son individuos de segunda clase. En el peor de los casos, pierden incluso el derecho a la santidad de la vida. Son los no salvados, los no creyentes, los infieles, los que no se han redimido; están fuera del palio de la salvación. Si la fe es lo que nos hace humanos, entonces aquellos que no comparten mi fe no son completamente humanos. De este silogismo salieron las cruzadas, las inquisiciones, las yihads, los pogromos, la sangre de los sacrificios humanos a lo largo de los años. Si se sustituye fe por raza, de él surge en última instancia el Holocausto.

Antes yo pensaba que el Holocausto nos habría vacunado contra esta idea; que era imposible no escuchar a los fantasmas de Auschwitz gritar «nunca más». Ahora ya no estoy tan seguro. Me he hecho cada vez más a la idea de que si no peleamos, como Jacob, contra el ángel oscuro de nuestra naturaleza y de nuestras creencias, habrá más tragedias. En Ruanda, en Camboya y en los Balcanes ya las ha habido. Y habrá más. Este es el desafío religioso más grande de todos, y muchas cosas dependerán de si podemos estar a su altura. Es un desafío ya planteado en los primeros capítulos de la Biblia. El primer acto religioso documentado lleva directamente al primer asesinato; el primer fratricidio. Dos personas traen una ofrenda a Dios. El nombre de uno era Abel; el otro era Caín. Yo leí esto como una señal clara y fatídica, justo al principio del libro de los libros, de que igual que hay un camino que lleva de la fe a la redención, hay otro camino que lleva de la religión a la violencia. ¿Qué es lo que lleva a la gente a derramar sangre en nombre de Dios?

Hay una respuesta a la que estamos habituados. La religión trata de la identidad, y la identidad excluye. Por cada «nosotros» hay un «ellos», la gente que no es como «nosotros». Hay familiares y no familiares, amigos y desconocidos, hermanos y otros, y sin estas fronteras sería cuestionable que tuviéramos siquiera identidad alguna. El sentimiento de pertenencia, de ser parte, se remonta a la prehistoria, a la etapa del hombre cazador-recolector en la evolución de la humanidad, cuando comenzaba a emerger el *homo sapiens*. Ser parte de un grupo era esencial para la vida misma. Fuera del grupo, y rodeado de depredadores, el individuo no podía sobrevivir. Algunos de nuestros instintos más profundos, y que están mejor grabados, se remontan a aquellos tiempos y explican nuestra tendencia a construir redes de contactos, relaciones y lealtades. Hoy en día seguimos calificando a estas predisposiciones como «tribales».

Esas predisposiciones subyacen a algunas de las expresiones religiosas más antiguas de la humanidad. En los panteones de la antigüedad había dioses que representaban a un pueblo o una nación. Velaban por sus destinos, luchaban en sus batallas, vivían en el templo o en la montaña sagrada del lugar, y tenían, por así decirlo, jurisdicción local. De manera que, por ejemplo, los moabitas podían ver su conflicto con los israelitas en términos de una batalla entre su dios, Jemosh, y el dios de los israelitas. Tan primordial es este sentimiento que nunca se extinguió enteramente. Revivió en términos seculares en el nacionalismo romántico de la Europa del siglo XIX, en ideas como el *Volksgeist*, el «espíritu de la raza», concebido en términos no menos místicos que sus predecesores paganos. Este sentimiento sobrevive aun hoy en día en estadios de fútbol y competiciones deportivas por todo el mundo.

El tribalismo tiene una potencia inmensa, como cualquiera que alguna vez se haya visto envuelto en las emociones de una masa puede atestiguar. Ceder nuestro ser solitario a cambio de algo mayor, más poderoso y elemental, es uno de los instintos más profundos de la humanidad. Un mundo tribal es agonístico: un sitio de conflicto donde el más fuerte gana honor y gloria luchando, o incluso muriendo, por una causa noble. Ese era el estado de ánimo de muchos jóvenes cuando partieron en 1914 para luchar en la Primera Guerra Mundial por su rey y su patria[2]. Hicieron falta millones de muertes, otra guerra mundial, y el asombroso poder de las armas atómicas y nucleares, para que

Occidente llegara a la conclusión colectiva de que el precio de la guerra era demasiado alto.

Hoy en día tendemos a considerar el tribalismo resurgente como el gran peligro de nuestro mundo en fragmentación, y de hecho lo es. Pero no es la única amenaza. La paradoja es que la misma fuerza que vemos como la antítesis del tribalismo –el universalismo– también puede ser profundamente amenazadora e igual de inadecuada como expresión de la condición humana. Una cultura global es una cultura universal, y las culturas universales, si bien es verdad que han traído cosas buenas, también han hecho mucho daño. Ven como la base de nuestra humanidad el hecho de que seamos en última instancia iguales. Somos vulnerables. Somos criaturas corporales. Sentimos hambre, sed, miedo y dolor. Razonamos, deseamos, soñamos y aspiramos. Todas estas cosas son verdad y son importantes. Pero también somos diferentes. Cada paisaje es único, cada lengua, cada cultura y cada comunidad son únicas. Nuestra propia dignidad como personas está anclada en el hecho de que ninguno de nosotros es exactamente como ningún otro; ni siquiera lo son entre sí dos gemelos idénticos. Por lo tanto, ninguno de nosotros es reemplazable, sustituible, un mero ejemplar de un tipo. Eso es lo que nos hace personas, y no meros organismos o máquinas. Si lo que importa en última instancia son nuestros rasgos en común, entonces nuestras diferencias son distracciones que deben ser superadas.

Según mi argumentación, este punto de vista es profundamente erróneo. Es un error que se ha cometido frecuentemente en la historia de Occidente, y estamos en proceso de cometerlo otra vez bajo la forma de la globalización. Ninguna otra cosa que tenga que decir en este libro será más radical o más difícil de comprender, porque desafía una suposición básica que durante al menos dos milenios ha estado en el corazón de la civilización occidental. Sin embargo ese es el argumento que voy a exponer: que necesitamos nada menos que un cambio de paradigma en nuestra comprensión de las cosas que compartimos y de nuestras diferencias. Puede sonar raro sugerir que hay una conexión entre la tragedia del 11 de septiembre de 2001 y un filósofo griego que vivió hace 2.500 años, pero eso es lo que voy a hacer. Lo he llamado «el fantasma de Platón», y ha tenido hechizada a la imaginación occidental desde entonces.

* * *

En la Stanza della Signatura del Vaticano se expone uno de los logros artísticos supremos del Renacimiento: el inmenso mural de Rafael titulado *la Escuela de Atenas.* Enmarcando la escena y dominando la mitad superior del fresco se ven las magníficas columnas, estatuas y arcos de la academia; a través de uno de ellos se puede ver, en la distancia, un día claro aunque ligeramente nuboso. Ocupando el centro y en primer plano están los miembros de la academia divididos en pequeños grupos, hablando, escuchando, discutiendo, gesticulando y disputando. Ante ellos, un pensador solitario se sienta en los escalones inmerso en su pensamiento, cabeza en mano como el *Pensador* de Rodin. Nuestros ojos se fijan, sin embargo, en las dos figuras del centro: los dos gigantes del pensamiento griego. A la izquierda está Platón, con su pelo y barba blanca propios de la vejez, y a su lado un hombre más joven, Aristóteles, que llegaría a ser su discípulo más famoso y cuya influencia en algunos momentos brillaría aún más que la de su maestro. La mano izquierda de Aristóteles tiene su palma hacia abajo, pero la mano de Platón está alzada, en un gesto que parece estar apuntando a algo.

No necesitamos ningún texto para saber lo que está diciendo Platón:

> Si buscas la verdad, Aristóteles, no mires abajo hacia este mundo que nos rodea, hacia la realidad empírica con todas sus desordenadas y caóticas particularidades. Mira hacia el cielo y el mundo de las formas, puesto que es ahí donde encontrarás la esencia pura y la naturaleza de las cosas. Allí, en lugar de particularidad y conflicto, encontrarás unidad y armonía.

En un mundo de ideas, la diferencia se resuelve apuntando a lo igual. Las particularidades ceden el paso a las universalidades. El mundo que vemos, aquel en el que nos movemos y vivimos, argumentaba Platón en *La República* en el famoso mito de la caverna, es un mero juego de sombras[3]. La verdadera esencia de las cosas no es la materia sino la forma; las ideas, no su encarnación concreta en el mundo de los sentidos. Ahí es donde los árboles se convierten en la *Arbolidad*, donde los hombres se convierten en el Hombre y donde las verdades aparentes se convierten en la Verdad.

Es un sueño maravilloso el de Platón, y uno que nunca ha cesado de atraer herederos políticos y filosóficos: el sueño del imperio de la razón, un mundo de orden frente al caos de la vida, una eternidad más allá del aquí y el ahora. Su idea más potente es que la verdad –la realidad, la esencia de las cosas– es universal. ¿Cómo podría ser de otra forma? Lo que es verdad es verdad para todo el mundo y en todo momento; por lo tanto, cuanto más universal se vuelve una cultura, más cerca está de la verdad. Al fin y al cabo, ¿no es así como crecemos hacia la madurez como individuos? Comenzamos, en nuestra infancia, estando vinculados a nuestra familia inmediata. Después, a medida que se amplía el mundo al que estamos expuestos, comenzamos a adoptar sucesivamente amigos, vecinos, la comunidad local, la sociedad y eventualmente toda la humanidad. Así ocurre con la civilización misma. La historia del *homo sapiens* es precisamente la del cambio desde pequeños grupos nómadas a tribus, ciudades-Estado, naciones y en última estancia, si bien no todavía, a un gobierno planetario. La particularidad –el mundo de los sentidos y las pasiones– es fuente de conflicto, prejuicios, errores y guerra. La universalidad es el reino de la verdad, la armonía y la paz. El desplazamiento de lo primitivo a lo sofisticado, de lo parroquial a lo cosmopolita, de lo local a lo global, es el viaje que lleva desde las ataduras particulares hasta la razón universal.

Considerado a través de este sistema de valores, el judaísmo no puede ser visto más que como una revolución que se quedó a medio camino. Está entre dos eras: la era de las culturas tribales y las deidades locales del mundo antiguo por una parte, y la era de las culturas universalistas como la griega, la romana y sus sucesores religiosos, el cristianismo y el islam, por otra. El judaísmo nació *in media res.* Fue capaz de concebir un Dios universal, pero aún no una fe universal. De vez en cuando en sus textos sagrados aparecen rayos de luz en forma de visiones universales, como en Amos o en Isaías, pero el judaísmo permaneció particularista y por lo tanto siguió siendo una fe tribal. Estaba atrapado en la parroquialidad de la antigüedad.

Esta opinión es una exageración. Pero si solo fuera eso, yo no me molestaría en discutirla aquí. Mi argumento es algo mucho más fundamental, concretamente que el universalismo es inadecuado como respuesta al tribalismo, y no menos peligroso. El universalismo lleva a la creencia –superficialmente convincente pero bastante falsa– de que solo hay una verdad sobre los aspectos esenciales de la condición humana, que se mantiene verdadera para todo el mundo en todo momento. Si yo tengo razón, tú estás equivocado. Si lo que yo creo es la verdad, entonces tus creencias, que son diferentes a las mías, tienen que ser un error del que debes ser convertido, curado y salvado. De esta afirmación se derivaron algunos de los mayores crímenes de la historia. Algunos bajo pretensiones religiosas; otros bajo la bandera de la filosofía secular, como la Revolución Francesa y la Revolución Rusa, por ejemplo; pero unos y otros bajo el hechizo del fantasma de Platón[4].

* * *

Aún no se ha comprendido bien lo extraño que es el Antiguo Testamento. Cuenta la historia de cómo Dios hace una alianza con un individuo, Abraham, cuyos hijos se convierten primero en una familia, luego en una tribu, luego en un conjunto de tribus, y después en una nación. Es la historia de un pueblo en particular. Sin embargo la Biblia no empieza hablando de este pueblo. En lugar de eso comienza narrando una historia de la humanidad como un todo. Sus once primeros capítulos tratan sobre Adán y Eva, Caín y Abel, Noé y el diluvio universal, Babel y su torre: arquetipos de la humanidad como un todo. No se trata de un mero mito etiológico, la historia de unos orígenes. Tiene claramente la intención de ser algo más que eso. Lo que está haciendo aquí la Biblia es lo que hace en otras partes de la misma, está transmitiendo una serie de verdades a través de una narración. Pero desde cualquier parámetro convencional, el orden de esas historias está claramente equivocado. Empiezan tratando de la humanidad global y solo después se refieren a lo particular: un hombre, Abraham, una mujer, Sara, y un pueblo, sus descendientes. *Al invertir el orden normal y describir, en su lugar, un viaje de lo universal a lo particular, la Biblia representa la gran narración antiplatónica de la civilización occidental.*

Frente a Platón y a sus seguidores, la Biblia argumenta que el universalismo es la primera fase, y no la última, del crecimiento de la imaginación moral. El mundo de los primeros once capítulos del Génesis es global, es una cultura única («el mundo entero tenía un idioma y un habla comunes»). Es a este mundo al que Dios se dirige primero. Le da un mandamiento a Adán, un aviso a Caín, su gracia a Noé. Sin embargo, uno a uno estos experimentos fracasan. Adán desobedece. Caín se convierte en un asesino. Noé vive en un mundo lleno de violencia. Un dolorido versículo habla de la decepción de Dios: «Y se arrepintió el Señor de haber hecho al hombre en la tierra, y le dolió en su corazón» (Génesis 6:6). Después del Diluvio, Dios hace una alianza con la humanidad entera, el primer código moral universal. Pero ahí no acaba la historia. A continuación sigue un breve pasaje que podría ser una parábola de nuestro tiempo:

> Tenía entonces toda la tierra una sola lengua y unas mismas palabras. Y aconteció que cuando salieron de oriente, hallaron una llanura en la tierra de Sinar, y se establecieron allí. Y se dijeron unos a otros: Vamos, hagamos ladrillo y cozámoslo con fuego. Y les sirvió el ladrillo en lugar de piedra, y el asfalto en

> lugar de mezcla. Y dijeron: Vamos, edifiquémonos una ciudad y una torre, cuya cúspide llegue al cielo; y hagámonos un nombre, por si fuéremos esparcidos sobre la faz de toda la tierra. Y descendió el Señor para ver la ciudad y la torre que edificaban los hijos de los hombres. Y dijo el Señor: He aquí el pueblo es uno, y todos estos tienen un solo lenguaje; y han comenzado la obra, y nada les hará desistir ahora de lo que han pensado hacer. Ahora, pues, descendamos, y confundamos allí su lengua, para que ninguno entienda el habla de su compañero. Así los esparció el Señor desde allí sobre la faz de toda la tierra, y dejaron de edificar la ciudad. Por esto fue llamado el nombre de ella Babel, porque allí confundió el Señor el lenguaje de toda la tierra, y desde allí los esparció sobre la faz de toda la tierra. (Génesis 11: 1-9)

Los hombres de la llanura de Sinar hacen un descubrimiento tecnológico. Aprenden a fabricar ladrillos secando arcilla, el primer material de construcción procesado (y no completamente natural) de la historia. Como tantas veces después de otros avances tecnológicos, inmediatamente concluyen que tienen el poder de los dioses. Ya no están sujetos a la naturaleza. Se han convertido en sus señores. Irrumpirán en los cielos. Su medio ambiente, construido por ellos mismos –la ciudad, con su zigurat o montaña artificial– replicará la estructura del cosmos, pero aquí mandarán ellos, no Dios. El Rabino Naftali Zvi Yehuda Berlin, comentarista del XIX, consideró a Babel el primer totalitarismo[5]. Es un acto supremo de *hubris*, repetido una y otra vez en la historia: desde las ciudades-Estado sumerias a la *República* de Platón, a los imperios antiguos y modernos, hasta la Unión Soviética. *Es el intento de imponer una unidad hecha por el hombre a una diversidad creada por lo divino*. Eso es lo malo del universalismo.

Babel –el primer proyecto global– es el punto de inflexión de la narración bíblica. A partir de ese momento, Dios no intentará instaurar un orden universal hasta que llegue el fin del mundo. El episodio de

Babel concluye con la división de la humanidad en una multiplicidad de idiomas, culturas, naciones y civilizaciones. La alianza de Dios con la humanidad como un todo no ha cesado. Pero de ahí en adelante Dios se concentrará en una familia, y eventualmente en un pueblo, para que sean sus testigos y porten su alianza; un pueblo en cuya historia la presencia de Dios será particularmente evidente. Les pedirá que estén dispuestos a dejar sus hogares, sus lugares de nacimiento y sus tierras, todas las certidumbres que les son familiares, y emprendan un viaje con Dios como único protector. En efecto, la palabra *kadosh*, «sagrado», en la Biblia significa justamente eso: ser diferente, singular, distinto. La pregunta es, ¿por qué?

* * *

El judaísmo tiene una peculiaridad estructural tan asombrosa y profunda que aunque sus dos hijos monoteístas, el cristianismo y el islam, absorbieron muchas otras cosas de aquel, no adoptaron lo siguiente: el judaísmo es un monoteísmo particularista. Cree en un solo Dios pero no en un camino exclusivo a la salvación. *El Dios de los israelitas es el Dios de toda la humanidad, pero las demandas que Dios hace a los israelitas no se hacen a toda la humanidad.* No hay equivalente en el judaísmo para la doctrina de que *extra ecclesiam non est salus*, «fuera de la Iglesia no hay salvación». Al contrario, los antiguos sabios del judaísmo mantenían que «los píos de las naciones tiene una parte en el mundo venidero»[6]. Desde luego, la Biblia da por hecho que el Dios de Israel no es sólo el Dios de Israel. Es también el Dios de Melquisedec, rey de Salem, contemporáneo de Abraham que no es miembro de la familia de la alianza pero aun así es «un sacerdote del Dios Supremo». Es reconocido por Jetro, suegro de Moisés y sacerdote madianita, que da a Israel su primera lección sobre cómo gobernarse: el nombramiento de jefes de cada millar, centena, cincuentena y decena. Dos de las heroínas de la Biblia, Tamara y Ruth, no son israelitas. La primera es una canaanita, la segunda una moabita, pero cada una tiene un puesto de honor en la historia de Israel y ambas son antepasadas de su mayor rey, David. ¿Cómo surge tal idea y qué es lo que implica?

Yo sugiero una respuesta radical. Dios, el creador de la humanidad, habiendo hecho un pacto con la humanidad, mira luego a un pueblo y les ordena que sean diferentes para *enseñar a la humanidad la dignidad de la diferencia*. El monoteísmo bíblico no es la idea de que hay un Dios y por lo tanto una verdad, una fe, una forma de vida. Al contrario, es la idea de que *la unidad crea diversidad*. Ese es el milagro no platónico de la creación. Lo que es real, lo que es asombroso y constituye el objeto mismo de nuestra asombro no es la «hoja» por antonomasia sino las 250.000 variedades de hoja que existen; no la idea de «ave» sino las 9.000 especies de ave que existen; no el metalenguaje que subyace a todos los idiomas, sino los 6.000 idiomas que todavía se hablan en el mundo. Gracias a nuestros recientes conocimientos sobre el ADN ahora sabemos que toda la vida, en su asombrosa complejidad, tuvo un mismo origen. Matt Ridley lo expone atropelladamente pero bien:

> Las palabras de tres letras del código genético son las mismas en todas las criaturas. CGA significa arginina y CGC significa alanina en los murciélagos, los escarabajos, las hayas y las bacterias. Incluso significan lo mismo en las denominadas erróneamente arqueobacterias, que habitan a temperaturas muy elevadas, en manantiales sulfurosos, a miles de metros bajo la superficie del Océano Atlántico o en esas cápsulas microscópicas de carácter tortuoso llamadas virus. Donde quiera que vayas por el mundo, sea cual sea el animal, planta, bicho o masa amorfa que observes, si está vivo, utilizará el mismo diccionario y conocerá el mismo código. Toda la vida es una. El código genético, con excepción de algunas diminutas aberraciones locales, principalmente en los protozoos ciliados por razones inexplicadas, es el mismo en todas las criaturas. Todos utilizamos exactamente el mismo lenguaje. Esto quiere decir –y las personas religiosas podrían encontrar en esto un argumento útil– que solo hubo una creación, un único acontecimiento en el que nació la vida.[7]

La unidad en el cielo crea la diversidad en la Tierra.[8]

Lo mismo puede aplicarse a las civilizaciones. El mensaje esencial del libro del Génesis es que lo universal –el pacto con Noé– es solo el contexto y el preludio de la irreductible multiplicidad de culturas, esos sistemas de significado mediante los cuales la humanidad ha intentado comprender su relación con el prójimo, el mundo y el origen del ser. La proclamación platónica de la universalidad de la verdad es válida cuando se aplica a la ciencia y a la descripción de lo que es. Es inválida cuando se aplica a la ética, a la espiritualidad y a nuestro sentido de lo que debería ser. Existe una diferencia entre *physis* y *nomos*, la descripción y la prescripción, la naturaleza y la cultura, o –para ponerlo en términos bíblicos– entre la creación y la revelación. Las culturas son como los idiomas. El mundo que describen es el mismo pero las formas en que lo hacen varían de manera casi infinita. El inglés no es francés. El italiano no es alemán. El urdu no es ugarítico. Cada idioma es producto de una comunidad específica y de su historia, de sus experiencias compartidas y de sus sensibilidades. No hay un idioma universal. No hay manera de hablar, de comunicarnos o incluso de pensar sin ponernos a nosotros mismos dentro de los confines de un idioma concreto cuyos contornos fueron formados por cientos de generaciones de habladores, narradores, artistas y visionarios que nos precedieron a nosotros, cuyo legado heredamos y de cuya historia formamos parte. Dentro de cada idioma podemos decir siempre algo nuevo. Ningún idioma es fijo, es inalterable o está completo. Lo que no podemos hacer es sacarnos a nosotros mismos de las particularidades del idioma para llegar a una verdad, una forma de entender y responder ante el mundo que valga para todas las personas y para todo momento. Eso no es la esencia de la humanidad, sino un intento de escapar de la humanidad.

Esto también se aplica a la religión. La trascendencia radical de Dios en el Antiguo Testamento significa nada más y nada menos que *existe una diferencia entre Dios y la religión.* Dios es universal, las religiones son particulares. La religión es la traducción de Dios a un idioma en particular y por lo tanto a la vida de un grupo, de una nación, de una comunidad de fe. En el curso de la historia, Dios ha hablado con la humanidad en muchos idiomas: mediante el judaísmo a los judíos, mediante el cristianismo a los cristianos, mediante el islam a los musulmanes. Solo un Dios así es verdaderamente trascendente: no solo más grande que el universo natural sino también más grande que el universo espiritual articulado en el seno de cualquier credo individual, de cualquier idioma específico de la sensibilidad humana. ¿Cómo podría un texto sagrado reflejar tal idea? Declararía que *Dios es el Dios de toda humanidad, pero ninguna fe es ni debe ser la fe de toda la humanidad.* Solo esta narrativa nos llevaría a ver la presencia de Dios en personas de otra fe. Solo esta cosmovisión podría reconciliar la particularidad de las culturas con la universalidad de la condición humana.

Esto quiere decir que aunque Dios haga demandas absolutas al pueblo judío, aparte de las leyes de Noé tales demandas no son universales. Hay una diferencia, demasiadas veces ignorada, entre lo absoluto y lo universal. Yo tengo una obligación absoluta para con mi hijo, pero esa no es una obligación universal. En efecto, es precisamente esa no universalidad, esa particularidad, lo que constituye la paternidad o la maternidad: la capacidad de sentir un vínculo con este niño, no con todos los niños indiscriminadamente. Eso es lo que hace que el amor sea amor: no un afecto generalizado a la gente de un cierto tipo, sino un afecto particular a esta persona por su singularidad. Esta capacidad de formar un vínculo absoluto de lealtad y obligación con alguien en particular en vez de con las personas en general va al mismo corazón de lo que denominamos ser humanos. Es el tema explorado por Steven Spielberg en su película *Inteligencia Artificial (AI)*. En ella, una pareja cuyo hijo está en coma adquiere un niño-robot que está programado para amar. La pregunta es si ellos pueden devolver ese amor, sabiendo que él/eso es solo un ejemplar más de una línea de producción de docenas de productos idénticos. La respuesta que da la película es que no pueden, lo cual es seguramente cierto; y una razón para no ir por la ruta de la clonación reproductiva o por cualquier otra que amenace con reducir las personas a meros tipos. La insustituibilidad esencial de las personas es lo que da al amor su vulnerabilidad, su apertura a la pérdida y al dolor, su fragilidad y su aspecto trágico. Es lo que distingue la ciencia (la búsqueda de principios universales) de la poesía (el amor por las particularidades). También es lo que distingue al Dios de los filósofos del Dios del Antiguo Testamento.

El Dios que nos encontramos en la Biblia no es un concepto filosófico o científico: primera causa, principio motor, ente necesario. Es progenitor, a veces padre («¿Acaso no tenemos todos un padre?») y a veces madre («Como alguien que es consolado por su madre, así también te consolaré yo a ti.»), pero siempre transmite el amor que el padre o la madre sienten por un hijo que han traído al mundo. El Dios del Antiguo Testamento no es un platónico que ama la forma abstracta de la humanidad. Es un particularista que ama a cada uno de sus hijos por lo que son: elige a Isaac pero también bendice a Ismael, favorece a Jacob pero ordena a sus hijos que no odien a los de Esaú, es el Dios «bueno para con todos, y sus misericordias sobre todas las cosas».[9] El Dios de Abraham enseña a la humanidad una verdad más compleja que lo que permitirían simples oposiciones de conceptos: particulares/universales, individuo/Estado, tribu/humanidad. Somos particulares *y* universales, iguales *y* diferentes, seres humanos como tales, *pero también* miembros de esta familia, esta comunidad, esta historia, ese legado. Nuestra particularidad es nuestra ventana hacia la universalidad, al igual que nuestro idioma es la única forma que tenemos de comprender el mundo que compartimos con gente que habla otros idiomas. Así como a un buen padre le desagrada la rivalidad entre hermanos, Dios nos pide a sus hijos que no nos peleemos ni tratemos de dominarnos unos a otros. Dios, el autor de la diversidad, es la presencia unificadora que hay en la diversidad.

* * *

Esto otorga a la ética bíblica un carácter diferente al de la ética filosófica. La ética filosófica, consecuente con sus orígenes platónicos, se enfoca más en aquello que tenemos en común: la razón (Kant), las impresiones (Hume), o nuestro deseo de placer y aversión al dolor (Bentham). El deber, la obligación, la empatía, la solidaridad, son cosas que compartimos en virtud de nuestra universalidad. Pertenecen al Hombre, no a los hombres; a la Humanidad, no a los seres humanos individuales; a la unidad del mundo moral, no a su diversidad. Incluso cuando la filosofía se enfoca en el individuo tiende a hacerlo en términos abstractos: el «ser deslocalizado», privado de vínculos constituyentes con familia, amigos, comunidad e historia.[10] Eso es lo que da a la moralidad filosófica su carácter «superficial» o ajeno a un contexto.

La moralidad bíblica, en contraste, es mucho más compleja. Enfatiza la naturaleza dual de la condición moral. Por una parte, somos miembros de la familia universal humana y por lo tanto del pacto (pacto de Noé) que abarca a toda la humanidad. Hay, en efecto, principios universales morales: la santidad de la vida, la dignidad de la persona humana, el derecho a ser libre, el derecho a no ser esclavo de ningún hombre ni objeto de la violencia de otro. Los tres episodios de la vida de Moisés que tienen lugar antes de que se convierta en el líder de los israelitas lo ilustran perfectamente. Interviene, primero, para salvar a un israelita de un egipcio; luego, a un israelita de otro israelita; y luego a las hijas (no israelitas) de Jetro de los pastores (no israelitas) que les impiden dar de beber a su ganado. Moisés reconoce el carácter universal de la injusticia y lucha contra ella, sean quienes sean el perpetrador y la víctima.

Por otra parte, somos también miembros de una familia concreta con su historia y su memoria específicas. Formamos parte de una moralidad «profunda» o asociada a un contexto (representada, en el judaísmo, por las alianzas abrahámica y mosaica) que nos confiere lealtades y obligaciones hacia los miembros de nuestras comunidades que sobrepasan la mera justicia. Tenemos deberes para con nuestros padres e hijos, amigos y vecinos, y aquellos miembros de la sociedad a quienes consideramos una extensión de la familia («Cuando tu hermano sea pobre...»). La palabra genérica para tales deberes es *jesed*, que se traduce normalmente como «bondad», pero referida a las obligaciones de cariño que debemos a aquellos con los que estamos unidos por un vínculo de alianza. Son precisamente estas intimidades morales las que dan vida a las familias y comunidades en las que aprendemos la gramática y la sintaxis de la reciprocidad y el altruismo. Michael Walzer explica por qué las moralidades «profundas» o de contexto son más fundamentales que las «superficiales» o universales:

> Las sociedades son necesariamente particulares porque tienen miembros y memorias específicos, miembros con memorias que no solo son de cada uno de ellos sino también de su vida en común. La humanidad, por el contrario, tiene miembros, pero no tiene memoria; por lo tanto, no tiene historia ni cultura, ni tampoco un conjunto de prácticas tradicionales, un modo de ser habitual, unas fiestas, o un entendimiento compartido sobre los bienes sociales. Es humano tener todas esas cosas, pero no hay ninguna forma que sea específicamente humana de tenerlas. Al mismo tiempo, los miembros de cada sociedad distinta, al ser todas ellas humanas, pueden reconocer las formas diferentes de cada una, responder a llamadas de ayuda, aprender mutuamente los unos de los otros y entrar (a veces) en los paraísos de los otros.[11]

La universalidad de la preocupación moral no es algo que aprendamos siendo universales, sino siendo particulares. Gracias a que aprendemos lo que es ser padre amando a nuestros hijos, y no a todos los niños en general, entendemos lo que es para otra persona, en otro lugar, ser padre, amando él a sus hijos, no a los nuestros. No hay ningún camino hacia la solidaridad humana que no empiece por la especificidad moral: aprendiendo lo que significa ser hijo, padre, vecino o amigo. Aprendemos a amar a la humanidad amando a seres humanos específicos. No hay ningún atajo.[12]

* * *

En ningún sitio es la singularidad de la ética bíblica más evidente que en su tratamiento del problema que ha demostrado ser el más difícil durante toda la historia de la interacción humana; concretamente *el problema del otro*, el que no se parece a nosotros.[13] La mayoría de las sociedades han sido la mayor parte del tiempo suspicaces, e incluso agresivas, hacia los extranjeros. Esto es comprensible, incluso natural. Los extraños son ajenos a nuestra parentela. Vienen de más allá de la tribu. Están fuera de la red de reciprocidades que crea y mantiene a las comunidades. Eso es lo que hace de los libros mosaicos algo inusual en la historia del pensamiento moral. Tal como anotaron los rabinos, el Antiguo Testamento ordena en un versículo «amarás a tu vecino como a ti mismo», pero nada menos que en treinta y seis ocasiones nos ordena «amar al extraño».

Este tema se repite una y otra vez:

> Y no angustiarás al extranjero: pues vosotros sabéis cómo se halla el alma del extranjero, ya que extranjeros fuisteis en la tierra de Egipto.[14]
> Cuando el extranjero morare con vosotros en vuestra tierra, no le oprimiréis. Como a un natural de vosotros tendréis al extranjero que more entre vosotros, y lo amarás como a ti mismo; porque extranjeros fuisteis en la tierra de Egipto. Yo soy el Señor vuestro Dios.[15]

La Biblia no supone que este mandamiento sea fácil o instintivo. No lo hace derivar solo de la razón o de la emoción, pues sabe que bajo estrés, estas rara vez han sido suficientes para contrarrestar la tendencia humana a *no querer al que no se nos parece* y a excluir a la gente diferente a nosotros del radio de nuestra inquietud moral. En lugar de eso nos refiere a la historia: «Sabes lo que es ser diferente porque hubo un tiempo en el que tú, también, fuiste perseguido por ser diferente».

En efecto, es difícil evadir la conclusión de que esta es precisamente la razón por la que los israelitas tienen que sufrir el exilio y la esclavitud antes de asistir al nacimiento de su nación. Tienen que aprender en primera persona y no olvidar nunca la sensación de ser el de fuera, el extraño, el extranjero. Eso constituye su experiencia formativa, recreada cada año en el rito de la Pascua Judía; como para decir que solo aquellos que saben lo que es ser esclavo, entienden en el núcleo de su ser por qué está mal esclavizar a otros. Solo aquellos que han experimentado la soledad de ser extranjero en otras tierras encuentran natural identificarse con extraños. Incluso Moisés, que fue criado como príncipe egipcio, sufre su propio exilio en Midian y llama a su primer hijo Guershom («allí yo fui un extranjero»), diciendo, «he sido un extraño en tierra extranjera».

Dios cuida del extraño, y nosotros también debemos hacerlo. Abraham invita a tres extranjeros a su tienda y descubre que son ángeles. Jacob lucha en solitario contra un rival desconocido por la noche y dice luego «he visto a Dios cara a cara». Acoger al extranjero, decían los sabios, es algo incluso más grande que «recibir la presencia divina». El libro de Ruth, que cuenta la historia anterior a David, el rey más grande que tuvo Israel, alcanza su punto culminante cuando Ruth dice a Boaz (su «redentora»): «¿Por qué he hallado gracia en tus ojos para que tú me reconozcas, siendo yo extranjera?» (2:10). El otro humano es un reflejo de lo Divino. Como dice una antigua enseñanza judía: «Cuando el ser humano acuña muchas monedas en la misma prensa, todas salen idénticas. Dios hace a todo el mundo con la misma imagen –Su imagen– y cada uno es diferente».[16] El desafío para la imaginación religiosa es ver la imagen de Dios en alguien que no es de mi imagen. Eso es lo contrario del tribalismo. Pero también es algo diferente del universalismo. Se toma la diferencia en serio. El profeta Malaquías dice a los israelitas, «Porque desde donde el sol nace hasta donde se pone, es grande mi nombre entre las naciones, dice el Señor de los ejércitos. Y vosotros lo habéis profanado...» (1:10). El Dios de Israel es más grande que la fe de Israel. Las huellas de su presencia pueden encontrarse por todo el mundo. No tenemos que compartir un credo o un código para ser socios en la alianza de la humanidad. Los profetas de Israel luchan contra una idea todavía *contraintuitiva* para la mente platónica: que la dignidad moral y espiritual se extiende más allá de las fronteras de cualquier civilización. Pertenece también al otro, al de fuera, al extranjero, al que no encaja en nuestro sistema, en nuestra raza o en nuestro credo.

* * *

Ahora ya podemos plantear lo que el judaísmo representa en la historia del pensamiento occidental. La historia del pueblo de la alianza comienza con dos viajes: el de Abraham y Sara partiendo de Mesopotamia, y el de Moisés y los israelitas al dejar Egipto. Mesopotamia en los días de Abraham y Egipto en la época de Moisés eran las supremas potencias económicas y políticas. *El judaísmo nació como alternativa vital a los imperios, porque el imperialismo y sus sucesores posteriores, el totalitarismo y el fundamentalismo, son intentos de imponer un solo régimen a un mundo plural*, de reducir los hombres al Hombre, las culturas a una sola cultura, de eliminar la diversidad en nombre de un solo orden sociopolítico.

La fe de Israel declara la unicidad de Dios y la pluralidad del hombre. Va más allá del tribalismo y de su antítesis, el universalismo. El tribalismo y su homólogo moderno, el nacionalismo, consideran que hay un dios (o un «espíritu», «raza» o «carácter») para cada nación. El universalismo propone que existe un Dios –y por lo tanto una verdad, un camino, un credo– para toda la humanidad. Tampoco hace justicia al otro humano, al extranjero que no está hecho a mi imagen pero sin embargo está hecho a imagen de Dios. El tribalismo niega cualesquiera derechos al de fuera. El universalismo otorga derechos con la condición de que el de fuera se convierta, se adapte, se asimile, y por lo tanto deje de ser un extranjero. El tribalismo convierte el concepto de pueblo elegido en el de raza dominadora. El universalismo convierte la verdad de una sola cultura en la unidad de medida para toda la humanidad. Los resultados son a menudo trágicos y siempre una afrenta a la dignidad humana.

No todos los imperios son universalistas. El imperio otomano, por ejemplo, preservó un ámbito significativo de autonomía local para las distintas culturas y religiones bajo su dominio. Ha habido cinco culturas universalistas en la historia de Occidente: el imperio de Alejandro, la antigua Roma, la cristiandad medieval, el islam y la Ilustración. Los judíos sufrieron bajo las cinco. Lo que es particularmente significativo es que tres de ellas –Grecia, Roma y la Ilustración– se enorgullecían de su tolerancia. Como ciertas formas de tolerancia de hoy en día (viene a la mente la moda de la corrección política), resultó tener grandes limitaciones. Antíoco IV prohibió la práctica del judaísmo en público. Los romanos destruyeron el Templo. La Ilustración no logró evitar el Holocausto. Lo que resultó ser la fuente de la intolerancia no era la religión como tal (al fin y al cabo, tres de las cinco civilizaciones mencionadas no eran religiosas) sino el universalismo, o lo que yo he llamado el «fantasma de Platón». La prueba crítica para examinar cualquier orden es: ¿Deja algún espacio para el otro? ¿Reconoce la dignidad de la diferencia?

Esto se ha convertido en una cuestión central de la era global; quizá sea *la* cuestión central. La diferencia se ha convertido ahora en parte de la textura de la vida diaria. En el trabajo, en la calle y en la televisión, nos encontramos regularmente con gente cuya fe, cultura, acento, raza, color de piel y costumbres difieren de las nuestras. Eso puede ser una experiencia enriquecedora o una amenaza. Como apuntó Benjamin Barber, hay fuerzas centrípetas y centrífugas en funcionamiento: por un lado está el «McMundo», una cultura mayormente americana reflejada por las corporaciones multinacionales, los artículos de marca, las estrellas de los medios de comunicación, la televisión por cable y satélite e internet; y por otro lado un tribalismo renaciente que rechaza la «decadencia» occidental y reafirma identidades primordiales: algunas religiosas, otras étnicas, y a menudo combinaciones de ambas. Cuando las dos se encuentran y chocan, como hicieron el 11 de septiembre de 2001, el mundo tiembla. Mantener el equilibrio entre ambas, reconocer y dar la importancia que merecen a nuestras cosas en común y a nuestras diferencias, a lo universal y a lo particular, es uno de los desafíos culturales y espirituales más difíciles que puede haber, pero es la única forma de evitar el choque de civilizaciones; y lo que está en juego en ese choque aumenta cada año.

Después de 1945, el mundo puso su fe –como ya hizo la Revolución Francesa– en un código universal de derechos humanos. Es nuestro equivalente contemporáneo del pacto bíblico con Noé. Eso está muy bien, pero solo es la mitad de lo que se necesita para la coexistencia de culturas diversas. Ningún código universal dice expresamente qué perderíamos si se redujera la multiplicidad de las civilizaciones; si una cultura fuera a dominar a todas las otras; si se perdieran muchas voces distintivas del diálogo de la humanidad. El lenguaje abstracto de los derechos no logra profundizar en lo que el hinduismo significa para un hindú, o el confucianismo para sus devotos. Sugiere que las particularidades de una cultura son meros añadidos a nuestra humanidad esencial e indivisible, en vez de ser la sustancia misma de cómo la mayoría de la gente aprende lo que es ser humano. En particular, subestima la necesidad y la dificultad de hacer espacio para los extraños: la verdadera fuente del racismo y la exclusión en casi todas las sociedades conocidas de la historia. Si hemos de vivir en proximidad con la diferencia, como lo hacemos en una era global, necesitaremos más que un código de derechos, más incluso que la mera tolerancia. Tendremos que comprender que igual que el medio ambiente natural necesita de la biodiversidad, el medio ambiente humano necesita de la diversidad cultural, porque ningún credo tiene por sí mismo el monopolio sobre la verdad espiritual; ninguna civilización concreta contiene todas las expresiones espirituales, éticas y artísticas de la humanidad.

* * *

En 1981 Isaiah Berlin escribió algunas notas para un amigo que iba a dar un discurso y le había pedido su ayuda. Berlin tenía que viajar al extranjero al día siguiente y escribió de manera apresurada los siguientes apuntes, que transmiten, tan bien como cualquier otra cosa que escribió, su oposición de por vida a la intolerancia y a lo que él creía que era su fuente:

> Pocas cosas han hecho tanto daño como la creencia por parte de individuos y de grupos (o de tribus o de Estados o de naciones o de iglesias) de que están en posesión exclusiva de la verdad... Es de una arrogancia terrible y peligrosa creer que solo tú estás en lo cierto, que tienes un ojo mágico para ver la verdad; y que otros no pueden tener razón si no comparten tus ideas. Esto hace que uno esté seguro de que hay una meta y solo una para la nación o la iglesia de uno o para toda la humanidad, y que no importa la cantidad de sufrimiento (sobre todo sufrimiento de otra gente) que tenga que haber si la meta es alcanzada: «a través de un océano de sangre hacia un Reino de Amor» (o algo por el estilo) dijo Robespierre. Hitler, Lenin, Stalin y me atrevo a decir los líderes de las guerras religiosas entre cristianos y musulmanes o católicos y protestantes lo creían. La creencia de que hay una y solo una respuesta verdadera a las preguntas centrales sobre las que ha agonizado la humanidad y que yo la poseo –o mi líder la posee– ha sido responsable de océanos de sangre; pero ningún Reino de Amor ha brotado de aquello, ni podría hacerlo...[17]

Poco antes de morir, en 1997, Berlin me pidió que oficiara en su funeral. En el tributo que le brindé, cité uno de los dichos más evocadores de los viejos sabios del judaísmo; una historia que contaban acerca de la creación de la humanidad. Aunque tenga por lo menos 1.500 años de antigüedad, me parecía que expresaba lo que él se había pasado la vida enseñando:

> El Rabino Shimon dijo: cuando Dios se disponía a crear a Adán, los ángeles que le ayudaban se dividieron en dos grupos. Algunos decían, «que sea creado». Otros decían, «que no sea creado». Por eso está escrito: «la piedad y la verdad colisionaron, la justicia y la paz chocaron» (Salmos, 85:11).
>
> La piedad dijo: «que sea creado, porque hará actos piadosos».
> La verdad dijo: «que no sea creado, porque estará lleno de falsedad».
> La justicia dijo: «que sea creado, porque hará actos justos».
> La paz dijo: «que no sea creado, porque nunca dejará de guerrear».
> ¿Qué hizo el Altísimo, bendito sea Él? Tomó a la verdad y la arrojó al suelo. Los ángeles dijeron: «Soberano del universo, ¿por qué obras Tú así con Tu propio sello, la verdad? Deja que la verdad se levante del suelo».
> Así está escrito: «Que la verdad surja de la tierra» (Salmos, 85:12).[18]

Esta es una audaz interpretación teológica. Sugiere que Dios tenía dudas antes de crear la humanidad. Sí, la humanidad es capaz de grandes actos de altruismo y de sacrificio personal, pero también está constantemente en guerra. Los seres humanos dicen mentiras y están llenos de conflictos. Dios toma a la verdad y la arroja al suelo, lo que significa: para que la vida sea soportable, la verdad en la tierra no puede ser la que hay en el cielo. La verdad del cielo puede ser platónica: eterna, armónica, radiante. Pero el hombre no puede aspirar a tal verdad, y si lo hace, creará conflicto en vez de paz. Los hombres matan porque creen que están en posesión de la verdad mientras que sus oponentes están equivocados. En ese caso, dice Dios, al arrojar la verdad al suelo, dejemos al ser humano vivir bajo un estándar de verdad diferente, uno que sea humano y por lo tanto consciente de sus limitaciones.

La palabra divina viene del cielo, pero se interpreta en la Tierra.[19] La luz divina es infinita pero para que sea visible para nosotros debe refractarse en nuestro entendimiento finito. Cuando dos proposiciones están en conflicto no es necesariamente porque una sea cierta y la otra falsa. Pueden ser, y a menudo lo son, perspectivas diferentes sobre la realidad, formas alternativas de estructurar el orden, ni más ni menos comparables entre sí que un soneto de Shakespeare, un dibujo de Miguel Ángel y una sonata de Schubert. El Rabino Abraham Kook escribió que Dios «fue amable con su mundo al no poner todos los talentos en un lugar, una persona, una nación, en una sola generación ni en un solo mundo».[20] Cada cultura tiene algo que contribuir al total de la sabiduría humana. Los sabios dijeron: «¿Quién es sabio? Alguien que aprende de todos los hombres».[21] El más sabio no es el que se conoce más sabio que los demás; es alguien que sabe que todo hombre posee cierto fragmento de la verdad, y está dispuesto a aprender de ellos, ya que ninguno de nosotros conoce toda la verdad y cada uno de nosotros conoce algo de ella.

Nada ha resultado ser más difícil en la historia de la civilización que ver a Dios, o ver el bien, o ver la dignidad humana en aquellos cuyo idioma no es el mío, cuyo color de piel no es el mío, cuya fe no es la mía y cuya verdad no es la mía. Seguro que existen muchas maneras de llegar a esta generosidad de espíritu, y cada fe debe encontrar la suya. La forma que yo he descubierto, habiendo escuchado los textos sagrados judíos en el contexto de las tragedias del siglo XX y las incertidumbres del siglo XXI, es que la verdad que late en el corazón del monoteísmo es que Dios trasciende las particularidades de la cultura y las limitaciones del entendimiento humano. Es mi Dios, pero también el Dios de toda la humanidad, incluso de aquellos cuyas costumbres y modos de vida son diferentes a los míos. Eso no quiere decir que existan varios dioses. Eso sería politeísmo. Ni que Dios apruebe cualquier acción hecha en Su nombre. Al contrario: un Dios de tu lado tanto como del mío debe ser un Dios de justicia que esté por encima de ambos, enseñándonos a crear espacio para el otro, a escuchar nuestras mutuas quejas y a resolverlas de manera equitativa. Solo un Dios así sería verdaderamente trascendente: no solo más grande que el universo natural sino también más grande que el universo espiritual que puede capturarse en cualquier idioma, en cualquier fe concreta. Solo un Dios así podría enseñar a la humanidad a hacer la paz de una forma que no sea mediante la conquista y la conversión del otro, y como algo más noble que la necesidad práctica.

¿Cómo sería la fe? Sería como sentirse seguro en el hogar propio pero a la vez conmovido por la belleza de lugares extraños, sabiendo que son el hogar de otra gente; no el mío, pero aun así parte de la gloria de un mundo que es el nuestro. Sería como ser de habla inglesa pero aun así entusiasmarse por los ritmos y las resonancias de un soneto en italiano que uno comprende solo en parte. Sería saber que soy una frase en la historia de mi gente y de su fe, pero que hay otras historias, cada una escrita por Dios con las letras de las vidas vinculadas en una comunidad, cada una portando el trazo inconfundible de Su escritura. Aquellos que confían en su fe no se sienten amenazados, sino engrandecidos por la fe diferente de otros. En medio de nuestras múltiples inseguridades, necesitamos esa confianza ahora.

NOTAS

1 Berlin 2002, p. 212

2 Barzun 2002.

3 Platón 2012.

4 Tras desarrollar esta idea descubrí que otro pensador había llegado a la misma conclusión: ver Gunton 2005.

5 En su comentario *Ha'amek Davar* del Génesis, capítulo 4.

6 Tosefta, *Sanhedrin*, capítulo 13; Maimónides, *Mishneh Torah*, *Teshwah*, 3:5.

7 Ridley 2001, p. 34.

8 Esta idea se desarrolla en profundidad en las obras sobre el misticismo judío.

9 Salmo 145:9. Sobre la bendición de Ismael ver Génesis 17:20. Sobre el mandato de no odiar a los hijos de Esaú ver Deut. 23:8.

10 Ver Sandel 2000.

11 Walzer 1994, p. 8.

12 Ver Sacks 2000.

13 El extranjero bíblico puede ser el «extranjero residente» que no comparte nuestra religión o bien el converso que no comparte nuestro ancestro biológico.

14 Éxodo, 23:9

15 Levítico, 19:33–34.

16 Mishnah, *Sanhedrin*, capítulo 4, párrafo 5.

17 Berlin 2002, p. 345.

18 Génesis Rabba 8:5.

19 Estos son los principios duales de revelación e interpretación: el primero es «del cielo», el segundo es «no en el cielo». Mishnah, *Sanhedrin* 10:1; *Baba Metzia* 59b.

20 Rabino A.I. Kook, *Onot*, Jerusalem, 1990, 152.

21 Mishnah, *Avot*, 4:1.

Capítulo 4

Control: El imperativo de la responsabilidad

> No somos meros instrumentos de la nueva economía. No somos esclavos de sus tendencias tecnológicas. Y no deberíamos confundirnos respecto a quién asignar la culpa de sus consecuencias menos deseables y más preocupantes. Como ciudadanos, tenemos el poder de organizar la nueva economía para adaptarla a nuestras necesidades, y al hacerlo, de determinar la forma de nuestra civilización.
>
> (Robert Reich, *The Future of Success*)

La confianza es un bien escaso en una era de cambios. Mientras escribo estas líneas, un líder político ha sido asesinado en Holanda. En París se manifiestan multitudes protestando contra Jean-Marie Le Pen, candidato presidencial de la extrema derecha. En Austria, Suiza, el norte de Italia, Alemania, Bélgica, los Países Bajos, Dinamarca y Noruega se ha observado un gran crecimiento de los partidos políticos de extrema derecha, racistas en su retórica, populistas en su atractivo. Se han quemado sinagogas y se ha atacado a judíos en Francia, Bélgica, Holanda y Túnez. Una ola de violencia –explosiones detonadas por suicidas palestinos seguidas de castigos israelíes– está acercando a Oriente Medio al borde del abismo. Durante el verano de 2001 en Gran Bretaña, tuvieron lugar disturbios raciales en varias poblaciones de los Midlands, que llenaron las pantallas de televisión de imágenes de coches en llamas, tiendas saqueadas y policías antidisturbios armados hasta los dientes. Las protestas antiglobalización de Seattle y de otros lugares han resultado no ser incidentes locales sino los primeros temblores de un terremoto, un movimiento sísmico del estado de ánimo global. Nos hemos adentrado en uno de los entornos más peligrosos de todos: la política de la inseguridad.

En este capítulo trataré de explorar la naturaleza de esta inseguridad, porque es ella, más que ninguna otra cosa, lo que da a pie a los extremismos políticos y religiosos y al tipo de populismo autoritario que amenaza a las sociedades libres. En parte, tiene que ver con la mera velocidad de las transformaciones tecnológicas, culturales y económicas que estamos viviendo. Pero eso no puede ser todo. El siglo XIX también fue una época de inmenso cambio. La industrialización, el desarrollo de los ferrocarriles y el crecimiento del comercio trajeron consigo dolorosas alteraciones de la vida de las personas. Hubo un desplazamiento de la población del campo a la ciudad. El trabajo se desplazó de la casa a la fábrica. Los escritores, desde Dickens a Disraeli, hablaron sobre la explotación infantil, la pobreza, el inhóspito paisaje urbano y las nuevas formas de división social (las «dos naciones» de Disraeli). La criminalidad urbana estaba tan extendida que no era seguro caminar de noche por las calles. Sin embargo, estos problemas, aunque dieran pie a la crítica social y al activismo político, no generaron el tipo de incertidumbre que experimentamos hoy en día. En Gran Bretaña, en todo caso, la era victoriana no presenció revolución alguna. Fue, de formas que ahora nos parecen remotas, una era de confianza. ¿Qué es lo que nos crea tanta ansiedad y nos desestabiliza tanto de nuestra situación actual?

Un factor es claro: los cambios que hemos vivido han sido los más rápidos y dramáticos de la historia de la humanidad.

El siglo XX ya vio avances tecnológicos a un ritmo sin precedentes. Al comienzo del mismo aún no se había conseguido cumplir uno de los sueños más antiguos de la humanidad: el vuelo a motor. El primero fue el de los hermanos Wright, en 1903. No se había producido ninguna transmisión transatlántica de radio. Eso no ocurrió hasta 1901 y se debe a Marconi. Hoy en día los vuelos de la lanzadera espacial son rutina y podemos comunicarnos instantáneamente de un extremo a otro del mundo. Un mismo siglo vio el nacimiento de la televisión, el ordenador, internet, el láser, la tarjeta de crédito, la inteligencia artificial, la comunicación vía satélite, los trasplantes de órganos y la microcirugía. Viajes que hace una generación hubieran llevado meses ahora llevan horas. Hemos enviado naves de exploración a planetas lejanos, fotografiado el nacimiento de galaxias, comprendido los orígenes del universo y descodificado las estructuras biológicas de la vida misma. Las fronteras de las posibilidades humanas se expanden diariamente.

Sea cual sea nuestra visión de la naturaleza y de la prehistoria de la humanidad, no estamos hechos para el cambio constante a este ritmo cada vez más acelerado. Maimónides señala que «el hombre, por su naturaleza, no es capaz de abandonar de repente todo aquello a lo que estaba acostumbrado».[1] Esa es la razón, en su opinión, de que la generación que Moisés sacó de la esclavitud no estuviera destinada, con dos excepciones, a cruzar el Jordán y entrar en la Tierra Prometida. Eso quedó para sus hijos, nacidos en libertad (como dice el dicho popular judío: llevó un día sacar a los israelitas de Egipto, pero cuarenta años sacar a Egipto de los israelitas). Lo que distingue al *homo sapiens* de otras especies es hasta qué punto nuestro comportamiento pasa de una generación a otra no por los genes sino por la cultura, lo que permite una adaptación mucho más rápida y consciente a cambios medioambientales y de otro tipo. Somos el animal que aprende por excelencia. Aún así, la historia espiritual y moral de la humanidad (la abolición de la esclavitud, el reconocimiento de los derechos humanos, el abandono de los prejuicios) ha sido dolorosamente lenta. Adaptables puede que seamos, pero no estamos hechos a alteraciones constantes e incesantes de nuestras condiciones de vida.

A eso es a lo que ahora nos enfrentamos a una velocidad creciente. La radio tardó 38 años en conseguir 50 millones de usuarios en los Estados Unidos. En el caso de los ordenadores se tardaron 16. Internet alcanzó los 50 millones de usuarios en cuatro años. La capacidad de los ordenadores se duplica cada 18 meses y ese ritmo no parece aflojar. Internet dobla su tamaño cada año. El número de secuencias de ADN que podemos analizar se duplica cada dos años. Se ha abierto una enorme brecha entre las transformaciones que ocurren a nuestro alrededor y nuestra capacidad de responder a las mismas. A comienzos del siglo XX, William Ogburn acuñó el término de «retraso cultural»[2]: un Estado, como el actual, en el que la cultura material, como la tecnología, se transforma más rápidamente que los elementos culturales no materiales como los modos de gobernar o las normas sociales. Cuando el mundo exterior cambia más rápidamente que el mundo interior –en nuestras respuestas mentales y emocionales–, nuestro medioambiente se convierte en algo desconcertante y amenazador. Las sociedades necesitan tiempo para cambiar. Las personas también.

En 1994 me encontraba grabando un documental para la televisión acerca de la familia. Durante la investigación previa que hice para el mismo me topé con una mujer que había desarrollado un tratamiento pionero para curar el tartamudeo en los niños. Utilizaba la familia como unidad terapéutica. Su opinión era que el comportamiento disfuncional se veía reforzado a menudo por las relaciones familiares, y que si iba a curar al niño tendría que trabajar también con los padres. Como parte de su programa, pedía a los padres que pensaran cuál era el objeto más preciado que poseían. Para algunos era su anillo de boda, para otros era un recuerdo familiar, pero para todos ellos se trataba de un objeto por el que sentían un gran apego emocional. Luego les decía que imaginaran que perdían ese objeto, y les pedía que describieran sus reacciones. Iban desde el pánico y la estupefacción hasta la tristeza y el duelo. Luego les decía: «Ahora sabéis lo que sentiría vuestro hijo si perdiera su tartamudeo».

Era un momento de extrema confusión. Hasta ese momento todos los padres presuponían que su hijo querría hablar normalmente. El tartamudeo le impedía tener una vida social normal. Hacía que el colegio o las amistades fueran difíciles. Constituía, en resumen, una disfunción. Lo que la terapeuta quería que los padres entendieran era que a veces la disfunción misma puede dar menos miedo que el cambio. Nos acostumbramos a nuestras discapacidades y las integramos en nuestras relaciones. Se convierten en algo familiar, parte de nuestro mundo y de nuestra imagen de nosotros mismos; librarse de ellas puede ser lo más difícil. El cambio, incluso el cambio a mejor, puede ser desorientador, amenazante, traumático. Por eso el siglo XXI, con sus constantes transformaciones, será profundamente desestabilizador.

* * *

Pero eso es solo una parte de la historia. Otro factor más importante es el colapso de las instituciones de la vida social. En el pasado, había ayuda para hacer frente los cambios, porque la gente contaba con lo que Alvin Toffler ha llamado «zonas de estabilidad personal»[3]. Había aspectos de la vida que no cambiaban. Entre estos, los más importantes eran un trabajo para toda la vida, un matrimonio para toda la vida, y un hogar para toda la vida. No todo el mundo los tenía, pero tampoco eran algo raro. Daban a las personas una sensación de continuidad económica, personal y geográfica. Constituían lo familiar que daba a las personas fuerza para hacer frente a lo no familiar. Hoy en día estas cosas son cada vez más difíciles de encontrar. Casi ningún trabajo en el mercado global es permanente. Más y más trabajos se están convirtiendo en trabajos a tiempo parcial, a corto plazo o eventuales. Incluso empresas como las grandes compañías japonesas o IBM, que solían enorgullecerse de su compromiso de por vida con sus empleados, ya no son capaces de mantenerlo en el rápido y cambiante entorno del mundo empresarial moderno. El matrimonio, la matriz misma de la continuidad en sociedades tradicionales, se está viendo erosionado rápidamente por las relaciones en serie, la cohabitación y el divorcio. Menos gente se casa. Menos matrimonios duran una vida entera. En Gran Bretaña, cuatro de cada diez niños nacen fuera del matrimonio. El mismo concepto de pertenecer a un lugar, a un barrio, a una localidad –a cualquier sitio al que pertenezcamos y llamemos nuestro hogar– ha desaparecido en gran medida. Viajamos y nos mudamos, a menudo porque nuestro trabajo nos obliga a ello. En Estados Unidos cada año se muda de casa un veinte por ciento de la población. Nos enfrentamos a la máxima incertidumbre con los mínimos recursos para protegernos de la inseguridad. El cambio se ha convertido en algo sistémico. Ya no ocurre dentro de un marco de otras cosas que no cambian.

Y lo que es más importante: ya no tenemos sensación de tener el control sobre nuestras vidas. Las grandes fuerzas que nos rodean –los mercados financieros, los flujos de divisas, el cambio tecnológico, el clima económico, el panorama internacional, el medio ambiente– se están convirtiendo en algo cada vez más volátil, complejo e impredecible. Ya no hay en ellos actores identificables. Ahora son el resultado de miles de millones de decisiones individuales descoordinadas. Incluso los gobiernos tienen poderes muy limitados en esta era de poderosas multinacionales. Si a las empresas no les gusta la política económica o fiscal de un país, se llevarán su base de producción o financiera a otro lado. Si los individuos se sienten frustrados por las prohibiciones de un país dado respecto a la clonación reproductiva o a la compraventa de órganos para trasplantes, pueden viajar a otro país en el que no exista tal prohibición. Cuando la capacidad de los Estados-nación para conformar los eventos es cada vez más limitada, comenzamos a sentir que el coche que nos transporta no tiene conductor al volante.

Tampoco tenemos ninguna seguridad de que los complejos procesos que vayan a dar forma a nuestro futuro exhiban una tendencia natural hacia el equilibrio. A finales de los noventa la crisis económica del sudeste asiático concluyó con el colapso económico de Rusia, y posteriormente de Brasil. El boom de internet y la subsiguiente caída fueron alimentados por las órdenes automáticas de compra y venta de acciones emitidas por ordenadores que exageraban tanto las subidas como las bajadas de los mercados. Thomas Friedman creó una frase bastante gráfica para describir a los participantes del mercado global. Los llamó la «manada electrónica»;[4] y las manadas llevan a cabo estampidas. La metáfora dominante de la modernidad era la física newtoniana, con su majestuosa coreografía de movimientos predecibles. Sus homólogos en la posmodernidad son el principio de la incertidumbre de Heisenberg, la teoría del caos y la reflexividad; todos ellos apuntan a impredecibilidad y a resultados inciertos. Un best-seller reciente, *La clave del éxito*, de Malcolm Gladwell, está dedicado a mostrar cómo los cambios en las tendencias sociales, desde la moda hasta el crimen, se entienden mejor con modelos de epidemiología, el proceso mediante el cual casos relativamente aislados de enfermedad se convierten repentinamente en epidemias.[5] Cuanto más nos interconectamos, mediante redes de ordenadores y módems, viajes transfronterizos e interdependencia económica y medioambiental, más probable es que una pequeña perturbación tenga grandes efectos, en parte por contagio, en parte por la mera potencia matemática de las progresiones geométricas, multiplicaciones sucesivas de los cambios. Nada de esto transmite comodidad ni seguridad. «El progreso», escribió Robert Bellah, «parece menos atractivo cuando parece que puede ser un progreso hacia el abismo».[6]

Una serie de estudios ya clásicos han analizado la conexión que existe entre el estrés y la falta de control. En uno de ellos, los sujetos del experimento fueron expuestos a descargas eléctricas de intensidad creciente. A algunos de los sujetos se les facilitó un botón con el que podían detener el experimento; a otros no. Los que tenían el botón eran capaces de aguantar niveles mucho mayores de descargas eléctricas que los que no lo tenían.[7] Otro estudio, esta vez acerca de ancianos en residencias, demostraba que cuando aquellos tenían la opción de decidir cuándo admitir visitantes, elegir su comida de un menú y decidir lo que iban a hacer ese día, se sentían más sanos y de hecho vivían más tiempo que aquellos otros cuyas decisiones eran tomadas por el personal del centro.[8] La percepción de falta de control induce al estrés y nos debilita. Si esa es nuestra experiencia en muchas de las dimensiones fundamentales de nuestra vida, eso también explicaría la ansiedad sistémica que se ha hecho parte del estado de ánimo del siglo XXI.

* * *

De todas maneras, quiero profundizar en el análisis hasta llegar al subsuelo de la cultura occidental analizando la paradoja central del concepto dominante en la era de los mercados: la idea misma de elección. Se están enviando mensajes contradictorios por el mercado por un lado, y las ciencias sociales y de la vida por el otro. Los supermercados, internet y el comercio electrónico han multiplicado las posibilidades de elección más allá de lo que cualquier otra generación hubiera experimentado. Queramos lo que queramos, podemos buscarlo prácticamente por todo el mundo y encontrarlo en cuestión de minutos. A mí me encantaba ir a tiendas de libros de segunda mano y ver si encontraba algún título que estuviera buscando y que ya no se publicara. Podía llevarme años encontrar un libro en particular, y a menudo ese era el caso. Hoy en día, gracias al comercio online y al poder de los motores de búsqueda, el mismo proceso lleva segundos. Escribo el nombre del autor y del título, y casi instantáneamente obtengo resultados de varios miles de libreros de todo el mundo. Echo de menos la sensación de aventura y las casualidades favorables, pero la mera conveniencia lo compensa. Los mercados maximizan la posibilidad de elección.

Al mismo tiempo, toda una serie de determinismos cuasicientíficos a lo largo de los últimos cuatro siglos nos han convencido de que la idea de elección es una mera ilusión. Spinoza, Marx, Durkheim y Freud, cada uno a su manera, minaron nuestra imagen del hombre como animal que elige. Somos lo que somos, argumentaban, no porque hayamos elegido serlo, sino por la estructura social, por las fuerzas económicas, por inevitabilidad histórica o por condicionamientos de nuestra primera infancia. La verdadera libertad, decía Spinoza, es la consciencia de la necesidad. Las formas en las que comprendemos el mundo, argumentaba Marx, son en realidad un intento exitoso de una clase para mantener su poder sobre otra. Incluso decisiones esencialmente personales como el suicidio o el intento de suicidio, decía Durkheim, son fenómenos sociales que pueden predecirse sin referencia a las intenciones del individuo. Bajo la superficie del comportamiento aparentemente racional, decía Freud, se encuentran enterrados recuerdos e instintos irracionales de los que solo somos ligeramente conscientes.

Tal vez nada haya hecho más por debilitar la conexión entre personaje, elección y responsabilidad que las influencias combinadas del darwinismo, la psicología evolutiva y nuestro creciente conocimiento del genoma humano. Nuestros actos, argumentan los neo-darwinistas, son el resultado de instintos que están en gran medida grabados genéticamente y que emergen debido a la transmisión de genes de cada generación a la siguiente. Asumimos riesgos para proteger a nuestros hijos, no por la moralidad que se deriva de la responsabilidad paterna y el amor, sino porque esa es la forma de que nuestros genes puedan ser traspasados a futuras generaciones. El resultado agregado de estos legados intelectuales es una omnicomprensiva «hermenéutica de la sospecha». Nada es lo que parece, y menos aún el comportamiento humano. El valor, la compasión, las nobles hazañas de vidas heroicas, son meras superestructuras hechas de ilusiones por encima de una lucha mayormente inconsciente por el dominio y la supervivencia. Como resultado, en el mismo momento en que nos enfrentamos a elecciones sin precedente, hemos perdido la confianza en la importancia de la elección en sí misma.

Incluso esto subestima la naturaleza de nuestra confusión. Algo ocurre –un «punto de inflexión»– cuando todas las opciones están abiertas y no hay nada que nos elija a nosotros. Una de las cosas que hacía que el mundo fuera comprensible para generaciones anteriores era lo sobreentendido de muchas cosas de la vida. Quién eras, qué posición tenías en la sociedad, con quién te casabas, cuál era tu trabajo, y muchas más cosas, dependían del accidente del nacimiento. Ni tampoco se debía puramente al azar. Era parte del entendimiento total del universo. Las estructuras de la sociedad, fueran o no jerárquicas, orgánicas o decretadas por lo divino, estaban en armonía con la textura del cosmos. El individuo era parte de una estructura que tenía al fin y al cabo coherencia y diseño. Eso daba a la propia identidad una solidez inmensa, casi incomprensible para nosotros hoy en día.

Había muchas cosas malas en esa visión del mundo, y yo personalmente no tengo deseo alguno de volver a ella. Gran parte de la modernidad, los vastos cambios ocurridos entre el siglo XVII y el siglo XX, consistió en liberar a los individuos de las restricciones sociales impuestas por el nacimiento. Los sociólogos tienen muchas formas de describirlo: del estatus al contrato, de la *Gemeinschaft* (comunidad) a la *Gesellschaft* (sociedad), del honor a la dignidad, y del destino a la elección.[9] El nuevo orden económico y político creado por el mercado por un lado, y por la democracia representativa por el otro, representó un gran avance para el individuo y su capacidad de elegir qué hacer, dónde vivir, y cómo construir su vida. Pero ningún proceso social termina donde uno quiere.

El «individuo» –esa creación del siglo XVII– tenía una identidad, es decir, una sensación estable de su ser desde el nacimiento hasta la muerte. Su vida podía ser contada como una narración, mediante hechos en una autobiografía o mediante la ficción en una novela; ambos géneros consiguieron una gran popularidad en la edad moderna. Algo ocurre cuando el cambio es tan rápido que nada otorga significado –cuando las vidas se convierten en estilos de vida, los compromisos se convierten en experimentos, las relaciones se convierten en provisionales, las carreras profesionales se convierten en contratos, y la vida misma cesa de tener el carácter de una narración y se convierte en su lugar en una serie de episodios sin hilo conductor alguno. Jeremy Seabrook ofrece una descripción muy gráfica de una joven, Michelle, que vive en un complejo de viviendas de protección oficial de los Midlands:

> A los quince años su pelo era rojo un día, rubio al siguiente, luego completamente negro, después a lo afro y después de eso con rastas, luego con trenzas y más tarde muy cortito y brillante... Sus labios eran escarlata, luego morados, luego negros. Su cara era blanca como la de un fantasma, después del color de un melocotón, y a continuación bronceada como si estuviera forjada en metal. Acuciada por los anhelos de volar, abandonó su casa a los dieciséis para irse a vivir con su novio, que tenía veintiséis.
>
> A los dieciocho volvió con su madre, con dos hijos... Se sentó en el dormitorio que había abandonado hacía tres años; las fotos gastadas de las estrellas del pop de ayer todavía la miraban desde las paredes. Ella decía que se sentía como si tuviera cien años. Había probado todo lo que la vida tenía para ofrecer. No le quedaba nada.[10]

Ese tipo de agotamiento existencial es un riesgo de nuestro tiempo. Michelle está en el extremo inferior del espectro económico, pero un destino similar espera a su equivalente de la *jet set* del mundo corporativo –viajando de hotel en hotel, constantemente conectada a través de teléfonos móviles y ordenadores portátiles, siguiendo los mercados financieros de todo el mundo, siempre bajo la amenaza de los recortes de personal, cada vez menos en contacto con las vidas de aquellos a los que afectan sus decisiones, y guiada por la brutal filosofía de la pegatina que vi una vez en un coche americano que decía: «Quien tenga más juguetes el día que muera, gana» –.[11]

Las culturas avanzadas basadas en el consumo están construidas sobre una rápida sucesión de deseos inducidos artificialmente y temporalmente satisfechos. Cuando el mercado se convierte en el paradigma que guía la vida y deja de ser un mecanismo de intercambio, entonces se debilita el concepto mismo de significado. Pasamos a ser, en la frase reveladora de Zygmunt Bauman, «turistas» en lugar de «peregrinos».[12] La sociedad se vuelve cada vez menos un hogar y cada vez más un hotel. Nos acercamos a un estado en el que no existe ningún sitio al que pertenezcamos, nadie a quien debamos o nos deba lealtad, nadie con quien compartamos un destino, nadie a quien otorguemos una importancia duradera. La vida pierde peso, cada vez menos conectada a algo sólido y duradero más allá de uno mismo. Vienen a la mente las famosas palabras de Edmund Burke, más relevantes ahora que cuando las escribió en 1790:

> Como resultado de esta facilidad desordenada para cambiar un estado tan frecuentemente, en tan alto grado, y de tantas maneras como tantas sean las modas y caprichos, se rompería todo encadenamiento y continuidad del estado. Ninguna generación podría establecer un eslabón con otras. Los seres humanos no serían más que moscas de un verano [...]. Y de este modo el estado mismo se desmoronaría al cabo de unas pocas generaciones, desintegrándose en la polvareda de la individualidad y dispersándose en último término a los cuatro vientos.[13]

Oscar Wilde definió a un cínico como alguien que conoce el precio de todo pero el valor de nada –recordándonos que el valor es inherente a aquellas cosas (el amor, la lealtad, el altruismo, la fidelidad) que no se pueden intercambiar en el mercado; que se ganan, no se compran; que son parte de lo que somos, no de lo que tenemos–. Una cultura en la que todo puede ser comprado es una cultura en la que se ha devaluado el valor e institucionalizado el cinismo.

Cada vez más, lo que compramos no son solo bienes sino también servicios personales. Esto también limita nuestra actividad, al convertir las cosas que antes hacíamos personalmente o juntos en productos que ahora compramos por un precio. A lo largo de los siglos XIX y XX gran parte de esto tuvo lugar en forma de una transferencia de responsabilidad –sobre la educación, el bienestar, la salud y la policía– desde las familias y las comunidades hacia el Estado. Hoy en día se ha desplazado más allá del Estado hacia el mercado. Grandes ámbitos de nuestras relaciones personales han sido cosificados y puestos a la venta en una proliferación de nuevos servicios aparentemente sin límite: consejeros, guías espirituales, entrenadores personales, asesores de estilo, consultores de compras, masajistas, aromaterapeutas, instructores de aerobic, monitores de gimnasia... todo el espectro de lo que Robert Reich llama «pagar por atención».[14]

Lo que antiguamente hacía que las relaciones crearan identidad personal y respeto mutuo es precisamente el hecho de que estaban *fuera* del mundo de los contratos y los intercambios de mercado. La familia, los amigos, los vecinos, los mentores, eran gente con la que estábamos atados por una reciprocidad moral. Lo importante era que estaban ahí tanto en los momentos malos como en los buenos; cuando los necesitabas, no cuando los podías pagar. Te decían lo que no querías oír tanto como lo que querías oír. Comparemos eso con la mercantilización de la amistad en el anuncio de un *coach* o «mentor personal» citado por Robert Reich: «Es genial contar con los mejores amigos. ¿Pero es tu mejor amigo un profesional en el que confiarías para trabajar contigo sobre los aspectos más importantes de tu vida?» La respuesta a esta pregunta retórica es sí: *confías* en un amigo precisamente porque *no* tienes que pagar por su amistad.

Las exigencias crecientes del trabajo provocan que la gente tenga menos tiempo para las relaciones –con hijos, padres, amigos, colegas de una congregación, compañeros de grupos voluntarios y filantrópicos– lo cual estrecha y fragmenta aun más nuestra sensación de quiénes somos, al igual que crea nuevas divisiones sociales entre los que pueden y los que no pueden «pagar por atención». Merece la pena recordar que fue nada menos que Adam Smith quien escribió que «esta disposición a admirar y casi a idolatrar a los ricos y poderosos, y a despreciar o como mínimo ignorar a las personas pobres [...] es al mismo tiempo la mayor y más extendida causa de corrupción de nuestros sentimientos morales».[15]

Hemos delegado mucho de lo que nos importa en nuestras vidas, en parte a gobiernos, fuerzas de seguridad, jueces, juzgados, trabajadores sociales, gestores y profesores, en parte a terapeutas, consejeros, asesores, *coaches* y gurús, a cada uno de los cuales pagamos, mediante impuestos u honorarios, para que lleven nuestros asuntos, nuestras relaciones, nuestros conflictos o nuestras emociones mejor de lo que podemos o de lo que tenemos tiempo para hacer nosotros. Esto se traduce en una pérdida masiva de soberanía sobre nuestras vidas, y significa que cuando las cosas van mal, como a veces pasa, es probable que desesperemos, porque nuestro destino ahora está en otras manos, no en las nuestras. Ese es el punto débil de subcontratar grandes aspectos de nuestra vida, en lugar de asumir nuestra responsabilidad moral y personal.

* * *

La palabra «moral» es crucial aquí. La moralidad ha pasado por tiempos difíciles en el último medio siglo. Ha llegado a representar todo aquello de lo que creemos habernos liberado: la autoridad, la represión, el posponer la gratificación instantánea, todo lo que iba asociado a la cultura religiosa, puritana y victoriana de nuestros abuelos. Virtudes que fueron en su día consideradas admirables –la modestia, la humildad, la discreción, la compostura– ahora son objetos cubiertos de polvo en un museo de curiosidades culturales. Palabras como «deber», «obligación», «juicio» o «sabiduría», o bien conllevan una carga negativa o bien carecen absolutamente de significado. Lo que nunca he visto claramente enunciado es el simple hecho de que los sistemas de moralidad eran (no siempre, pero a veces) un intento de *luchar contra la desesperación en nombre de la esperanza*, y de recuperar la dignidad humana al reestablecernos como sujetos y no objetos, como autores de nuestras acciones y de nuestras vidas.

No es casualidad que la palabra «desmoralización» tenga un doble sentido.[16] Se refiere tanto a una pérdida de significados morales como a una pérdida de esperanza. Lo que nos vuelve más ansiosos es aquello que está fuera de nuestro control. Las civilizaciones antiguas estaban dominadas por los miedos a las catástrofes naturales –sequías, inundaciones, hambrunas– y gran parte de sus energías creativas se empleaban en personificar a estas fuerzas como dioses que podían ser aplacados mediante encantamientos, rituales o magia. Hoy en día no tenemos menos miedo a ciertas fuerzas aplastantes –la tecnología, la erosión de la biosfera, la globalización de la industria, la internacionalización del terror– pero no tenemos ninguna historia o mito que nos permita personalizarlas, haciendo que sean inteligibles y susceptibles de ser influidas por lo que hagamos. Nuestras esperanzas están puestas en los gobiernos, de los que demandamos más y esperamos menos, o en los mercados, que por su propia naturaleza son caprichosos e indiferentes respecto a quién dañan y a quién benefician. En el núcleo de nuestra cultura está el conocimiento de que demasiado de lo que nos ocurre está fuera de nuestro control, y es el resultado de decisiones económicas o políticas tomadas por gente lejana que nunca conoceremos ni seremos capaces de identificar. Más allá del círculo menguante de nuestro ser hay un mundo del que ya no somos los creadores sino los creados. Esta es la génesis de la desesperanza.

Frente a esto, hace unos 4.000 años emergió un concepto diferente de la vida humana. Sugería que los individuos no estaban privados de poder ante lo impersonal. Podemos crear familias, comunidades, e incluso sociedades, alrededor de los ideales del amor, la comunidad y la confianza. En tales sociedades, los individuos no son valorados por lo que poseen o por el poder que manejan sino por lo que son. No son inmunes al conflicto o a la tragedia, pero cuando estas golpean, los individuos no están solos. Están rodeados de estructuras de apoyo, familias extendidas, amigos y vecinos. Estas relaciones no ocurren porque sí. Gran parte de la energía de comunidades como esas está dedicada a asegurar que ocurran, a través de la educación, de las aprobaciones sociales y de la cuidadosa protección de las instituciones humanas. Los niños son habituados a las virtudes y a las reglas de conducta. Se les enseña a valorar el «nosotros» además del «yo». Las recompensas de orden moral son magníficas. Crean una isla de significado interpersonal en un mar de fuerzas impersonales. Rediman a los individuos de la soledad. La moralidad es el mayor intento de la humanidad de humanizar el destino.

La fuerza de esta visión es que localiza la fuente de acción dentro de nosotros mismos. Restaura la dignidad de la acción y de la responsabilidad. Nos lleva a ver nuestras vidas no como un juego ciego de causas externas (el genoma humano, el mercado libre, los intereses económicos, las fuerzas sociales y las modas inducidas por la publicidad), sino como una serie de elecciones que buscan el bien y lo bueno, elecciones en las que no nos quedamos sin guía, sino para las que tenemos una inmensa experiencia histórica a nuestra disposición. Nos recuerda que los actos que llevamos a cabo, las decisiones que tomamos, son importantes: para nuestra familia, para nuestros amigos y asociados, para nuestra sensación de una vida bien vivida. Nos enseña a apreciar y a mantener las relaciones –matrimonio, familias, amistades, comunidades– que nos dan la fuerza para enfrentarnos a las incertidumbres de un futuro abierto. Elimina los azares de una vida vivida a base de escaramuzas fronterizas entre nuestros deseos y los de los demás. Nos permite vernos a nosotros mismos como en un viaje, emprendido por aquellos que vinieron antes que nosotros y cuya historia compartimos, y que será continuado por aquellos otros que vengan después de nosotros y de cuyas esperanzas somos guardianes. Un viaje a un destino remoto pero inteligible: la sociedad justa que estamos llamados a crear juntos.

Lo que más me ha ayudado a entender qué hace que merezca la pena vivir la vida no fue la universidad, sino el momento, al comienzo de mi profesión como rabino, en el que tuve que empezar a oficiar funerales. Eran momentos de angustia, en los que intentaba consolar a una familia en medio de su dolor, y nunca me resultaron fáciles, pero eran extraordinariamente instructivos. En mi discurso tenía que dibujar un retrato del fallecido, a quien tal vez no hubiera conocido personalmente, así que hablaba primero con su familia y sus amigos para intentar comprender lo que él o ella había significado para ellos. Casi siempre hablaban de cosas similares. El difunto había sido un cónyuge que apoyaba en el matrimonio, un padre (o madre) cariñoso. Había sido un amigo o una amiga leal, preparado para ayudar cuando fuera necesario. Nadie mencionaba nunca lo que ganaba o lo que se había comprado, el coche que tenía, dónde iba de vacaciones. La gente más llorada no era la más rica ni la de más éxito. Era aquella gente que había mejorado la vida de los demás. Eran amables. Se podía contar con ellos. Tenían sentido de la responsabilidad. Daban tiempo y dinero a causas benéficas. Eran parte de una comunidad, vivían sus valores, compartían sus pesares y sus celebraciones. A medida que este patrón se repetía una y otra vez, me di cuenta que estaba aprendiendo sobre algo más que sobre el fallecido. Estaba siendo educado en lo que hace que una vida haya sido bien vivida.

Todo ello tenía poco –o nada– que ver con los valores de una sociedad de mercado y sí todo que ver con principios morales –las buenas acciones, las relaciones comprometidas, la disposición a hacer sacrificios por valores que uno no ha construido por sí solo, el pertenecer a una comunidad dedicada a la consecución de unos ideales–. Esos son los valores que dan continuidad y dignidad a una vida. Constituyen gran parte de lo que la mayoría entendemos por felicidad. Son curiosamente igualitarios. Tratan sobre lo que hacemos y lo que somos; no tienen que ver con el poder o la riqueza, el éxito o el prestigio. Están frontalmente enfrentados a los parámetros de una sociedad de consumo por una parte, y al determinismo científico por otra.

La moralidad es una parte esencial de la ecología de la esperanza porque sitúa la posibilidad del cambio social a un nivel en el que podemos marcar una diferencia a través de nuestros actos, de los principios que seguimos, y de las relaciones que creamos. Nos ve como algo diferente a piezas reemplazables de un sistema económico; nos da una forma de independencia respecto a los caprichos e intereses pasajeros de los demás. Dentro de una comunidad moral, el matrimonio da permanencia al amor. La lealtad da fuerza a la paternidad o maternidad. La educación se convierte en una conversación entre generaciones. La amistad y la alianza nos unen a los otros seres humanos para que sepan que pueden contar con nosotros y que nosotros podemos contar con ellos. El saber que somos mutuamente extraños nos enseña a ir más allá del «nosotros» y expandir la amistad y reciprocidad al «ellos». El saber, también, que la tierra no es nuestra, que somos residentes temporales, herederos de los que nos precedieron y guardianes de la misma para quienes que nos seguirán, nos desvía del impulso destructivo –sea con la guerra, o con la intervención genética prematura, o mediante la explotación excesiva– que llega a aquellos que no tienen nada que perder en un futuro más allá del fin de sus vidas.

* * *

Tal vez sean las comunidades religiosas uno de los pocos entornos en los que estos valores todavía siguen vigentes. Desde luego Durkheim, hace un siglo, argumentaba que esa era una de sus principales funciones: encarnar los juicios colectivos sobre lo bueno, lo moralmente valioso, lo santo. Esto puede ser una razón por la cual la religión ha experimentado tal renacer en gran parte del mundo. La idea de que la felicidad se encuentra adquiriendo y gastando, la ficción mantenida por las economías avanzadas, nunca ha sido aprobada en rigor por un pensador –religioso o filosófico– que haya ponderado la cuestión. La riqueza, la fama, el éxito: estas cosas se distribuyen demasiado al azar, son demasiado externas a quienes somos, tienen poca relación con el mérito, la valía o la entrega, como para proporcionar un marco significativo para una vida. Un requisito mínimo para que un orden social merezca la pena es que proporcione un acceso igualitario a las fuentes del respeto por uno mismo, y esto debe ser algo menos sometido al azar que el lugar que cada uno ocupe en un sistema económico.

La fuerza de las grandes religiones es que hacen algo más que ofrecer una visión de qué es lo bueno. También se podría decir esto de los sistemas filosóficos. Pero, en contraste con los sistemas filosóficos, las religiones lo ponen en práctica dentro de una comunidad. Lo convierten en algo vivo y sustantivo mediante la oración y los ritos, mediante narraciones absorbentes y actos colectivos de consagración. No quiero argumentar que las religiones, individual o colectivamente, constituyan nuestra única fuente de moralidad. Eso es manifiestamente falso. Permanecen, sin embargo, como un espacio significativo fuera de –y en contraste con– una cultura occidental moderna que tiende a disolver sistemáticamente los valores y las virtudes que dan sentido a una vida. Por eso mismo se han convertido, en países ajenos a

Occidente –y hasta cierto punto también en países occidentales– en una forma bien articulada de protesta contra sus valores.

Es justo en este punto, sin embargo, donde tenemos que tomarnos seriamente las disciplinas y las limitaciones que se derivan de la dignidad de la diferencia. Las religiones no se ponen de acuerdo entre ellas, ni con las filosofías seculares, a la hora de hablar de algunos de los temas morales más importantes: el aborto, la eutanasia, la fecundación *in vitro*, las investigaciones con células madre, la homosexualidad, la cohabitación extramatrimonial y muchos otros temas que nos dividen. Este mismo potencial para el conflicto amargo es lo que lleva a la gente a aceptar el relativismo moral por un lado (si las religiones no están de acuerdo entre sí, entonces la moralidad es una mera elección personal), y el liberalismo libertario por el otro (la sociedad no debería juzgar colectivamente ningún tema moral; la moralidad es un tema puramente privado). Ambas posiciones son, en mi opinión, falsas. Debatimos sobre moralidad de una forma, y con una seriedad, que no utilizamos para hablar sobre temas que sí son verdaderamente relativos (cómo vestir para una cena, por ejemplo). Y no creemos sinceramente que los problemas morales sean privados; si lo hiciéramos, no habría protestas sobre el deterioro medioambiental o sobre los derechos humanos, ni habría debate público moral en absoluto. Pero la pregunta es urgente y es real: ¿cómo vivir con las diferencias en temas de moralidad y mantener una comunidad que trascienda tales diferencias?

La respuesta, que ya he sugerido antes, es el *diálogo*: no el mero debate sino el acto disciplinado de comunicar (hacer mis opiniones inteligibles para quien no las comparte) y escuchar (entrar en el mundo interior de alguien cuyas opiniones son opuestas a las mías). Cada una de ellas constituye una forma genuina de respeto, de prestar atención al otro, de conceder valor a las opiniones de este o aquel aunque no sean como las mías. En un debate un lado gana y el otro pierde, pero ambos lados son iguales que antes del debate. En un diálogo ningún lado gana ni pierde pero ambos experimentan un cambio, porque ahora saben cómo se ve la realidad desde otra perspectiva. Esto no quiere decir que nadie deje de tener sus convicciones anteriores. No es de eso de lo que se trata en un diálogo. Sí que significa, sin embargo, que tal vez ahora me dé cuenta de que debo hacer un hueco para otra profunda creencia, y si mi propio argumento ha sido convincente, el otro lado puede entender que también tiene que hacer un hueco a la mía. Así es como se construye la moralidad pública en una sociedad plural: no por una única voz dominante, ni por la relegación de los temas morales al dominio privado del hogar y las congregaciones locales, sino a través de un acto sostenido de comprensión y de buscar ser comprendido a través de las fronteras de la diferencia.

En una sociedad plural –y aún más en un mundo plural– cada uno de nosotros tiene que conformarse con menos que cuando nos asociamos con correligionarios. Un católico puede creer que el aborto es un asesinato, un judío o un musulmán que el sexo fuera del matrimonio está prohibido, y a estas convicciones se les da vida dentro de nuestras propias comunidades de fe. Pero no podemos buscar imponerlas por la fuerza de la ley sobre aquellos que no son miembros de nuestra comunidad si hay otros grupos que están en serio desacuerdo y dan argumentos convincentes sobre el derecho de construir una vida bajo otros parámetros. Sin embargo, lo que perdemos se ve más que compensado por el hecho de que juntos seamos arquitectos de una sociedad más grande que la que podríamos construir nosotros solos, una en la que nuestra voz es escuchada y atendida aunque no se imponga al final. Al igual que una comunidad se construye sobre la aceptación de que el «yo» tome forma en el «nosotros», la sociedad se construye mediante la disposición de permitir que el «nosotros» de nuestra comunidad se vea limitado por la necesidad de dejar hueco para otras comunidades y sus creencias profundas. La sociedad es un diálogo entre muchas voces. Pero es precisamente en ese diálogo y a través de él como nos convertimos en coautores de nuestro futuro colectivo, en lugar de ser polvo llevado por el viento de las fuerzas económicas. El diálogo –lleno de respeto, comprometido, recíproco, apelando a algunas de nuestras mayores capacidades de empatía y comprensión– es la forma moral de un mundo gobernado por la dignidad de la diferencia.

* * *

No hay forma alguna de eliminar las condiciones objetivas que crean inseguridad. Estamos entrando en un siglo cuya trayectoria es radicalmente impredecible, y las mismas libertades que valoramos hacen que sea así. En este capítulo he argumentado, sin embargo, que tenemos recursos intelectuales que nos permitirán soportar esta situación. De estos recursos, el más importante es una visión moral del mundo. Eso es lo que el siglo XIX sí tenía y lo que a nosotros nos falta muy a menudo. Es lo que permitió a Abraham Lincoln curar las heridas derivadas de la guerra civil americana («Sin malicia hacia nadie, con caridad para todos»), y a Disraeli otorgar al cambio político cierto dramatismo ético («la justicia es la verdad en acción»). Cuando se usa hoy en día –sobre todo por Nelson Mandela al invocar las ideas de verdad y reconciliación para curar las heridas derivadas del *apartheid*– todavía retiene su fuerza cristalina. Necesitamos un mapa moral así. Podemos viajar a gran velocidad con tal de que sepamos a dónde vamos. Es cuando perdemos nuestra visión cuando nos encontramos, en efecto, sin mapa y sin destino. Es entonces cuando la gente recurre a líderes populistas capaces de manipular el miedo de la gente, o a identidades regresivas y a fundamentalismos que les permitan soportar el miedo culpando a algún grupo de ser la causa de todos los males. Estas son posibilidades contra las que nunca pensé que tendría que advertir en el curso de mi vida: tan grandes fueron las catástrofes que acontecieron en el siglo XX. Pero cuando las emociones se desatan, la memoria falla.

Lo que la moralidad restablece en un mundo cada vez más impredecible es la idea de *responsabilidad* –que lo que hacemos, individual o colectivamente, supone una diferencia, y que el futuro está en nuestras manos–. Cada era ha producido sus propias filosofías, o sistemas cuasi-científicos para mostrar que lo que ha ocurrido no podía ser de otra manera, que el devenir de la historia es inevitable; que es arrogante pensar que podamos luchar contra el destino. Lo único que podemos hacer es alinearnos con su flujo, explotarlo a nuestro favor cuando podamos, y hacernos estoicamente indiferentes a nuestro destino cuando no podamos. Ese es el tipo de argumento que se hace demasiado a menudo para la globalización. Existe; es ineludible; es una fuerza elemental; es lo que Thomas Friedman llama la «camisa de fuerza dorada».[17] No hay más opciones que unirse y prosperar o ser indiferente y pasar hambre. Esta forma de pensar es un regreso a una visión del universo muy antigua. Es el mundo del mito, en el que la humanidad está sola en un entorno dominado por fuerzas irresistibles, ciegas a nuestra presencia y sordas a nuestras oraciones y esperanzas.

El gran salto de la imaginación bíblica fue argumentar lo contrario. Hay una dimensión personal de la existencia. Nuestras esperanzas no son meros sueños. Ni nuestros ideales meras ilusiones. Algo en la esencia del ser responde a nosotros como personas, invitándonos a ejercitar nuestra libertad creando familias, comunidades y sociedades de tal manera que honremos la imagen de Dios que es la humanidad, invistiendo a cada vida humana de dignidad absoluta. Este punto de vista, compartido por el judaísmo, el cristianismo y el islam, sabe ver la elección, la acción y la responsabilidad moral en el corazón del proyecto humano. No carecemos de poder ante el destino. Cualquier avance tecnológico puede ser usado para el bien o para el mal. Cualquier orden económico puede ser explotado, dejado a su aire, o dirigido por consideraciones de justicia e igualdad. No hay nada inevitablemente benigno ni maligno en nuestros crecientes poderes. Depende del uso que les demos. Lo que podemos crear, lo podemos controlar. Lo que iniciamos, podemos dirigirlo. Con cada nuevo poder vienen la elección, la responsabilidad y el ejercicio de la imaginación moral. Pienso que esta opinión –que siempre ha tenido en contra a los determinismos antiguos y modernos– no solo es verdadera, sino que es necesaria si queremos derrotar a la política de la inseguridad y del miedo.

El capitalismo global no es un inmenso portaaviones que nadie puede redirigir. Surgió de forma no planeada e inesperada, pero no tiene por qué permanecer siempre así. El movimiento ecologista de los años setenta logró cambiar la opinión y los hábitos de consumo del público. Las protestas antiglobalización de finales de los noventa hicieron que los gobiernos y las instituciones financieras internacionales consideraran su responsabilidad hacia los países en vías de desarrollo. Muchas campañas contra grandes compañías han llevado a estas a ser más cuidadosas con que sus artículos no sean producidos en condiciones de trabajo inaceptables y a cambio de sueldos miserables. Todos nosotros, a través de las decisiones que tomamos cada día acerca de cómo vivimos y trabajamos y viajamos y consumimos ayudamos a dar forma al medio ambiente. Pensar y actuar moralmente, hacer lo correcto porque es lo correcto, influye sobre los demás; empieza a crear un clima de opinión; el bien, como el mal, es infeccioso. No tenemos que aceptar lo inaceptable. Lo único que hace que las tendencias sociales y económicas sean inevitables es la creencia de que lo son. El drama que se va a desarrollar en el siglo XXI es un drama del que somos coautores. Puede ir para un lado o para otro dependiendo de nuestro consentimiento colectivo. Nuestro objetivo debe ser no conformarnos con nada que no sea un sistema económico que maximice la dignidad humana. Debemos pasar a nuestras generaciones futuras un mundo más generoso, y menos caprichoso e injusto.

NOTAS

1 Maimónides, *Guía de los Perplejos*, III:32.
2 Wright 2005.
3 Toffler 1999.
4 Friedman 2000.
5 Gladwell 2006.
6 Bellah et al. 1989.
7 Geer et al. 1970.
8 Langer y Rodin 1976.
9 Ver, por ejemplo, Berger et al. 1973.
10 Citado en Bauman 1998, p. 91.
11 Demos 1998, p. 3.
12 Bauman 1998, p. 77-102.
13 Burke, 2013, p. 153.
14 Reich 1993.
15 Smith 2004, p.130.
16 Aquí me remito a Sacks 2000.
17 Friedman 2000, p. 101-11.

Capítulo 5

CONTRIBUCIÓN: EL ARGUMENTO MORAL A FAVOR DE LA ECONOMÍA DE MERCADO

> La subsistencia del ser humano requiere de su participación activa. Con la excepción del que cayó durante el período en el que [los israelitas] deambularon por el desierto, y de otras intervenciones milagrosas, no cae maná del cielo. Esta participación activa del hombre en la creación de su propia riqueza es un signo de grandeza espiritual. En este sentido somos, como si dijéramos, imitadores de Dios.
>
> (Rabbenu Bajya)

La humanidad no fue creada para servir a los mercados. Los mercados fueron creados para servir a la humanidad. En el capítulo anterior apunté que los defensores de la globalización son a menudo culpables de caer en el argumento de la inevitabilidad. El mercado libre, dicen, está aquí para quedarse, nos guste o no. El comunismo y el socialismo ya fueron probados y fracasaron. Todos aquellos que quieran generar niveles de vida más altos deben aceptar la globalización y las disciplinas asociadas a ella. No hay más alternativa que ponerse la «camisa de fuerza dorada».[1]

Hay mucho que decir en defensa de la nueva economía. Los mercados desregulados, los masivos flujos transfronterizos de fondos de inversión y las nuevas tecnologías de la información han aumentado la prosperidad; no solo la individual, sino también la «riqueza de las naciones». Pero todo sistema tiene sus limitaciones. El mercado es bueno creando riqueza pero no distribuyéndola. Fomenta ciertas virtudes pero debilita otras. Tiene consecuencias sociales que no siempre son benignas y a veces son desastrosas. Los mercados son la mejor forma conocida de organizar intercambios: bienes que se compran o se venden. Están muy lejos de ser la mejor forma de ordenar las relaciones o de preservar bienes cuyo valor no es idéntico a su precio. Inevitablemente, las sociedades se enfrentan a decisiones que no pueden resolverse solo mediante la economía. El argumento de la inevitabilidad es una forma de esquivar los problemas morales a los que cualquier institución debe hacer frente, especialmente una institución tan íntimamente relacionada con las condiciones de la vida en la tierra como es la economía global. Ya he argumentado que no podemos abdicar nuestra responsabilidad sobre el mundo que legaremos a nuestros hijos. Una de las formas que toma esta abdicación es lo que George Soros llama el «fundamentalismo de mercado»:[2] la idea de que podemos dejar que el mercado lidie con sus propias consecuencias. No podemos. Eso nos corresponde a nosotros, individual y colectivamente, como ciudadanos globales. Lo que quiero hacer en este capítulo y en los siguientes es explorar las dimensiones morales del mercado en una era global: los valores que nos deberían guiar si queremos crear un mundo más humano.

Si hay algo que tiene una dimensión moral, ese algo es la economía. Según Rav,[i] el maestro talmúdico del siglo IV, cuando dejemos esta vida y entremos en el mundo venidero, la primera pregunta que se nos hará será: «¿Fuiste honesto en tus negocios?».[3] Solo después se nos preguntará por otros aspectos de nuestra vida.

—

[i] Abba Arika, conocido como Rav (siglo III), fundó en Sura una de las dos academias de estudios teológicos más famosas de Babilonia (la otra estaba en Pumbedita). Hombre de gran prestigio, su academia contribuyó decisivamente a la compilación del Talmud de Babilonia.

En la escuela del rabino Ismael (siglo II) se enseñaba que quien se comportara con integridad en sus asuntos económicos es como si cumpliera con la totalidad de la vida religiosa.[4] El Talmud sugiere que quien quiera llegar a la santidad debe emplearse en el estudio y la práctica de las leyes éticas relacionadas con el comercio y las finanzas.[5] En uno de los momentos críticos del calendario judío, el *shabat* anterior al noveno día de Av, el día de luto por la destrucción del Templo, leemos en la sinagoga el magnífico primer capítulo del libro de Isaías, con su insistencia de que sin virtud económica y política, la piedad religiosa es algo vano:

> Buscad la justicia, restituid al agraviado,
> Haced justicia al huérfano,
> Amparad a la viuda...
> Tu plata se ha convertido en escorias,
> Tu vino está mezclado con agua.
> Tus príncipes, prevaricadores y compañeros de ladrones;
> Todos aman el soborno, y van tras las recompensas.
> (Isaías 1: 17-23)

Las tentaciones permanentes del mercado –buscar el beneficio a costa de otros, aprovecharse de la ignorancia ajena, tratar a los empleados con indiferencia– deben ser combatidas. Hay que establecer reglas de intercambio y condiciones de empleo justas, y hay que vigilar que se cumplan. Desde una perspectiva judía esto forma parte de la vida religiosa, porque la relación del hombre con Dios no puede divorciarse de la del hombre con el hombre. La moralidad reside tanto en la sala del consejo de administración como en el dormitorio, tanto en el mercado como en el lugar de oración.

De cualquier sistema económico hay que preguntarse: ¿Mejora la dignidad humana? ¿Fomenta el respeto a uno mismo? ¿Estimula la creatividad? ¿Permite a todo el mundo ser partícipe de las bendiciones materiales de este mundo? ¿Mantiene un clima de igual dignidad para empleados y patrones, para pobres y ricos? ¿Protege a los que son vulnerables y ayuda a aquellos que necesitan escapar de la necesidad? ¿Asegura que nadie carezca de medios para llevar una existencia digna? ¿Refuerza el sistema económico los vínculos de la solidaridad humana? ¿Conoce sus propios límites, reconoce que sus valores no son los únicos, que hay algo más en la vida que una búsqueda constante de riquezas, que el mercado no es el único mecanismo de distribución, y que un sistema económico es un medio y no un fin?

Estas son las cuestiones que debemos plantearnos acerca del capitalismo global si queremos ejercitar nuestra responsabilidad. El imperativo ético está en todas partes y no es negociable. Más allá de todo «es» está la reivindicación del «debería ser». Ningún sistema –ya sea científico, político o económico– se justifica a sí mismo, ni es merecedor de aprobación solo porque resulte ser lo que es. Eso es lo que quiero explorar en este capítulo y en los siguientes cuatro, empezando con el mercado mismo, con los valores que encarna y a los que da pie.

* * *

Debemos a Max Weber la perspicaz observación de que los órdenes económicos están influidos por los religiosos. Su célebre afirmación es que el «espíritu del capitalismo» debe su existencia a la «ética protestante». Al calvinismo en especial.[6] Más recientemente, Michael Novak ha escrito sobre la afinidad que hay entre la ética católica y el capitalismo.[7] La contribución del islam al desarrollo de las finanzas y del comercio es significativa y se remonta hasta el siglo VIII, cuando Bagdad y Basora llegaron a ser centros mundiales de comercio. El inmenso tamaño del imperio islámico fomentaba la confianza y el comercio entre tierras lejanas, y la escuela hanafí de jurisprudencia islámica, en particular, fue pionera en el desarrollo de los contratos mercantiles.[8] Así que no hay ninguna afiliación específicamente judía con la economía mercado. Es innegable, sin embargo, que los judíos tuvieron un papel importante en su desarrollo. Como apuntó Werner Sombart:

> La importancia de los judíos fue doble. Por una parte, tuvieron influencia en la forma externa del capitalismo moderno; por otra, dieron expresión a su espíritu interno. En el primer apartado, los judíos contribuyeron mucho a dar a las relaciones económicas el aspecto internacional que tienen hoy en día; a ayudar al Estado moderno, ese marco del capitalismo, a convertirse en lo que es; y por último a dibujar los rasgos particulares de la organización capitalista, al inventar un gran número de detalles de la maquinaria comercial que mueve la vida empresarial actual, y al ayudar a perfeccionar otros. En el segundo apartado, la importancia de los judíos es enorme porque ellos, más que nadie, dotaron a la vida económica de su espíritu moderno...[9]

Por supuesto, ninguna religión puede ser identificada con un orden económico en particular. Hubo comunistas de estirpe e inspiración judía –Karl Marx, Rosa Luxemburgo y León Trotsky, entre ellos– y hubo muchos grupos socialistas judíos a principios del siglo XX, siendo el más influyente el denominado *Bund*, que surgió en Europa Oriental. En tiempos del Segundo Templo, los esenios vivían en comunidades donde se compartía la propiedad, un experimento revivido en el Israel moderno con el sistema del kibutz.[10] El socialismo ético está inspirado en gran parte en la narración del Éxodo y en los profetas del antiguo Israel.[11] Sin embargo, el judaísmo ha tendido a favorecer el mercado libre, al tiempo que lo criticaba a la luz de sus ideales.

En su época, esta fue una postura contracultural. Tendemos a olvidar lo reciente y relativamente imprevisto que ha sido el triunfo de la economía de mercado sobre sus rivales: el comunismo, el socialismo y regímenes aun más antiguos y más jerárquicos. Había en contra de tal triunfo una larga historia intelectual de desprecio por el comercio. Platón, en *La República*, argumentaba que los tenderos eran «hombres que no son lo suficientemente fuertes como para ser de uso alguno en ninguna otra ocupación» y los consignaba al tercer nivel (el más bajo) de la sociedad.[12] Aristóteles, en su *Política*, llamó a la vida del comercio «innoble y enemiga de la excelencia».[13] Las sociedades militares veían el comercio como algo de poca hombría. Nada menos que Adam Smith dijo que la cultura comercial «hunde el coraje de la humanidad, y tiende a extinguir el espíritu marcial».[14] Los pensadores religiosos lo denigraron por materialista. Tomás de Aquino, aun concediendo que el comercio no tenía por qué ser «pecaminoso o contrario a la virtud», insistía sin embargo en que los sacerdotes no debían participar en él porque les alejaría de los asuntos del espíritu.[15] Pensadores más colectivistas contrastaban el altruismo con la competitividad y el «individualismo posesivo» del mercado. J.A. Hobson, por ejemplo, argumentaba que «por su propia naturaleza los procesos de negociación inhiben la consideración del bien de los demás, y concentran las mentes y los deseos de cada parte de la negociación en su propio beneficio inmediato y material. [...] Este tirón constante de los intereses más egoístas trae consigo un endurecimiento de las arterias morales».[16] Por ello es importante entender por qué el judaísmo, *por motivos éticos y espirituales*, se decantó a favor de la economía de mercado.

* * *

En su magistral estudio *La riqueza y la pobreza de las naciones*, David Landes intenta comprender por qué algunas economías crecen y otras se quedan estancadas.[17] Una de las cuestiones que plantea, por ejemplo, es por qué la revolución industrial tuvo lugar en Europa y no en China. En la Edad Media, China estaba mucho más avanzada que Occidente. Fue el primer país testigo de la invención de la imprenta, la porcelana y los explosivos. ¿Por qué fue entonces Europa la que se adelantó en el siglo XIX? La respuesta de Landes ha sido refutada por algunos investigadores, pero básicamente es esta: que es la *cultura*, y no los recursos económicos, el clima u otros factores materiales, lo que marca la diferencia. Europa tenía aquello de lo que China carecía: una ética judeo-cristiana.

Landes identifica varios rasgos significativos de esa ética. El primero es el respeto bíblico de los derechos de propiedad. Él considera esto como una auténtica revolución frente al mundo antiguo y frente al poder que el mismo otorgaba a los reyes, que consideraban la propiedad de la tribu como suya. Por contra, cuando Moisés ve cuestionado su liderazgo por los israelitas en la rebelión de Koraj, él dice sobre su relación con su gente: «Ni aun un asno he tomado de ellos, ni a ninguno de ellos he hecho mal» (Números 16:15). Que un soberano no respete los derechos de propiedad es, para el Antiguo Testamento, una de las mayores corrupciones del poder. El judaísmo es la religión de un pueblo nacido en la esclavitud y que busca su redención. El gran agravio de la esclavitud a la dignidad humana es que me priva de ser dueño de la riqueza que yo he creado.

Quizás la frase más influyente en la civilización occidental sea el versículo del primer capítulo del Génesis en el que Dios dice: «Hagamos al hombre a Nuestra imagen y semejanza» (1:26). Lo revolucionario de esta frase no es que un ser humano pueda estar hecho a imagen de Dios. Esa idea es frecuente en el mundo antiguo. Los reyes sumerios y los faraones egipcios eran precisamente eso; dioses, o representantes de los dioses, en forma humana. Lo novedoso no era que *un* ser humano pudiera estar hecho a imagen de Dios, sino que *todo* ser humano lo estuviera. Desde su nacimiento, el judaísmo era una protesta viviente contra las sociedades jerárquicas que dan a algunos, pero no a todos, dignidad, poder y libertad. En lugar de eso insistía en que si algún individuo era sagrado entonces todos lo eran, porque cada uno de nosotros está hecho a imagen de Dios.

La cuestión fundamental es, por lo tanto: ¿cómo construimos estructuras sociales que honren y sostengan la libertad, la integridad y la creatividad del individuo? La respuesta breve es que el Antiguo Testamento es una extensa crítica de lo que hoy llamaríamos el «Estado omnipresente». En un extremo está la descripción bíblica del antiguo Egipto, una nación que construye edificios extraordinarios pero al coste de convertir a los seres humanos en esclavos. En el extremo contrario tenemos el justamente famoso capítulo VIII del primer libro de Samuel, en el que la gente se dirige al profeta para demandarle un rey. Siguiendo instrucciones de Dios, Samuel les dice que si proclaman a un rey, eventualmente este se quedará con sus hijos e hijas, sus campos y sus viñedos, y con un porcentaje de su cosecha y de su ganado. Incluso la monarquía constitucional, en otras palabras, supone el sacrificio de algunos derechos de propiedad e individuales. «Y suplicaréis por un alivio aquel día a causa de vuestro rey que os habréis elegido, mas el Señor no os responderá en aquel día.» (I Samuel, 8:18).

La opinión judía clásica es que los gobiernos son necesarios para la defensa y el mantenimiento del orden social. Como lo expresa una enseñanza rabínica del siglo I de la Era Común: «Reza por la salud del gobierno, ya que si no fuera por el miedo a él, las gentes se comerían vivas las unas a las otras».[18] Pero la acción del Estado necesita siempre justificación, porque cualquier gobierno, por muy democráticamente que haya sido elegido, representa *ipso facto* una restricción de ciertos derechos fundamentales como el derecho a disfrutar de los frutos del trabajo propio. Solo puede ser justificada si la posesión segura de esos derechos depende de la existencia de un poder central que defienda a los individuos contra la anarquía por una parte, y contra la invasión extranjera por otra. Por lo tanto, mucho antes de Hobbes, Locke y Jefferson, el judaísmo bíblico era ya una teoría del *gobierno limitado*. Esta insistencia por cuestión de principios sobre los límites morales del poder es la única defensa segura del individuo contra lo colectivo, ya sea la tiranía de los reyes o lo que John Stuart Mill, siguiendo a Alexis de Tocqueville, llamó la «tiranía de la mayoría». Dios, en el Antiguo Testamento, busca la adoración libre de seres humanos libres, y dos de las defensas más poderosas de la libertad son la propiedad privada y la independencia económica.

* * *

Un segundo factor que identifica Landes en la tradición judeocristiana es el respeto bíblico por la dignidad intrínseca del trabajo. Dios dice a Noé que será salvado del Diluvio, pero es Noé quien tiene que construir el arca. El alto valor que el judaísmo da al trabajo está bien escenificado en el siguiente pasaje:

> El rabino Shimón ben Elazar dijo: Grande es el trabajo, porque ni Adán probó comida hasta que ejecutó algún trabajo, como es dicho, «Tomó, pues, el Señor Dios al hombre, y lo puso en el huerto de Edén, para que lo labrara y lo guardase» (Génesis 2:15). Solo después leemos, «Y mandó el Señor Dios al hombre, diciendo: De todo árbol del huerto podrás comer» (Génesis 2: 16).[19]

Esta es una observación sutil. Una lectura superficial del Génesis puede transmitir la impresión de que el trabajo no es una bendición sino una maldición, ya que fue solo tras ser exiliado del paraíso cuando el hombre se vio abocado a un destino de duro trabajo: «Por el sudor de tu frente comerás tu comida». No es así, dice el rabino Shimón. Ya en el Edén mismo, a Adán se le ordenó trabajar la tierra. Aunque estaba rodeado de comida, primero tenía que trabajar.

El trabajo, aunque no sea un acto religioso en sí mismo, es una condición de la dignidad humana. «Trabajarás durante seis días y harás todo tu trabajo, pero el séptimo día es un *shabat* para tu Señor Dios» –lo que significa que servimos a Dios a través tanto del trabajo como del descanso. La liturgia judía para la noche del sábado –el punto en el que concluye el día de descanso– culmina en un himno a los valores del trabajo: «Cuando comas del trabajo de tus manos, serás feliz y te hará bien». Los rabinos comentaron que «serás feliz» se refiere a esta vida y «te hará bien» se refiere a la vida del mundo venidero.[20] El trabajo, en otras palabras, tiene valor *espiritual*, porque ganarnos nuestra comida es parte de nuestra esencia, de la creatividad de la condición humana:

> Cuando el Santísimo, alabado sea, dijo a Adán, «La tierra estará maldita por tu causa... brotarán pinchos y cardos», Adán lloró. Dijo, «Señor del universo, ¿debo comer en el mismo pesebre que mi asno?» Pero cuando oyó las palabras «Por el sudor de tu frente comerás pan», se consoló.[21]

El trabajo eleva al hombre, ya que a través de él *se gana* su comida. A lo que se refería el rabino era al respeto a uno mismo que procedía del trabajo frente a la renta no ganada. Comer sin trabajar no era una bicoca sino una huida de la condición humana. Los animales *encuentran* sustento; solo el hombre lo *crea*. Como lo expresó el comentarista del siglo XIII Rabbenu Bajya: «La participación humana en la creación de su propia riqueza es un signo de su grandeza espiritual.»[22] La ley judía prohíbe a las personas que se dedican al juego servir como testigos ya que no son miembros de la economía productiva. No «contribuyen a la estabilidad del mundo».[23]

Esto contrasta marcadamente con la ética de la antigua Grecia. Plutarco, por ejemplo, dice que podemos estar satisfechos con un trabajo al mismo tiempo que consideramos a las personas que lo han hecho como gente «baja y sórdida». En el *Gorgias* de Platón, Sócrates pregunta a Calicles si permitiría a su hija casarse con el hijo de un ingeniero. Aristóteles admite que el mundo necesita de agricultores y artesanos, pero su trabajo es propio de siervos y esclavos, no de ciudadanos libres de la *polis*. En la mitología griega los dioses no trabajaban, no como en el Génesis en el que la primera imagen de nuestro Dios es la de un artesano fabricando un universo.[24] El judaísmo nunca ha desarrollado una ética aristócrata o enclaustrada, desdeñosa de la economía productiva. Los grandes rabinos eran ellos mismos trabajadores, hombres de negocios o profesionales. Sabían que la comunidad judía necesitaba una base económica tanto como una base espiritual. En consonancia, el Talmud enumera como uno de los deberes de los padres enseñar al hijo un oficio a través del cual pueda ganarse la vida.[25]

El más grande de los rabinos medievales, Moisés Maimónides, luchó contra la práctica de mantener a una clase ociosa de eruditos rabínicos mediante la caridad de unos fondos públicos. «Quien decida estudiar la Tora y no trabajar sino vivir de la caridad», escribió, «profana el nombre de Dios, trae el desdén a la Tora, extingue la luz de la religión, atrae el mal hacia sí mismo y se priva de una vida en el más allá».[26] Esta campaña fue controvertida y nunca fue completamente aceptada, ya que en el judaísmo el estudio es el mayor valor, y siempre había aquellos que creían que debía haber una élite de estudiosos liberados de la carga de tener que trabajar para ganarse la vida. Maimónides, sin embargo, vio el peligro que había en tal arreglo. Comprometía la independencia del estudioso. «Mejor es», dijo a su discípulo Joseph ibn Aknin, «ganar un penique como sastre, carpintero o tejedor que depender del salario del Exilarca».[27] Sustraía al rabino del mundo en el que sus discípulos tenían que vivir. Y convertía una vocación religiosa en una profesión remunerada.

El trabajo consigue dos cosas. Lo primero es que da *independencia* a una persona, uno de los elementos esenciales de una sociedad. La bendición judía después de una comida contiene una frase chocante: «Por favor, Dios, no nos hagas depender de los regalos de los hombres». Aunque el judaísmo da gran valor a la filantropía, valora más la independencia económica. Cualquier empleo es mejor que ningún empleo. «Desuella cadáveres de animales en el mercado», decía el profesor del siglo III Rav, «y no digas: soy un sacerdote y un gran hombre y eso está por debajo de mi dignidad».[28] Los rabinos habrían estado de acuerdo con David Hume cuando escribió: «Nada propicia tanto a la corrupción y enerva y erosiona la mente como la dependencia, y nada proporciona tan nobles y generosas nociones de probidad como la libertad y la independencia».

La segunda cosa que propicia el trabajo, y no menos importante, es la *creatividad*. La historia bíblica de la humanidad comienza con el mandato «creced y multiplicaos, llenad la tierra y sometedla». El trabajo es más que la mera ocupación. El idioma hebreo del Antiguo Testamento tiene dos palabras para expresar esa diferencia: *melajah* es trabajo como creación, *avodah* es trabajo como servicio o servidumbre. Melajah es el ámbito en el que transformamos el mundo y por lo tanto nos convertimos en lo que describe la impactante frase rabínica: «socios de Dios en la obra de la creación».[29] El rabino Akiva enseñó en el siglo II que Dios dejó el mundo sin terminar deliberadamente para que pudiera ser concluido por el trabajo de los seres humanos.[30] El Dios creativo busca creatividad en la humanidad. Esa es otra de las ventajas del libre comercio, que premia la innovación constante. Como expresó Le Mercier de la Rivière en el siglo XVIII:

> El interés personal que anima esta gran libertad, urge fuerte y continuamente a cada individuo a mejorar y a multiplicar las cosas que desea vender; de esta forma, aumenta la masa de cosas que puede proporcionar a los demás, para aumentar, por este medio, las cosas que los demás le puedan proporcionar a él a cambio. Por eso el mundo va solo; el deseo de disfrutar y la libertad de disfrutar, sin cesar nunca la multiplicación de productos y el crecimiento de la industria, imprime a toda la sociedad un movimiento que se convierte en una tendencia perpetua a alcanzar su mejor condición posible.[31]

Max Weber argumentaba que una de las revoluciones del pensamiento bíblico fue la de desmitificar, o desencantar, a la naturaleza. Por primera vez los seres humanos podían ver la condición del mundo no como algo sacrosanto y envuelto en misterio, sino como algo que podía comprenderse racionalmente y mejorarse.[32] Esta es una perspectiva fundamental del judaísmo, y es lo que hace que incorpore fácilmente nuevas tecnologías, ya sean médicas como la ingeniería genética, la investigación con células madre o la clonación terapéutica, o educacionales, como internet y los CD-ROMs interactivos.

* * *

Tal vez lo más significativo de todo sea la cándida visión que tiene el judaísmo de la riqueza como bendición de Dios, susceptible de ser disfrutada como tal. El mundo es la creación de Dios; por lo tanto es bueno, y la prosperidad es una señal de la bendición de Dios. El ascetismo y la autonegación tienen poco sitio en la espiritualidad judía. Rav, el sabio del siglo III, llegó a decir: «En el mundo venidero nos enfrentaremos a juicio por cada placer legítimo que nos hayamos negado en esta vida».[33] Uno de los temas recurrentes del libro del Deuteronomio es: «Te alegrarás de todas las cosas buenas que el Señor tu Dios te ha dado a ti y a tu familia».[34]

El crecimiento económico producido por la globalización y las tecnologías de la información tiene significado *religioso* gracias, en primera y más importante instancia, al grado en el que nos permite, más que ningún orden económico previo, aliviar la pobreza. A lo largo de su historia, el judaísmo resistió cualquier intento de idealizar románticamente, de racionalizar o de anestesiar el dolor del hambre o de la extrema necesidad. El judaísmo habría rechazado por completo la descripción de Marx de la religión como el opio del pueblo. La pobreza no es una condición bendecida ni divinamente ordenada. Es, dijeron los rabinos, «un tipo de muerte» y «peor que cincuenta plagas». Añadieron:

> Nada es más difícil de aguantar que la pobreza, porque aquel que es aplastado por ella es como uno a quien se adhieren todos los problemas del mundo y sobre quien han caído todas las maldiciones del Deuteronomio. Si todos los demás problemas fueran puestos en un lado y la pobreza fuera puesta en el otro, la pobreza pesaría más que todos los demás.[35]

Pero tampoco tenían una opinión muy elevada de los motivos que están detrás de la creación de riqueza. Los grandes defensores del mercado, Bernard Mandeville, David Hume y Adam Smith, se sorprendieron por algo que muchos consideraron escandaloso: que el mercado produzca sus beneficios colectivos a través de una serie de acciones y transacciones que son esencialmente egoístas. Como expresó Adam Smith: «No es de la benevolencia del carnicero, el cervecero, o el pastelero, que esperamos nuestra comida, sino de su preocupación por su propio interés».[36] En el seno de la economía de mercado, en las famosas palabras de Smith, el individuo «solo pretende su propia ganancia, y es, en este como en muchos otros casos, guiado por una mano invisible para promocionar un fin que no formaba parte de sus intenciones».[37] Este hecho –que los mercados funcionen sobre la base del interés propio y no del altruismo– ha llevado desde hace mucho tiempo a criticar todo aquello que sea asociado a la palabra «comercial».

No es así en el judaísmo, que aceptó que los mayores avances a veces sean generados por motivos terrenales y no muy elevados. El Eclesiastés dice: «Vi que todo el trabajo y todos los logros vienen de la envidia del hombre por su vecino» (4:4). O como lo expresan los sabios talmúdicos, «Si no fuera por la inclinación al mal, nadie construiría una casa, ni se casaría con una mujer, ni tendría hijos, ni se metería en negocios».[38] La pureza de corazón es esencial en la relación del hombre con Dios. Pero en las relaciones entre hombre y hombre, lo que importa es el resultado, no el sentimiento que lo produjo. Desde esta perspectiva, Sir James Frazer estaba en lo correcto cuando dijo que «es mejor para el mundo que los hombres hagan bien por motivos equivocados que mal con las mejores intenciones».

Lo que preocupaba a los sabios era la eliminación de la pobreza, no a través de impuestos redistributivos, sino creando una sociedad en la que los pobres tuvieran acceso a ayuda cuando la necesitaran, a través de la caridad, por supuesto, pero también y especialmente a través de la creación de empleo. Por lo tanto, con la riqueza venía la responsabilidad. *Richesse oblige.* Se esperaba de los hombres y mujeres de negocios exitosos (el famoso capítulo 31 del libro de Proverbios, «La mujer fuerte, ¿quién la encontrará?» es esencialmente un himno de alabanza a la mujer de negocios) que dieran ejemplo de generosidad pública y liderazgo comunitario. El consumo ostentoso estaba mal visto, y se prohibía periódicamente mediante «leyes suntuarias». Ya que la riqueza era una bendición divina, conllevaba una obligación de ser usada en beneficio de la comunidad como un todo.

Lo que es, por tanto, moralmente inaceptable en la nueva economía desde un punto de vista judío no es el mercado libre en sí, sino el deterioro que está creando en el sentido de la solidaridad social, la creciente segregación entre ricos y pobres, y la menguante conciencia de las responsabilidades que acarrea el éxito: lo que J.K. Galbraith llamó «la cultura de la satisfacción».[39] A medida que las corporaciones y sus altos ejecutivos tienen la opción de mudarse a otros lugares, su contribución a las cargas impositivas –y por lo tanto a la provisión colectiva de educación, sanidad y bienestar– se ha reducido gradualmente. La nueva clase –los «analistas de símbolos»– está menos comprometida con los menos afortunados, es menos probable que les conozca y se mezcle con ellos, y está menos inclinada a usar servicios públicos que sus predecesores. Eso está mal. Eso convierte a la pobreza en exclusión social y amenaza con convertirla en una fatalidad que pase de generación en generación. Significa que la riqueza, en vez de fortalecer la comunidad, la debilita.

Los rabinos estaban a favor de los mercados y la competencia porque generaban riqueza, disminuían los precios, aumentaban la elección, reducían los niveles absolutos de pobreza, y a lo largo del tiempo extendían el control de la humanidad sobre el entorno, reduciendo el campo en el que somos víctimas pasivas de las circunstancias y el destino. La competencia libera energía y creatividad, pero también debe servir al bien general. Por eso la ley judía permitía políticas proteccionistas cuando eran esenciales para salvaguardar la economía local, especialmente cuando el comerciante extranjero no pagaba impuestos. También hubo ocasiones en las que los rabinos intervinieron para reducir los precios de bienes esenciales. Por tanto, siempre que el mercado libre fuera de la mano de comunidades fuertes y de las responsabilidades asociadas, ellos daban la bienvenida a sus aspectos positivos; y lo hacían especialmente en su propia esfera profesional, la educación judía. Un profesor establecido no se podía oponer a que un nuevo rival le planteara competencia. La razón que dieron para esta resolución ilustra su enfoque general. Simplemente, dijeron, «los celos entre eruditos crean sabiduría».[40]

Quizás el mejor resumen de la ética económica judía fue el que ofreció el escritor católico Michael Novak:

> Tanto en su tradición profética como en la rabínica, el pensamiento judío ha parecido siempre estar cómodo con una cierta dimensión terrenal bien organizada, mientras que el pensamiento cristiano siempre ha sentido una atracción por lo extramundano. El pensamiento judío ha tenido una orientación sincera hacia la propiedad privada, la actividad comercial, los mercados y los beneficios, mientras que el pensamiento católico –articulado desde muy pronto principalmente por sacerdotes y monjes– ha intentado persistentemente dirigir la atención de sus fieles más allá de las actividades e intereses de este mundo hacia los del siguiente.[41]

* * *

Hasta ahora he hablado del enfoque judío de la economía de mercado. La economía de mercado existe no solo porque sea inevitable sino porque es el mejor sistema concebido hasta ahora para aumentar los niveles de vida y asegurar la independencia y la dignidad humana de las que depende una sociedad libre. Si distribuye o no la riqueza tan exitosamente como la crea es una cuestión a la que volveré en el siguiente capítulo. Pero hay otro argumento que desarrollar, y es fundamental para el tema que aborda este libro. El mismo acto del intercambio de mercado es la suprema encarnación de la idea de la dignidad de la diferencia.

Hay una oración judía que contiene las palabras *bore nefashot rabbot vechesronam*, «que crea muchos tipos de alma y sus deficiencias». Se trata de una frase extraña. Normalmente damos gracias a Dios por lo que tenemos, no por lo que nos falta: por nuestros dones, no por nuestras deficiencias. La explicación es que si ninguno de nosotros careciera de nada nunca necesitaríamos a nadie más. Seríamos solitarios, completos en nosotros mismos. El mismo hecho de que seamos diferentes significa que aquello de lo que yo carezco, lo tiene otra persona, y aquello de lo que otra persona carece, lo tengo yo.[42]

Fue esto lo que llevó, en los albores de la historia, a la división del trabajo y al nacimiento del comercio. Unió a la gente mediante intercambios mutuamente beneficiosos. Si yo soy bueno haciendo cabezas de hacha y tú pescando, los dos nos beneficiamos si yo te cambio algunas de mis cabezas de hacha por algunos de tus peces. La ley de la ventaja comparativa de David Ricardo demostró que esto sigue siendo cierto incluso si tú también eres mejor haciendo cabezas de hacha que yo, con tal de que tú seas mejor pescando que haciendo hachas, y yo sea mejor haciendo hachas que pescando. Con tal de que cada uno de nosotros sea mejor en algo que en otras cosas, los dos nos beneficiaremos del intercambio, incluso si tú lo haces todo mejor que yo.[43] Todo el mundo tiene algo que contribuir, y todo el mundo se beneficia de la contribución de los demás.

Los intercambios de mercado son el paradigma del escenario *win-win* o ganancia para todos, del carácter de suma-no-cero de las relaciones humanas. Esto no tiene meras consecuencias económicas sino también morales y espirituales. La diversidad, como explicó Johannes Althusius en su *Política* (1603), es la bendición divina que se halla en la esencia de nuestro carácter social:

> Claramente, el hombre por naturaleza es un animal gregario nacido para cultivar la sociedad con otros hombres... [Por este motivo] Dios distribuyó sus dones desigualmente entre los hombres. No concedió todas las cosas a una persona, sino algunas a unos y algunas a otros, de manera que tú tengas necesidad de mis dones y yo de los tuyos. Y así nació, como si dijéramos, la necesidad de comunicar cosas necesarias y útiles, comunicación que no era posible excepto en la vida social y política. Dios, por tanto, quiso que cada uno necesitara el servicio y la ayuda de otros para que la amistad uniera a todos, y nadie considerara a otro carente de valor. Pues si nadie necesitara la ayuda de los demás, ¿qué sería de la sociedad? ¿Qué sería del respeto y del orden? ¿Qué sería de la razón y de la humanidad? Todo el mundo, por consiguiente, necesita de la experiencia y las contribuciones de los demás, y nadie vive solo por sí mismo.[44]

Esto significa que la interacción humana no es ineludiblemente trágica. No está destinada a ser agonística y conflictiva, y a terminar con el triunfo de unos y la derrota de otros. Sospecho que esto es lo que diferenció a la sensibilidad bíblica de la perteneciente a la antigua Grecia. El mundo helenístico perfeccionó el arte de la tragedia. Por contra, el judaísmo creó una teología de la esperanza. El hecho de que seamos diferentes –individual, colectiva y culturalmente– puede tener dos consecuencias diferentes. Puede llevar a la guerra, o puede llevar al comercio. Grecia, con sus virtudes militares, valoraba las artes viriles de la guerra. Los judíos, con su profunda experiencia de sufrimiento y exilio, aprendieron pronto a preferir la paz.

Una contribución no menor del comercio a la historia es que aquel, más que ninguna otra institución, ha sido una fuerza que ha servido para contrarrestar el instinto humano de pelear. Ya en el siglo XVIII lo predijo Montesquieu: «El efecto natural del comercio es llevar a la paz. Dos naciones que comercian entre sí se hacen dependientes mutuamente: si una tiene interés en comprar, la otra lo tiene en vender; y todas las uniones se basan en necesidades mutuas».[45] Es un gran logro que la unión monetaria haya unido a naciones europeas cuyos conflictos pasados llevaron a dos guerras mundiales. Thomas Friedman acuñó lo que él llama la teoría de los «arcos dorados», que enuncia que no ha habido nunca una guerra entre dos países que tuvieran un McDonald's.[46]

En una era de resurgente tribalismo, el mercado global ofrece –como siempre lo ha hecho el comercio– un guion alternativo al de la diferencia como fuente de conflicto, y por lo tanto de tragedia. Convierte a la diferencia en un tipo de bendición del que no solo yo, sino también los demás, se benefician. Adam Smith no se equivocaba al otorgar una importancia cuasi religiosa al mercado al hablar de la «mano invisible» mediante la cual nuestras contribuciones económicas se combinan para aumentar la riqueza general de las naciones. Las virtudes económicas –el trabajo duro, el ingenio, la búsqueda del beneficio– siempre han parecido poca cosa en comparación con las virtudes heroicas de las sociedades militares. Pero las sociedades militares matan. Las guerras destruyen. El valor, el coraje, morir por una causa noble, parecen algo heroico desde el punto de vista de los vencedores, pero no desde el de las víctimas.

Si el precio que exige la guerra se ha vuelto demasiado alto, cosa que ya ha hecho, tendremos que valorar los hábitos del comercio: la única cosa que, a lo largo de la historia, ha unido a tribus y naciones, permitiéndoles beneficiarse mutuamente de sus muchas y diferentes habilidades. El que las naciones estén interconectadas en una red de comercio acarrea muchos problemas, a los que ahora me referiré. Pero también es nuestra última y mejor esperanza de paz. A diferencia de lo que ocurre en el campo de batalla, en el campo del mercado sí que pueden ganar ambos lados.

NOTAS

1 Friedman 2000, p. 101-11.
2 Soros 1999.
3 Talmud de Babilonia, *Shabbat*, p. 119b
4 *Mekhilta* sobre el Éxodo 15:26.
5 Talmud de Babilonia, *Baba Kamma*, p. 30a.
6 Weber 2013.
7 Novak 1993.
8 Wright 2005.
9 Sombart 1997, p. 21.
10 Ver Buber 1996.
11 Ver Dennis y Halsey 1988; Dale 2000.
12 Platón 2012.
13 Aristóteles 1999.
14 Smith 2009.
15 Ver Acton 2002.
16 Acton 2002.
17 Landes 2008.
18 Mishnah *Avot* (*Ethics of the Fathers*), 2: 2.
19 *Avot de Rabbi Natan*, Capítulo 11.
20 Talmud de Babilonia, *Berakhot*, p. 8a.
21 Talmud de Babilonia, *Pesachim*, p. 118a.
22 Rabbenu Bachya, *Kad hakemach*. Citado en Tamari 1987, p. 31.
23 Maimónides, *Mishneh Torah*, leyes relativas a robos, 6: 8-11.
24 Ver Meilaender 2000, p. 6.
25 Tosefta, *Kiddushin*, 1:11.
26 Maimónides, *Mishneh Torah*, leyes relativas al estudio de la Tora, 3: 10.1.
27 Ver Stitskin 1982, p. 83.

28 Talmud de Jerusalén, *Berakhot*, 9:2.

29 *Mekhilta de-Rabbi Simón bar Yochai*, 18:3.

30 Midrash Tanchuma, *Tazria* sobre el Levítico 12:3.

31 Acton 2002.

32 Weber 1952. Ver también Berger 1967.

33 Talmud de Jerusalén, *Kiddushin*, 4:12.

34 Deuteronomio 26:11.

35 Talmud de Babilonia Nedarim, 7b; Baba Batra, p. 116a; Éxodo Rabbah 31:14.

36 Smith 1997.

37 Smith 2009.

38 Génesis Rabbah, 9: 7.

39 Galbraith 2000.

40 Talmud de Babilonia, Baba Batra, p. 21a, 22a.

41 Novak 1992, p. 64.

42 Mi sincero agradecimiento a Joshua Rowe de Manchester por esta reflexión.

43 Ver Ridley 1996, p. 207-9.

44 Althusius 1995, p. 23. Un sentimiento similar se puede encontrar en el texto sobre negocios del siglo XVII de Jacques Savary titulado *Le Parfait négociant*: «[La Divina providencia] no ha querido que todo aquello que es necesario para la vida se encuentre en el mismo lugar. Ha dispersado sus regalos para que los hombres comercien entre ellos y para que la mutua necesidad que tengan de ayudarse unos a otros establezca lazos de amistad entre ellos.» (Hirschman 1999) Ver también Adam Smith 1997.

45 Hirschman 1999.

46 Friedman 2000, p. 248-75. Friedman señala que desde que planteó esta teoría ha surgido una excepción: la campaña de la OTAN en Kosovo en 1999.

Capítulo 6

COMPASIÓN: LA IDEA DE *TZEDAKAH*

La gran preocupación de Moisés fue [...] sentar las bases de un Estado social en el cual la pobreza profunda y la necesidad degradante fueran desconocidas.

(Henry George, *Moses*)

«Piensen en una limusina atravesando un gueto urbano», escribe Martin Wolf en el *Financial Times*.[1] «Dentro de la limusina está el mundo posindustrial de Europa occidental, Norteamérica, Australasia y Japón y la emergente cuenca del Pacífico. Fuera están todos los demás». En eso es en lo que se está convirtiendo rápidamente un planeta globalizado: en un planeta en el que la riqueza cada vez está peor distribuida, en el que los ricos se vuelven cada vez más ricos y los pobres cada vez más pobres. Cada año hay más multimillonarios. Cada año millones de personas mueren de hambre, pobreza y enfermedades evitables. Esa es la diferencia entre la microeconomía y la macroeconomía. En cada transacción considerada individualmente, ambos lados ganan. Pero cuando se agregan los resultados de miles de millones de transacciones, sus efectos pueden ser, y a menudo son, tremendamente poco equitativos. Eso es algo que la globalización ha magnificado, no disminuido. La globalización convierte al planeta en un solo mercado con fondos altamente móviles e información y competencia casi perfectas. La inversión se mueve de un país a otro, buscando la máxima rentabilidad sin considerar las consecuencias humanas. Nuestro mundo se vuelve menos igual cada año.

Esa desigualdad existe tanto dentro de cada país como entre países. En la segunda mitad del siglo XX, el consumo mundial de bienes y servicios se multiplicó por seis. Pero según un informe de Naciones Unidas, una sexta parte de la población mundial –mil millones de personas– tienen menos de un dólar al día para vivir y son incapaces de satisfacer sus necesidades más básicas. Más de ocho millones de personas mueren cada año a causa de la contaminación del aire o del agua. Seis millones mueren de malnutrición o de hambre. Dos millones mueren de diarrea o enfermedades relacionadas.[2] El SIDA ya ha acabado con las vidas de diez millones de africanos y el pronóstico es que mate a 25 millones más en la próxima década. De los 4.500 millones de habitantes de los países en vías de desarrollo, tres quintas partes carecen de acceso a infraestructuras básicas. Un tercio carece de agua potable. Una cuarta parte vive en viviendas que no reúnen los requisitos básicos de habitabilidad. Una quinta parte carece de acceso a servicios sanitarios o médicos. En África, la región más pobre del mundo, 174 de cada mil niños mueren sin alcanzar la edad de cinco años. Una quinta parte de los niños del mundo no llegan a completar cinco años de escolarización. Un porcentaje igual está permanentemente malnutrido.[3]

Y la brecha va en aumento. Entre 1965 y 1999, la renta real per cápita aumentó un 2,4 por ciento anual en los países desarrollados. En Oriente Próximo y en el norte de África permaneció más o menos igual. En el África Subsahariana cayó. Hay ochenta y nueve países que están peor ahora de lo que estaban hace diez años. Treinta y cinco países han experimentado una caída mayor que durante la Gran Depresión de los años 30. A nivel mundial, el veinte por ciento más rico en cuanto a rentas es responsable del ochenta y seis por ciento de todo el consumo privado, mientras que el veinte por ciento más pobre lo es de solo el 1,3 por ciento. La quinta parte más rica de la humanidad consume dieciséis veces más carne, diecisiete veces más energía y 145 veces más coches que la quinta parte más pobre. De la población mundial total, el sesenta y cinco por ciento nunca ha hecho una llamada telefónica; el cuarenta por ciento carece de acceso a electricidad. Los americanos se gastan más en cosméticos, y los europeos en helados, de lo que costaría proporcionar educación y agua corriente a los dos mil millones de personas que actualmente carecen de ellas.

En 1999, el Programa de las Naciones Unidas para el Desarrollo calculó que las tres personas más ricas del mundo poseían más activos que el conjunto de las 600 millones de personas que habitan en las naciones más pobres del mundo. Los 385 multimillonarios más ricos del mundo poseen colectivamente más riqueza que casi la mitad de los habitantes del planeta combinados. Mientras tanto, la ayuda al desarrollo proporcionada por los países ricos sigue siendo excepcionalmente baja. Tan solo cuatro países occidentales –Dinamarca, Noruega, Suecia y los Países Bajos– llegan al objetivo de Naciones Unidas del 0,7 por ciento de su renta anual. Estados Unidos, la nación más rica del mundo, se halla a la cola de esta lista, con un 0,1 por ciento. Sin embargo, según un cálculo del Programa de las Naciones Unidas para el Desarrollo, un mero cuatro por ciento de la riqueza agregada de los 225 individuos más ricos del mundo sería suficiente para proveer educación elemental, atención médica y nutrición adecuada a todos los pobres del mundo.[4]

Dentro de los propios países desarrollados, las disparidades han crecido hasta tal punto que la distribución de rentas es más desigual que en cualquier momento del siglo XX. En los Estados

Unidos, a principios de los noventa, los salarios de los directivos empresariales equivalían en promedio a cuarenta y dos veces el de los trabajadores manuales. Diez años después el múltiplo era de 419 veces. Del excedente de más de un billón de dólares generado entre 1979 y 1999, el 95 por ciento fue a parar a manos de un mero cinco por ciento de americanos. Entre 1968 y 1998 la amplitud de la brecha entre los ingresos del uno por ciento superior y el ingreso medio se multiplicó por cinco. La nueva economía tiende a recompensar a unos pocos mientras deja a los de más abajo con menos posibilidades de encontrar un trabajo con un salario razonable. A medida que la industria manufacturera se desplaza a países de salarios bajos y la agricultura ya no emplea a más del dos por ciento de la población, un número significativo de jóvenes se queda sin las perspectivas que podría haber tenido hace una generación. La nueva meritocracia es despiadada a la hora de separar a los ganadores de los perdedores.

En las economías más avanzadas, la gente trabaja más horas, con menos seguridad y con una red de protección social más débil que en cualquier otro momento del pasado reciente. El americano medio de finales del siglo XX trabajaba el equivalente de dos semanas anuales más que diez años antes. En el caso de un matrimonio medio con hijos, siete semanas más. En 1969, el 38 por ciento de las madres casadas tenían trabajos remunerados. Treinta años después esta cifra se había elevado hasta el 70 por ciento. Ganarse la vida es la mayor preocupación de la gente joven. En 1968, el 75 por ciento de los estudiantes de primer curso de universidad mencionaba «desarrollar una filosofía de vida que tenga sentido» como algo muy importante para ellos, mientras que solo el 41 por ciento decía lo mismo de «estar bien financieramente». Tres décadas después, los porcentajes se habían invertido.[5] Mientras tanto, han surgido nuevos focos de pobreza, particularmente en el colectivo de madres solteras y sus hijos.

Entre comienzos de los años ochenta y finales de los noventa, la pobreza infantil se duplicó en Gran Bretaña. Un patrón similar ha emergido en los Estados Unidos. Típicamente, la pobreza financiera va de la mano de la privación social: barrios deprimidos, comunidades atrofiadas, altos niveles de criminalidad, narcotráfico, colegios que fracasan y servicios sociales que no alcanzan. Demasiados niños del mundo actual, y no solamente en países en desarrollo sino también en barrios marginales de algunas de las naciones más ricas de la tierra, crecen sin esperanza alguna.

* * *

Es moralmente imposible no estar preocupado por la brecha creciente entre los pocos de arriba y los muchos de la parte baja de la escala económica. Lo que hace la situación presente peor que las del pasado es que estas desigualdades son visibles. Cuando los horizontes de la mayoría de la humanidad se limitaban al pueblo o a la ciudad de al lado, las desigualdades podían existir en el mundo, pero pocos eran conscientes de ello en su día a día. Circulaban fábulas sobre tierras en las que el oro manaba generosamente, pero eso pertenecía al reino de las leyendas y de los sueños. Los medios de comunicación globales han cambiado eso. La televisión ha llevado el mundo de los ricos y famosos a los pueblos más remotos, mientras trae imágenes del hambre, la guerra y las enfermedades a nuestras casas. Ya no podemos decir que no lo sabíamos.

Tampoco son sostenibles hoy en día las defensas tradicionales de la desigualdad. La visión del mundo que reinaba en la antigüedad y en la edad media fue construida sobre la creencia de que las diferencias de poder, riqueza y estatus formaban parte de un orden predestinado. El estatus era dado en el nacimiento. La jerarquía estaba escrita en el tejido del universo. Algunos, decía Aristóteles, nacen para ser libres, mientras que otros nacen para ser esclavos. Sea verdad o no, decía Platón, la gente debe ser entrenada para creer que las diferencias de destino están predeterminadas, solo así podrá la sociedad defenderse del desorden: uno puede lamentar las desigualdades pero no cambiarlas. Esa canonización del *statu quo* no tiene sitio en el mundo contemporáneo. La modernidad es el movimiento que lleva desde el destino a la libertad de elegir, y ya no podemos pretender razonablemente que las cosas son como estaban predestinadas a ser.

¿Por qué continúa entonces? Muchos defensores de la nueva economía argumentan –con razón, en mi opinión– que la misma constituye la mejor oportunidad que tienen las naciones de vencer a la pobreza. Los países que han adoptado esta nueva economía han prosperado, principalmente los del Sudeste Asiático y algunos de Sudamérica. También lo ha hecho la India, que ha desarrollado una base muy efectiva en el área de las tecnologías de la información. Las reformas económicas introducidas por Deng Xiaoping en China desde 1978 ayudaron a 800 millones de campesinos a duplicar su renta en solo seis años. Setenta y seis millones de chinos han salido de la pobreza solo en la última década.[6]

Pero no todas las naciones tienen acceso a las nuevas tecnologías. Están al otro lado de la llamada brecha tecnológica. Las políticas económicas globales tampoco han velado por el beneficio de los pobres. Joseph Stiglitz, premio nobel y ex economista jefe del Banco Mundial, ha criticado duramente a las instituciones financieras mundiales por las estrategias inapropiadas que han impuesto sobre economías que estaban fracasando. La liberalización económica puede fortalecer a los fuertes pero debilitar a los débiles. El dinero es más móvil que las personas. Los fondos que fluyeron hacia una economía en desarrollo pueden fluir en sentido inverso a la misma velocidad, dejando tras de sí industrias devastadas y un gran número de personas en paro. El capital especulativo no siempre se invierte en educación e infraestructura. A menudo se invierte en sectores que proporcionan ganancias rápidas, lo que alimenta las burbujas inmobiliarias a la vez que deja inalterado el crecimiento a largo plazo. Stiglitz compara algunas de las políticas económicas impuestas por el Fondo Monetario Internacional a países pobres con fletar barcos pequeños en un mar enrabietado. Incluso si los barcos son sólidos y están bien capitaneados, es probable que acaben siendo golpeados por una ola grande y vuelquen.[7]

Tampoco ha llegado mucha ayuda de las multinacionales. Ellas no tienen entre sus funciones la búsqueda de la justicia. Existen para proporcionar beneficios a sus accionistas, y eso es, en gran medida, lo que hacen. Si las fluctuaciones de las divisas y las diferencias de salarios significan que las compañías pueden disminuir sustancialmente sus costes desplazando la producción de un país a otro, lo harán. Los costes en términos de miseria local y trastornos ocasionados no les atañen. Incluso si lo hicieran, la mayoría de multinacionales se han desprendido de la propiedad de sus plantas manufactureras, que ahora están en manos de subcontratistas. La responsabilidad corporativa de las compañías del mundo desarrollado hacia las economías del tercer mundo se ha convertido en algo difuso y fácil de eludir. Las multinacionales se han convertido en el objetivo de un creciente movimiento de protesta, documentado en el libro *No Logo* de Naomi Klein, y formado por gente preocupada con razón porque compañías muy rentables subcontraten su producción a países donde los empleados trabajan durante largas horas por un salario mínimo en condiciones insalubres. Hay un argumento claro a favor de que las autoridades reguladoras internacionales mejoren los salarios y las condiciones de empleo. Pero también hay una convergencia de intereses entre las corporaciones por una parte, y aquellos gobiernos que intentan atraer inversión por otra, y eso deja a los trabajadores, por su parte, con poco poder para cambiar su destino.

El otro factor clave son los propios Estados nacionales. Pero su compromiso con la ayuda internacional sigue siendo ambiguo porque en el pasado esta fracasó en su intento de llegar a la gente que lo necesitaba. Ha sido gestionada por los gobiernos, y a menudo utilizada para sostener a gobiernos fracasados, opresivos y dictatoriales. En África, por ejemplo, el noventa por ciento de los que pasan hambre vive en áreas rurales, pero dado que la élite del gobierno tiende a vivir en ciudades portuarias, el campo sufre su olvido. Como lo expresó un voluntario durante la hambruna de 1984-85: «Haz pasar hambre a la gente de la ciudad y se rebelan; haz pasar hambre a la gente del campo y se mueren. Si tú fueras un líder político, ¿qué elegirías?»[8] Durante los años noventa hubo diecisiete conflictos armados solo en África, frente a diez en el resto del mundo, que dejaron a veinte millones de personas, la mayoría mujeres y niños, hambrientos y con necesidad de asistencia humanitaria. La ayuda, para ser efectiva, necesita un buen gobierno, pero no se puede crear un buen gobierno a través de la ayuda.

Además, los gobiernos occidentales se enfrentan inevitablemente a un conflicto de intereses. Su primer deber es proteger sus propias economías. Hay miedo de que asistir a países en desarrollo pueda dañar el bienestar doméstico. En condiciones de movilidad total de la producción, el trabajo se dirige a los países con los salarios más bajos. El empleo se exporta, lo que significa, a corto plazo al menos, que el desempleo se importa. Esto puede beneficiar a algunas personas en los países desarrollados: la élite que gestiona las compañías y diseña y pone los productos en los mercados. Los perdedores son los trabajadores manuales tradicionales, que ven moverse la producción desde su país al extranjero. Los sectores de servicios de casi todos los países desarrollados se han expandido mientras que los números del sector manufacturero han caído. Los gobiernos pueden pensárselo dos veces antes de crear una situación en la que el aumento de empleo en otro país conlleve una caída del empleo entre sus ciudadanos. Un mundo en el que los pocos prosperan y los muchos pasan hambre ofende a nuestro sentido más profundo de la justicia y la solidaridad humanas. No hay que ser un igualitario convencido para saber que disparidades de esta magnitud –riqueza inmensa y concentrada junto a sufrimiento extendido– son intolerables. El verdadero problema, pese a todo, es de responsabilidad. Nadie planificó este resultado. El mismo ha ocurrido como consecuencia de miles de millones de transacciones, inversiones y decisiones de compra. Como nos recuerda Robert Reich:

> El surgimiento de la economía global de la alta tecnología parece estar en gran parte fuera del control de nadie. Un desarrollo parece haber provocado el siguiente, sin que se haya tomado ninguna decisión clara sobre las consecuencias. Nadie decidió explícitamente que las tecnologías de la comunicación, el transporte y la información avanzaran tan rápidamente como lo han hecho. O que estas tecnologías empujaran la economía desde la producción a gran escala hasta la existencia de una amplia gama de bienes y servicios innovadores, con gran facilidad de cambiar a productos o servicios mejores... Ni tampoco, especialmente, decidió nadie aceptar los aspectos negativos de todo este progreso.[9]

La mano invisible –el resultado no anticipado de una miríada de acciones y reacciones– no siempre es benigna.

No hay soluciones fáciles, sino preguntas difíciles. ¿Cuál es nuestra responsabilidad hacia la humanidad como un todo? ¿Qué vínculos de obligación nos ligan con aquellos con quienes no compartimos país, estructura política, idioma o cultura? ¿Qué proporción de nuestra riqueza, si es que es alguna, estamos obligados a compartir? El lenguaje de los derechos no siempre ayuda en esta discusión, porque los derechos presuponen un entramado de leyes y obligaciones que pueden hacerlos efectivos. Un derecho es como un cheque: solo tiene valor si hay un banco y una cuenta de la que podamos cobrarlo. Sin eso es una mera expectativa sin satisfacción. ¿Cuál es, entonces, la base moral de la responsabilidad económica global?

A este nivel, los conceptos religiosos son más útiles que los conceptos estrictamente políticos o económicos. La principal intuición del monoteísmo –si Dios es el padre de la humanidad, entonces todos nosotros somos miembros de una sola familia extendida– se ha hecho más real que nunca en sus implicaciones. La Ilustración nos legó el concepto de los derechos universales, pero eso sigue siendo una moralidad «débil», que puede tener su fuerza en el terreno de las ideas abstractas pero no es capaz de inspirar a la imaginación moral. La idea bíblica tiene mucha más fuerza: que los que están necesitados son nuestros hermanos y hermanas y que la pobreza es algo que sentimos en nuestros huesos. Todos los años en la Pascua Judía, los judíos comen el pan ácimo de la aflicción y las amargas hierbas de la esclavitud. En la fiesta de *Sukkot*, dejan el confort de sus casas para vivir en chozas –«tabernáculos»– como recuerdo de lo que se siente al no tener un techo sólido, al vivir expuesto a los elementos, tal como lo hacen millones de personas hoy en día en Calcuta o Caracas. Las grandes religiones hacen algo más que dar una expresión abstracta a nuestra humanidad compartida: nos mueven a la acción y dan una forma convincente a los derechos de los demás sobre nosotros.

Quiero examinar la experiencia judía porque combina dos elementos que son particularmente relevantes para nuestra situación actual. Por un lado, como mostré en el capítulo anterior, el judaísmo simpatiza con el mercado libre y el gobierno limitado como mejores defensas de la libertad individual y la creatividad. Por otro lado, el judaísmo fue consciente desde los días de Moisés de que una economía abierta no garantiza resultados justos en el sentido más amplio, el de generar una sociedad en la que todo el mundo tenga los medios para gozar de una existencia digna. Esto, para Moisés y los profetas, fue objeto de profunda preocupación. En palabras de un erudito bíblico contemporáneo: «Desde el comienzo, Israel vivió con un estatuto, basado en la alianza, que otorgaba el máximo valor a ser un pueblo de relaciones igualitarias bajo un único poder divino soberano».[10] La religión israelita primitiva fue el intento de crear «una asociación heterogénea, sin clases y descentralizada de tribus, concebida como una hermandad de iguales –y tanto de hombres como de mujeres, o al menos más que la sociedad canaanita– desde el punto de vista político, social y económico».[11] Eso suponía un compromiso, que podemos rastrear a lo largo de la legislación bíblica y de las aseveraciones de los profetas, con un orden económico que equilibrara la libertad y la equidad. Para entenderlo, primero tenemos que comprender la idea contenida en una de las palabras clave del judaísmo.

* * *

En dos versículos del Génesis, Dios especifica la misión que les será encargada a Abraham y a sus discípulos:

> ¿Ocultaré a Abraham lo que voy a hacer? Ciertamente Abraham llegará a ser una nación grande y poderosa, y en él serán benditas todas las naciones de la tierra. Porque yo le he escogido para que mande a sus hijos y a su casa después de él a que guarden el camino del Señor, haciendo lo correcto [*tzedakah*] y lo justo [*mishpat*], para que el Señor cumpla en Abraham todo lo que Él le ha prometido. (Génesis 18: 17-19)

Las palabras *tzedakah* y *mishpat* expresan diferentes formas de justicia. *Mishpat* significa la justicia retributiva o el imperio de la ley. Una sociedad libre debe estar gobernada por la ley, administrada imparcialmente, a través de la cual se castigue a los culpables, se absuelva a los inocentes y se aseguren los derechos humanos. *Tzedakah*, en contraste, se refiere a la justicia distributiva, una idea menos procesal y más sustantiva.

Es difícil traducir *tzedakah* porque combina en una sola palabra dos nociones normalmente opuestas entre sí, concretamente la *caridad* y la *justicia*. Supongamos, por ejemplo, que yo doy a alguien 100 libras. O bien tiene derecho a ello o bien no lo tiene. Si lo tiene, entonces mi acto es un acto de justicia. Si no lo tiene, es un acto de caridad. En castellano (como en los términos latinos *caritas* e *iustitia*) un gesto de caridad no puede ser un acto de justicia, ni puede describirse un acto de justicia como uno de caridad. *Tzedakah* es por tanto un término inusual, porque significa las dos cosas.

Surge de la teología del judaísmo, que insiste en la diferencia entre la posesión y la propiedad. En última instancia, todas las cosas son propiedad de Dios, el creador del mundo. Lo que poseemos no nos pertenece: solo lo custodiamos en fiducia para Dios. El ejemplo más claro es la provisión contenida en el Levítico: «La tierra no debe venderse permanentemente porque la tierra es Mía; vosotros sois meramente unos forasteros y residentes temporales respecto a Mí» (Levítico 25:23). Si existiera la propiedad absoluta, habría una diferencia entre la justicia (aquello que estamos obligados a dar a otros) y la caridad (aquello que damos a otros por generosidad). La primera constituiría un deber legalmente exigible; la segunda, como mucho, una obligación moral, una incitación a la benevolencia o a la compasión. En el judaísmo, sin embargo, dado que no somos propietarios de nuestros bienes sino meros custodios por cuenta de Dios, estamos obligados por las condiciones de un fideicomiso, una de las cuales es que compartamos parte de lo que tenemos con aquellos que se hallen en estado de necesidad. Lo que sería visto como caridad en otros sistemas legales es, en el judaísmo, un requerimiento estricto de la ley y puede, si es necesario, ser exigido por los tribunales.

El significado de *tzedakah*, por tanto, es lo que a menudo se llama la «justicia social», que significa que nadie debería carecer de los requisitos básicos para su existencia, y que aquellos que tienen más de lo que necesitan deben compartir algo de ese excedente con los que tienen menos. Esto es algo absolutamente fundamental para el tipo de sociedad que los israelitas recibieron el mandato de crear, concretamente una sociedad en la que todo el mundo goce de un derecho básico a una vida digna y a ser ciudadanos iguales en la comunidad de la alianza, bajo la soberanía de Dios. Así que, por ejemplo, el código de la alianza especifica:

> Y al extranjero [por ejemplo, a un no israelita] no engañarás ni angustiarás, porque extranjeros fuisteis vosotros en la tierra de Egipto.
> A ninguna viuda ni huérfano afligiréis. Porque si tú llegas a afligirles, y ellos clamaren a mí, ciertamente oiré yo su clamor...
> Cuando prestares dinero a uno de mi pueblo, al pobre que está contigo, no te portarás con él como logrero, ni le impondrás usura.
> Si tomares en prenda el vestido de tu prójimo, a la puesta del sol se lo devolverás. Porque solo eso es su cubierta, es su vestido para cubrir su cuerpo. ¿En qué dormirá? Y cuando él clamare a mí, yo le oiré, porque soy misericordioso. (Éxodo 22: 21 – 27)

Dios, para los israelitas, se preocupaba activamente por el orden económico y político, especialmente por aquellos que, por carecer de poder o incluso de una «voz», se convertían en víctimas de la injusticia y la desigualdad:

> Él hace derecho a los agraviados,
> da pan a los hambrientos.
> El Señor suelta a los aprisionados.
> El Señor abre los ojos a los ciegos,
> el Señor levanta a los caídos,
> El Señor ama a los justos.
> El Señor guarda a los extranjeros,
> al huérfano y a la viuda levanta,
> y el camino de los impíos trastorna. (Salmos 146: 7-9)

La sociedad que los israelitas debían construir sería un contraste viviente con lo que experimentaron en Egipto: pobreza, persecución y esclavitud. Su liberación de la servidumbre constituía solo la primera etapa de su viaje hacia la libertad. La segunda –su alianza con Dios– ya suponía una responsabilidad colectiva para asegurar que nadie fuera excluido de la vida y de la gracia compartida de la comunidad. De ahí la insistencia bíblica en que una sociedad libre no puede construirse solo sobre el *mishpat*, el imperio de la ley. También requiere *tzedakah*, una distribución justa de los recursos. Este punto de vista tiene afinidades cercanas con el concepto acuñado por el Premio Nobel de Economía Amartya Sen del «desarrollo como libertad»:

> El adulto que carece de los medios que le permitan acceder a tratamiento médico para un mal que sufre no solo es presa de una enfermedad evitable y posiblemente de una mortalidad eludible, sino que tal vez también se vea privado de la libertad de hacer varias cosas –para sí mismo o para otros– que pudiera querer llevar a cabo como ser humano responsable. El siervo nacido en la semiesclavitud, la niña subyugada y asfixiada por una sociedad represiva, el

> impotente jornalero sin tierra que no dispone de ninguna manera sustancial de ganar un salario se ven privados todos, no solo del bienestar, sino también de la capacidad de llevar vidas responsables, que dependen de gozar de ciertas libertades básicas. La responsabilidad *requiere* libertad.[12]

Creo que Sen lo ha expresado de manera absolutamente correcta. La libertad *individual* se describe óptimamente, como argumentaba Isaiah Berlin, en términos de «libertad negativa», concretamente de ausencia de restricciones (*jofesh* en hebreo bíblico). Pero la libertad *colectiva* (*jerut* en hebreo) es otra cosa. Significa, entre otras cosas, que mi libertad no sea comprada al precio de la tuya. Una sociedad en la que unos pocos prosperan pero muchos pasan hambre, en la que solo algunos tienen acceso a una buena educación, sanidad, y otras necesidades esenciales, no es un sitio donde impera la libertad. Eso requiere algo más que la ausencia de coacción. Supone el derribar las barreras al ejercicio de la ciudadanía responsable: «tanto la pobreza como la tiranía, tanto la falta de oportunidades económicas como la privación social sistemática, tanto el descuido de las dotaciones públicas como la intolerancia o la omnipresencia de Estados represivos».[13]

* * *

¿Cómo se logró esto? La Biblia está enraizada en el contexto de una sociedad predominantemente agraria, y sus disposiciones están diseñadas para tratar los tipos de pobreza que surgen en ese entorno. Nadie podía ser obligado a trabajar en el séptimo día, de modo que durante un día de cada semana se suspendían todas las jerarquías políticas y económicas. Diversas partes de la cosecha se marcaban para ser entregadas a los pobres –la esquina del campo, la gavilla olvidada, y medidas similares para otros cultivos (Levítico 19: 9 – 10; Deuteronomio 15: 1 – 2). En los años tercero y sexto de los ciclos agrícolas de siete años, los que pasaban hambre recibían una décima parte de todo lo producido (Deuteronomio 26: 12). En el séptimo año, cuando no se permitía ninguna labor sobre la tierra, lo que se produjera pertenecía a todo el mundo, «para que los pobres de entre vosotros puedan comer» (Éxodo 23: 10). Todas las deudas pendientes quedaban canceladas (Deuteronomio 15: 1 – 2). Esta última disposición se prestaba a ser esquivada, así que la Biblia advierte específicamente sobre ello:

> No des cabida en tu corazón a la perversa idea de que, por acercarse el año séptimo, año del perdón de las deudas, puedes hacerle mala cara a tu hermano necesitado y no darle nada. De lo contrario, él podrá apelar al Señor contra ti, y tú resultarás convicto de pecado. No seas mezquino sino generoso, y así el Señor tu Dios bendecirá todos tus trabajos y todo lo que emprendas. Gente pobre en esta tierra, siempre la habrá. Por eso te ordeno que seas generoso con tus hermanos y con los pobres y necesitados de tu tierra. (Deuteronomio 15: 9 – 11)

Estar endeudado es una forma de servidumbre. Prohibir los préstamos en sí mismos condenaría a la gente a la pobreza y les privaría de la oportunidad de abrir o conservar su propia empresa. Por eso es por lo que, desde una perspectiva bíblica, los microcréditos como los que facilita actualmente el Banco Mundial son algo esencial. Nada es más efectivo para aliviar la pobreza que dar a las personas la oportunidad de crear pequeños negocios. Pero dejar que las deudas se acumulen también está mal: el sistema económico debe fomentar la libertad, no la esclavitud financiera. Por eso es necesaria la condonación periódica de las deudas. La misma permite a la gente comenzar de nuevo, liberados de las cargas del pasado. La Biblia es sincera cuando apela a los prestamistas. No solo es la condonación de deudas una obligación moral. Es, a largo plazo, la clave de la prosperidad colectiva («el Señor tu Dios te bendecirá en todo lo que emprendas»).

Una idea similar está detrás de la institución del año del jubileo. Todo el mundo debe poseer una porción de terreno. En el transcurso del tiempo, siempre hay alguien –a causa de la pobreza, las malas cosechas u otros infortunios– que se verá obligado a vender. Cada 50 años, por tanto, toda la tierra debe volver a sus dueños originales para que nadie sea privado de su herencia ancestral. La conexión entre la equidad económica y la libertad política es explícita: «Y santificaréis el año cincuenta, y pregonaréis libertad en la tierra a todos sus moradores; ese año os será de jubileo, y volveréis cada uno a vuestra posesión, y cada cual volverá a su familia». (Levítico 25: 10).

Lo que testimonian estas redistribuciones periódicas es la conciencia bíblica de que *una redistribución equitativa no surgirá naturalmente del funcionamiento libre del mercado por sí mismo.* No es ninguna coincidencia que la campaña reciente más efectiva por sí misma para la condonación de las deudas internacionales –el Jubileo 2000– fuera tomada directamente de la idea bíblica del año de jubileo. También subyace a la proposición del ministro británico de Hacienda Gordon Brown de un «moderno Plan Marshall» para el mundo en desarrollo.[14] Los años sabáticos y de jubileo actúan como correctivos del mercado, restaurando un nivel justo para aquellos que se han visto forzados a vender tanto su trabajo como su tierra. Rompen el ciclo negativo de pobreza y dependencia.

* * *

Con la transición, hace unos 2000 años, del judaísmo bíblico al postbíblico, encontramos un mayor énfasis en la *tzedakah* como provisión directa de ayuda financiera, en lugar de como reparto de la producción agrícola. Israel se había convertido en una economía menos agraria, y más en una sociedad de pequeñas empresas y comercio, y la ley rabínica es un intento sistemático de aplicar los principios de la Biblia a las nuevas circunstancias económicas. Se instituyeron los impuestos comunales. Se establecieron nuevas formas de redistribución, entre ellas el *tamchui*, que distribuía alimentos a diario, y la *kuppah*, que proveía semanalmente de fondos a aquellos que los necesitaran. El reparto de los fondos de la *tzedakah* exigía altos niveles de honradez, así que ser proclamado distribuidor de fondos comunales era uno de los mayores honores que la comunidad podía otorgar.

El texto clave aquí es el Deuteronomio 15: 8: «Sino que abrirás a él [al pobre] tu mano liberalmente, y en efecto le prestarás suficiente para sus necesidades en aquello de lo que carece». Los rabinos entendían que esto incluía tanto donativos como créditos. De manera más importante, lo interpretaban como si ofreciera una definición de los tipos de pobreza que estaban llamados a tratar:

> *Suficiente para sus necesidades*: significa que se te ordena mantenerle, pero no hacerle rico. *Aquello de lo que carece*: significa incluso un caballo para que monte o un esclavo para que corra delante de él. Se dice de Hillel el viejo (jefe de la comunidad judía en siglo I antes de la Era Común) que compró para cierto hombre pobre pero de buena familia un caballo para que montara y un esclavo para que corriera delante de él. En una ocasión no encontró a un esclavo para que corriera delante él, así que él mismo corrió delante de él tres millas.[15]

Hay dos tipos de pobreza según esta interpretación. La primera («suficiente para sus necesidades») se refiere a un nivel absoluto de subsistencia. En la ley judía se entendía que esto incluía alimento, casa, mobiliario básico, y si fuera necesario, fondos para pagar una boda. La segunda («aquello de lo que carece») se refiere a la pobreza relativa; no con relación a otros, sino al nivel de vida previo del individuo. Esta es la primera indicación de algo que desempeña un papel importante en la comprensión rabínica de la pobreza. Por encima de las necesidades físicas puras hay una dimensión psicológica. La pobreza *humilla*, y una sociedad buena no permite la humillación.

Proteger la dignidad y evitar la humillación eran elementos sistemáticos de la ley rabínica. Así que, por ejemplo, los rabinos reglamentaron que incluso el más rico fuera enterrado de manera sencilla para no avergonzar a los pobres. En ciertos días festivos, las chicas, especialmente las de familias ricas, tenían que llevar ropa prestada, «para no avergonzar a aquellos que no tienen». Los rabinos intervinieron para bajar los precios de los artículos de uso religioso, para que nadie fuera excluido de las celebraciones comunales. Las condiciones de trabajo tenían que ser tales que los empleados fueran tratados con un nivel básico de respeto. Aquí, el texto clave era la declaración de Dios, «porque los hijos de Israel son sirvientes para Mí»; refiriéndose a que no podrían ser tratados como sirvientes de ningún ser humano. La libertad presupone el respeto a uno mismo y una sociedad libre, por lo tanto, será aquella que no prive a nadie de ese derecho humano básico.

Un elemento del respeto a uno mismo es la independencia. Esto explica una faceta asombrosa de la legislación relativa a la *tzedakah*. Maimónides enumera los varios niveles del dar a los demás. Todos tienen que ver con la filantropía excepto uno. El acto supremo, sin embargo, no lo hace:

> El mayor grado, no sobrepasado por ningún otro, es el de alguien que asiste a un pobre mediante un regalo o un crédito o aceptándole como socio en una empresa o ayudándole a encontrar trabajo; en resumen, poniéndole en una situación en la que pueda pasar sin la ayuda de otra gente. En referencia a tal ayuda se dice: «Le fortalecerás, sea

> un extranjero o un poblador, y vivirá contigo» (Levítico 25:35), lo que significa fortalécele de tal manera que se impida su caída en la necesidad.[16]

Este mandato es el resultado de la profunda pugna, en el seno del judaísmo, con el hecho de que la ayuda en forma de caridad puede ser en sí misma humillante para el que la recibe. También puede crear dependencia social, reforzando el ciclo de la privación en vez de romperlo. El mayor acto de *tzedakah* es por lo tanto el que permita al individuo ser autosuficiente. La mayor forma de ayuda es la que permite al individuo prescindir de ayuda. La ayuda humanitaria es esencial a corto plazo, pero la creación y la promoción del empleo son más importantes a largo plazo.

Hay otro detalle de la ley judía que es particularmente fascinante. Especifica que incluso la persona dependiente de la *tzedakah* debe ejercitar también *tzedakah*. A primera vista, esta regla es absurda. ¿Por qué dar dinero a X para que se lo de a Y? Dar directamente a Y es más lógico y eficiente. Lo que los rabinos comprendieron, sin embargo, es que *dar es una parte esencial de la dignidad humana*. Como expresa un proverbio africano: la mano que da siempre está más arriba; la mano que recibe siempre está más abajo. La insistencia rabínica en que la comunidad provea a los pobres con suficiente dinero para que ellos mismos puedan dar demuestra una profunda comprensión de la condición humana.

* * *

El judaísmo representa una aproximación distintiva a la idea de la igualdad, concretamente la de que la mejor manera para llegar a ella no es mediante la igualdad de rentas o de riqueza, y ni siquiera mediante la igualdad de oportunidades. Tampoco es suficiente con que tengamos todos una misma posición ante Dios en tiempos de oración, y ante la ley en casos de disputa. Una sociedad debe asegurar la misma dignidad –la frase hebrea es *kavod habriyot*, «honor humano»– a cada uno de sus miembros.

Este es un tema constante entre los profetas. Amos, uno de los primeros profetas literarios, dice en su oráculo más famoso: «Venden a los honrados por plata, y a los necesitados por un par de zapatos. Pisan las cabezas de los pobres como si se tratara del polvo del suelo, y niegan la justicia a los oprimidos». Isaías dice:

> El Señor entra en juicio con los ancianos y los príncipes de Su pueblo. «Sóis vosotros quienes habéis devorado el viñedo, el botín de los pobres está en vuestras casas. ¿Qué creéis que hacéis aplastando a mi gente, pisoteando la cara de los pobres?», dice el Señor Dios de los ejércitos.

Jeremías dice simplemente del rey reformador Josías: «Él juzgó la causa de los pobres y los necesitados; luego estaba bien. ¿No basta esto para conocerme?, dice el Señor».

Los profetas que vivieron y trabajaron hace más de 2.500 años fueron los primeros críticos sociales, y no se avergonzaban de hacer llegar su mensaje a los reyes y de decirle las verdades al poder. La religión tiene, argumentaban, una dimensión moral, social y económica. Tiene que ver con la justicia, no solo en el sentido estricto del imperio de la ley y la transparencia de los procesos, sino también en el sentido sustantivo de conferir un lugar honorable a todos los miembros de la sociedad. La enseñanza profética, escribe Johannes Lindblom, «se caracteriza por el principio de la solidaridad. Detrás de la demanda de caridad y justicia...está la idea del *pueblo*, la gente como un todo orgánico, unida por la elección y la alianza».[17] Las disparidades enormes de riqueza, las prácticas explotadoras, las duras condiciones de trabajo, la existencia de lo que algunos llaman una «clase inferior»: todas estas cosas constituyen fracturas de la solidaridad humana. Crean una sociedad dividida. Destruyen la noción del bien común como algo que compartimos y en lo que participamos. Eso no es algo de lo que podamos escondernos aduciendo que no es nuestra responsabilidad. Como apunta A. J. Heschel: «Los profetas nos recuerdan el estado moral de un pueblo: pocos son culpables pero todos son responsables. Si admitimos que el individuo está condicionado o afectado en alguna medida por el espíritu de la sociedad, el crimen de un individuo revela la corrupción de la sociedad».[18] Y lo que era aplicable a la sociedad en los tiempos de los profetas, es aplicable hoy en día al mundo entero. El alcance de nuestra interconexión define el radio de la responsabilidad y de la preocupación.

* * *

El concepto de *tzedakah* es un concepto para nuestros tiempos. El repliegue del Estado de bienestar, puesto en marcha por las políticas económicas de Reagan y Thatcher, junto con la desregulación de los mercados financieros en todo el mundo, ha llevado a desigualdades mayores y crecientes tanto en los países desarrollados como en el mundo en vías de desarrollo. La importancia de la *tzedakah* es que no significa «caridad». No se trata de algo opcional, ni depende de la buena voluntad de aquellos que dan a los demás. Es una obligación legalmente exigible. Tampoco se inserta en ninguna doctrina económica específica. Va de la mano del mercado libre, a la vez que reconoce que el mercado tiene límites intrínsecos. George Soros lo admite:

> El comercio internacional y los mercados financieros globales son muy buenos a la hora de generar riqueza, pero no pueden atender al resto de necesidades sociales, como la preservación de la paz, la atenuación de la pobreza, la protección del medio ambiente, las condiciones de trabajo o los derechos humanos, que es lo que generalmente se denomina «bienes públicos».[19]

Las injusticias de los mercados no constituyen razón suficiente para abandonar el mercado. La globalización ha llevado a una mayor prosperidad a aquellos países que han participado en ella. No remediaremos la pobreza destruyendo un sistema de generación de riqueza, igual que no curaremos la enfermedad aboliendo a los doctores ni extinguiremos la criminalidad declarando nulas las leyes. Las nuevas tecnologías y el crecimiento del comercio son nuestras mejores – y únicas– esperanzas para terminar con el hambre, curar las enfermedades y elevar el nivel de vida en todo el mundo. Esto lo reconocían los rabinos. El Talmud imagina el siguiente diálogo entre el Rey David y sus consejeros:

> Al amanecer, los sabios de Israel acudieron a David y dijeron: «Oh Señor, rey, tu pueblo de Israel necesita sustento». Él dijo: «Deja que se ayuden los unos a los otros». Ellos respondieron: «Un puñado no puede satisfacer a un león, y no puedes llenar una fosa con la tierra que has excavado de ella».[20]

David proponía la redistribución. Sus sabios le dijeron que la tarta no era lo suficientemente grande, se cortara como se cortara. El crecimiento económico es más potente que la simple redistribución. Pero eso solo es cierto si hay una disposición genuina por parte de los ganadores a asegurar que los perdedores también se beneficien; y eso no ocurre a través del mecanismo del mercado por sí mismo.

Ninguna religión puede proponer políticas precisas para aliviar el hambre y la enfermedad. Lo que puede y debe hacer es inspirarnos colectivamente mediante una visión de la solidaridad humana y unos conceptos, como la *tzedakah* de la tradición judía y sus homólogos en otras religiones, que sirvan como marco moral amplio de lo que constituye un mundo justo y decente. La globalización, escribe Zygmunt Bauman, «divide tanto como une [...] mostrando una nueva libertad para algunos, para muchos otros desciende como un destino cruel y no deseado».[21] No puede haber ninguna duda de que debería invertirse más –mucho más– del excedente económico de las economías avanzadas en países emergentes para ayudar a erradicar los extremos de pobreza y hambre, asegurar la educación universal, combatir las enfermedades tratables, reducir la mortalidad infantil, mejorar las condiciones de trabajo y reconstruir las economías fallidas. Como con la *tzedakah*, el objetivo debería ser restaurar la dignidad y la independencia de las naciones tanto como de los individuos. Esto se ha convertido ya en un imperativo urgente. La globalización de las comunicaciones, el comercio y la cultura también ha globalizado la responsabilidad humana. La libertad de unos pocos no puede ser adquirida a costa de la esclavitud de muchos que se encuentran sometidos a la pobreza, la ignorancia y la enfermedad.

NOTAS

1 *Financial Times*, 6 de noviembre de 2001.

2 Micklethwait y Woolridge 2003.

3 Zygmunt Bauman «Whatever Happened to Compassion» en Bentley y Stedman-Jones 2001, p. 51-6.

4 Held y McGrew 2000, p. 341-47.

5 Reich 2001.

6 Micklethwait y Woolridge 2003.

7 Joseph Stiglitz, « Globalism's Discontents», *The American Prospect*, 13.1. (1 de enero de 2002- 14 de enero de 2002).

8 Susan Sechler, «Starved for Attention», *The American Prospect*, 13.1. (1 de enero de 2002- 14 de enero de 2002).

9 Reich 2001, p. 230.

10 Gottwald 1980, p. 699.

11 *Ibid.*, p. 700.

12 Sen 1999, p. 284.

13 *Ibid.*, p. 3.

14 Brown 2002.

15 Talmud de Babilonia, *Ketubot*, p. 67b.

16 Maimónides, *Mishneh Torah*, relativo a los regalos para el pobre, 10: 7.

17 Lindblom 1962, p. 344.

18 Heschel 1962, p. 16.

19 Soros 2002, p. 33.

20 Talmud de Babilonia, *Berakhoto* 3b.

21 Bauman 1998, p. 2.

Capítulo 7

CREATIVIDAD: EL IMPERATIVO DE LA EDUCACIÓN

> Las tecnologías no son meras ayudas externas, sino también transformaciones internas de la consciencia, especialmente cuando afectan a la palabra.
>
> (Walter J. Ong, *Orality and Literacy*)

Toda invención altera el entorno humano, pero ninguna lo hace de manera tan fundamental como aquellas que cambian la forma en la que registramos y transmitimos la información. Otras tecnologías tienen impactos localizados; los efectos de las revoluciones que afectan a las tecnologías de la información son sistémicos. Alteran las estructuras más fundamentales de la sociedad. Incluso cambian la forma en que hablamos y pensamos, cómo estructuramos las experiencias y cómo aprendemos de ellas. Después de argumentar, en el capítulo anterior, que la *tzedakah* –el entendimiento judío de la justicia social– tiene que ver con aliviar la pobreza de una forma que fomente el respeto por uno mismo y la independencia, en este capítulo quiero identificar la forma más efectiva de hacerlo. La tecnología de la información, argumentaré, es algo más que una simple tecnología: tiene un profundo impacto sobre la democratización de la dignidad humana. Hay algo que contar sobre los ordenadores, los modems, el correo electrónico e internet que tiene, en cierto sentido, una naturaleza espiritual y política, y que representa una genuina fuente de esperanza.

En el pasado ha habido tres grandes revoluciones de la información, y ahora nos encontramos en medio de la cuarta. Dado que el impacto de la transformación actual no se conocerá hasta dentro de varias décadas, o incluso de varios siglos, la mejor forma de atisbar las posibilidades que puede abrir es trazar la historia de las tres anteriores. El mejor punto de partida es el 31 de octubre de 1517, cuando el joven Martín Lutero clavó sus 95 tesis en la puerta de la Iglesia de Todos los Santos de Wittenberg, poniendo en marcha la Reforma protestante y toda una serie de desarrollos interconectados entre sí que dieron lugar no solo a una reforma religiosa, sino a un replanteamiento del mapa político europeo, al crecimiento de la ciencia, al desarrollo del Estado-nación, y en el sentido más amplio, al «nacimiento de la modernidad». Uno de los hechos menos conocidos de esta historia es que algunos de los rasgos principales de la Reforma ya habían sido expuestos por John Wycliffe en Oxford en el siglo XIV. ¿Por qué fue que cuando él abogó por el cambio no ocurrió nada, pero cuando Lutero hizo lo mismo dos siglos después, las ondas sísmicas se extendieron prácticamente por todos los países de Occidente?

La respuesta, por supuesto, es que entre ellos tuvo lugar la invención de la imprenta por Johannes Gutenberg, en Alemania, en la década de 1450 (la imprenta se había inventado en China varios siglos antes, pero su uso no se había extendido). Una cosa era urgir a los cristianos a volver a la Biblia –*sola scriptura*–, y otra muy distinta que eso fuera posible en la práctica en una era en la que los libros eran escritos a mano y estaban fuera del alcance de la mayoría de la gente. Poco después de que se extendiera la imprenta, comenzaron a imprimirse biblias por cientos de miles. Solo en Inglaterra, se ha estimado que se publicaron más de un millón de biblias y Nuevos Testamentos entre el inicio de la Reforma y 1640. Inicialmente, el Nuevo Testamento de Tyndale costaba tres chelines, una suma significativa, pero los manuscritos a los que reemplazaba costaban entre siete y dieciocho veces más, y a medida que pasó el tiempo y aumentó la competencia, los precios bajaron de manera sostenida. La propia declaración de Lutero fue difundida por la imprenta. En quince días ya había aparecido por todo el país, y en tres semanas, imprentas de tres ciudades distintas estaban haciendo copias. Un escritor del siglo XVI escribió: «Casi pareciera que los mismos ángeles hubieran sido sus mensajeros y los hubieran expuesto a la vista de todo el mundo». Entre 1518 y 1525 los escritos de Lutero supusieron no menos de un tercio de todos los libros en lengua alemana, y para 1546 habían aparecido impresas un total de 430 ediciones distintas de sus traducciones bíblicas.[1]

Nada hizo más por desafiar a la autoridad eclesiástica que el hecho de que la Biblia en traducción vernácula estuviera disponible para grandes masas de gente, que podían leer y debatir sus palabras en la intimidad de sus hogares. Muchos de los primeros protestantes atribuyeron este «regalo de la imprenta» a la providencia divina, y desde luego que el momento de su aparición fue providencial y sus efectos tumultuosos. Pronto, sin embargo, incluso ellos comenzaron a darse cuenta que la imprenta era capaz de socavar no solo una autoridad, sino todas. La imprenta se convirtió, en las palabras de un comentarista, en «la aliada natural principal de los filósofos libertinos, heterodoxos y ecuménicos». Un panfleto utópico, *Macaria*, publicado en 1641, predijo que «el arte de imprimir esparcirá el conocimiento de tal manera que la gente común, al conocer sus derechos y libertades, no se dejará gobernar mediante la opresión». En un escrito posterior a la Revolución Inglesa, el poeta Andrew Marvell imaginó a un futuro obispo diciéndose a si mismo:

> La imprenta [...] ha hecho mucho más daño a la disciplina de nuestra iglesia de lo que pueda reparar toda la doctrina. Qué tiempo tan feliz, cuando toda la enseñanza se contenía en manuscritos, y un oficial de bajo rango [...] guardaba las llaves de la biblioteca. [...] Pero ahora, un hombre no puede escribir un libro sin que sea inmediatamente respondido. [...] Se ha encontrado la forma de desterrar a clérigos, pero ninguna forma se ha encontrado todavía de impedir estos sediciosos encuentros de letras.[2]

La imprenta tuvo consecuencias casi imposibles de calcular. Hasta entonces, ningún invento se había extendido tan rápidamente. Para el año 1500, menos de medio siglo después de su invención, había ya impresos 35.000 títulos diferentes, y entre 15 y 20 millones de libros en circulación. Para el final del siguiente siglo, ese número se había multiplicado por diez. La imprenta dio un gran empuje a la alfabetización. Cuantos más libros había disponibles, más gente aprendía a leer, y cuanto más leían, más libros se compraban. La imprenta proporcionó nuevos canales de comunicación a los gobiernos y nuevas formas de extender ideas artísticas y arquitectónicas. Aceleró el crecimiento de la ciencia y la expansión de la tecnología. Al fomentar el uso de las lenguas vernáculas y empujar al latín a convertirse en el idioma de los eruditos, al disminuir los efectos de la dispersión de dialectos y estandarizar la ortografía, jugó un papel clave en el crecimiento de los idiomas europeos y por lo tanto, en última instancia, de las conciencias nacionales.

Benedict Anderson va más lejos.[3] La invención de la imprenta, argumenta, llevó a tres cambios fundamentales en la visión que la gente tenía del mundo. Primero, rompió la idea medieval de una lengua sagrada: la idea de que existe un idioma (el latín para la Iglesia, el árabe coránico o el chino mandarín de los exámenes imperiales) que describe mejor la verdadera naturaleza de la realidad. La multiplicidad de idiomas impresos, y especialmente los relatos publicados de los viajes y descubrimientos marítimos de los siglos XV y XVI, familiarizaron a la gente con la existencia de una gran variedad de culturas. En segundo lugar, la difusión de la lectura llevó al colapso de las sociedades estrictamente jerárquicas en las que solo unos pocos sabían leer y tenían acceso a los textos. En tercer lugar, llevó a una nueva conciencia del tiempo. En la Edad Media, dominada por la religión, el devenir del tiempo estaba relativamente ordenado de antemano. Pasara lo que pasara, ya había sido anunciado en los textos sagrados. Con la aparición de los primeros pasquines de noticias a comienzos del siglo XVI, el tiempo –señalado por la fecha que figuraba en la parte superior del pasquín– se convirtió en un medio vacío en el que se desarrollaban los hechos, en el que ocurrían las «nuevas». Hegel apuntó sarcásticamente que los periódicos se habían convertido, para el hombre moderno, en el sustituto de las oraciones de la mañana. La imprenta, en resumen, cambió el panorama humano no solo externamente sino también internamente. Más que ninguna otra invención, pavimentó el camino para la transición de lo medieval a lo moderno.

* * *

No menos dramática fue la primera revolución: la propia invención de la escritura. El arte –la representación pictórica de cosas que se ven– hizo su aparición relativamente pronto en la evolución cultural de la humanidad. Las pinturas rupestres más antiguas, que datan de hace unos 20.000 ó 30.000 años, nos siguen sorprendiendo por su vitalidad. Con el paso del tiempo, muchas de estas representaciones se hicieron más esquemáticas, cuestión de un par de pinceladas y formas geométricas. También aparecieron pronto artefactos para asistir a la memoria: nudos en cuerdas, muescas en palos, marcas en rocas, fichas y otros *aide-mémoires*. La escritura como tal, sin embargo, no apareció hasta que el pueblo conocido como los sumerios entró en el sur de Mesopotamia durante el cuarto milenio antes de la Era Común.[4]

No sabemos precisamente cómo y cuándo emergió, pero fue casi seguro un producto secundario de la aparición de nuevos materiales de construcción, específicamente de la fabricación de ladrillos a partir de tabletas de arcilla secadas al sol. Marcas hechas con un palo con forma de cuña sobre la arcilla mientras esta seguía húmeda eran luego indelebles una vez que se secaba y endurecía, y podían servir por lo tanto como registros permanentes. Los primeros signos en ser inscritos eran pictográficos: nada más que una representación esquemática de objetos. Pero la técnica pasó pronto de ser un sistema de representación a uno de comunicación. Los símbolos fueron unidos los unos a los otros en secuencias lineales y se convirtieron en fonéticos, pasando de representar objetos a representar sonidos. Los palos con forma de cuña usados para hacer las impresiones en la arcilla dieron nombre a esta primera forma de lenguaje escrito: la escritura cuneiforme.

El asentamiento de las poblaciones, el desarrollo de la agricultura y el nacimiento de economías complejas, con la división del trabajo y el crecimiento de los intercambios, dieron a la escritura su uso más antiguo y más inmediatamente práctico, concretamente el de anotar transacciones. Pero pronto fue evidente la gran potencia del sistema. Podía hacer mucho más que mantener un registro de quién debía qué a quién. Podía capturar para la posteridad las grandes narraciones –los mitos, cosmologías e historias épicas– que explicaban el presente en términos del pasado, y cuya narración oral había sido una característica fundamental de los rituales religiosos antiguos. Mientras que se desarrollaba la escritura cuneiforme, se estaba desarrollando un proceso paralelo en Egipto, dando lugar a la familia de escrituras conocidas como jeroglíficos. En total, la escritura pudo haber sido inventada por separado un total de siete veces: en la India, China y

Grecia (minoica y micénica lineal B) y más adelante por los aztecas y los mayas, así como en las antiguas ciudades-Estado de Mesopotamia y en el Egipto faraónico.[5]

El nacimiento de la escritura fue la génesis de la civilización. Por primera vez la sabiduría podía ser acumulada y transmitida a generaciones futuras en una forma que excedía, en cantidad y calidad, el alcance de la memoria por sí sola. Pocas cosas han sido más significativas para el desarrollo del *homo sapiens*, el ser cuyo período de dependencia es mayor, y cuyos instintos genéticos son menores, que los de cualquier otro ser. La gran ventaja evolutiva del ser humano es que somos, por excelencia, el animal que aprende. La escritura supuso el avance gracias al cual el presente podía trasladar las enseñanzas del pasado a las generaciones del futuro. Dio lugar a un salto cuántico en el crecimiento de los conocimientos y las habilidades, y a una enorme aceleración en la velocidad de cambio de los asuntos humanos.

Como ocurriría más adelante en el caso de la imprenta, la escritura tuvo reverberaciones internas a la vez que externas. En la frase de Walter J. Ong, «la escritura reestructura la consciencia».[6] Una cultura oral es una cultura en la que la comunicación del conocimiento siempre tiene un contexto humano. Hay un hablador, una audiencia y una ocasión. La escritura, por contraste, carece de contexto. El escritor no sabe necesariamente quién leerá lo que ha escrito, ni tampoco tiene el lector normalmente al escritor a su lado para que le explique lo que ha escrito. Platón, en el *Fedro*, hace que Sócrates objete a todo el planteamiento de la escritura. Llevará, dice, a una pérdida de la memoria, a una forma más pasiva de aprender, y a disputas interminables, ya que lo que un escritor ha escrito puede ser refutado por otro sin que ninguno de los dos se conozcan y discutan el problema hasta llegar a una conclusión. Desde luego, la escritura fue un gran movimiento en dirección a lo abstracto. El habla es natural, en el sentido de que todo grupo humano la tiene. La escritura es artificial. Necesita reglas y convenciones y estas deben ser aprendidas conscientemente. Pero también facilita el pensamiento abstracto y tiende a fijar el pasado de un modo que no pueden hacerlo las culturas orales, que conocen su pasado a base de contarlo una y otra vez.

Las primeras formas de escritura, sin embargo, sufrían una desventaja significativa. Debido a que cada carácter representaba una palabra o una sílaba, sus series de símbolos eran grandes. El tiempo que llevaba dominarlos –aprender a leer y escribir– era tal que el alfabetismo estaba destinado a ser algo exclusivo para una élite cognitiva, una clase social conocedora. El caso extremo es el chino mandarín. El diccionario k'angshi de 1716 enumera 40.545 caracteres diferentes. Conocerlos todos es casi imposible. Conseguir una cierta habilidad con el lenguaje escrito llevaba como media unos veinte años. Las primeras formas de escritura, por lo tanto, ejemplificaban la famosa observación de Bacon de que el conocimiento es poder. Con la alfabetización en manos de solo unos pocos –una clase administrativa, normalmente el clero– el resultado era una serie de sociedades estratificadas en las que el conocimiento no se difundía ampliamente y la mayoría de la gente no tenía acceso a la educación o a la información.

Eso es lo que hace que la segunda revolución en la tecnología de la información –la invención del alfabeto– tuviera tanta importancia. Fue mucho más que un avance técnico. Introdujo amplísimas posibilidades sociales y políticas. Por primera vez el universo entero de la sabiduría comunicable era reducido a una serie de entre 20 y 30 símbolos o letras, suficientemente corta para ser dominada, al menos en principio, por todos. De nuevo, los orígenes están envueltos en el misterio, pero sabemos que los primeros textos alfabéticos fueron semíticos y que emergieron en el territorio conocido hoy en día como Israel o al sur del mismo, en el desierto del Sinaí. La hipótesis más probable es que el alfabeto evolucionó como una forma simplificada de los textos jeroglíficos egipcios o de su forma cursiva abreviada, conocida como escritura hierática. Los inventores pudieron haber sido los canaanitas o los fenicios o los nómadas conocidos como el pueblo «apiru», de donde puede provenir la palabra «hebreo».

El alfabeto apareció a comienzos del segundo milenio precristiano, en la era de los patriarcas bíblicos.[7] Hay evidencias en las minas de turquesa de Serabit, en el desierto del Sinaí, de que fue allí, entre los esclavos o sus amos, donde surgió el avance. William Flinders Petrie, arqueólogo británico de comienzos del siglo XX, llegó a especular que los primeros textos alfabéticos fueron usados por los israelitas durante su esclavitud en Egipto o más tarde en su peregrinaje hacia la tierra prometida. Sea como fuere, el alfabeto fue una de esas raras invenciones que tuvieron lugar solo una vez en la historia. A diferencia de lo ocurrido con la escritura, que apareció independientemente en varias civilizaciones, todos los sistemas alfabéticos que hay en uso hoy en día se derivan directa o indirectamente de esos textos «protosinaíticos». Por supuesto, no fue hasta que fue transferido a Grecia, probablemente por los fenicios, cuando se añadieron símbolos para representar las vocales (hasta hoy en día el hebreo es un alfabeto de consonantes). Pero el origen del alfabeto es aún evidente en la palabra misma: una combinación de las primeras dos letras del hebreo, *aleph* y *bet* (*alpha* y *beta* en griego).

* * *

El alfabeto hizo posible un profundo cambio social y político. Como se ha mencionado anteriormente, el mundo prealfabético era, y no podía ser de otra manera, jerárquico. En la cima de la sociedad mesopotámica o egipcia había un gobernador, un rey o un faraón, que era visto como un dios, o hijo de dioses, o el principal intermediario entre las personas y los dioses. Bajo él, y detentando gran parte del poder en el día a día estaba la élite cognitiva, la clase administrativa. Bajo ellos, a su vez, estaba la masa de gente, concebida como una inmensa fuerza laboral o militar. Las culturas del mundo antiguo eran mitológicas, o como las describió Eric Voegelin, «cosmológicas».[8] Lo que esto significaba era que la división de la sociedad se concebía como un reflejo de la jerarquía entre los dioses o planetas o fuerzas elementales. Estaba escrita en la estructura del universo mismo. Tampoco esto era una idea abstracta. Era algo visible en la arquitectura monumental de la era: los zigurats de Babilonia y las pirámides y templos del Egipto faraónico, cada uno de ellos una auténtica afirmación en piedra de la estructura de poder de la antigüedad. William Shakespeare nos dejó una declaración memorable de este tipo de visión del mundo:

> Los cielos mismos, los planetas y este globo terrestre
> observan las leyes de la categoría, de la prioridad,
> de la distancia, de la posición,
> del movimiento, de las estaciones, de la forma,
> de las funciones y de la regularidad, con orden invariable...
> Quitad la jerarquía, desconcertad esa sola cuerda,
> ¡Y escuchad la cacofonía que se sigue! [9]

No hace falta resaltar hasta qué punto es esta una visión profundamente conservadora, una concepción de la sociedad en la que el estatus individual es dado al nacer y no puede ser cambiado sin perturbar el orden fundamental del cual depende el mundo.

Por contra, la invención del alfabeto anunció una posibilidad enteramente nueva, la de una sociedad en la que cada individuo tiene acceso al conocimiento, y por lo tanto al poder, y gracias a esto, en última instancia, a la dignidad ante Dios. Un mundo de alfabetismo potencial mundial es un mundo en el que todos tienen derecho a reclamar su ciudadanía bajo la soberanía de Dios. Esa es la importancia de la más revolucionaria de todas las afirmaciones religiosas, la declaración al comienzo del Génesis de que no solo reyes y faraones están creados a imagen y semejanza de Dios, sino que todo el mundo lo está. Aunque tardaría miles de años en abrirse camino en la cultura occidental, es ahí donde se expresa por primera vez la famosa idea contenida en la Declaración de Independencia de los Estados Unidos: «Sostenemos estas verdades como evidentes por sí mismas, que todos los hombres son creados iguales, que son dotados por su Creador de ciertos derechos inalienables, que entre ellos están la vida, la libertad y la búsqueda de la felicidad...». La ironía es que estas verdades son cualquier cosa menos evidentes por sí mismas. Son la negación de esa visión sostenida casi universalmente en el mundo antiguo, expresada filosóficamente por Platón y Aristóteles, y mantenida durante toda la Edad Media, de que las personas *no* nacen iguales. Algunos nacen para gobernar, y otros para ser gobernados.

* * *

La política del antiguo Israel comienza con un acto inconcebible para la mente cosmológica: Dios, creador del universo, interviene en la historia para *liberar esclavos*. Alcanza un clímax en el capítulo 19 del libro del Éxodo con un acontecimiento único en la historia religiosa, cuando Dios se revela a sí mismo a todo un pueblo en el monte Sinaí y sella una alianza con él. El pasaje está lleno de interés, pero su importancia rara vez ha sido bien comprendida. Tendemos a pensar que las revelaciones pertenecen al campo definido restrictivamente como «religión». La alianza del Sinaí, sin embargo, pertenece propiamente a la historia política de Occidente tanto como a su historia religiosa. Estos son los versículos claves:

> Y Moisés subió a Dios; y el Señor lo llamó desde el monte, diciendo: «Así dirás a la casa de Jacob, y anunciarás a los

> hijos de Israel: "Vosotros visteis lo que hice a los egipcios, y cómo os tomé sobre alas de águilas, y os he traído a mí. Ahora, pues, si diereis oído a mi voz, y guardareis mi pacto, vosotros seréis mi especial tesoro sobre todos los pueblos; porque mía es toda la tierra. Y vosotros me seréis un reino de sacerdotes, y gente santa". Estas son las palabras que dirás a los hijos de Israel». Y todo el pueblo respondió a una, y dijeron: «Todo lo que el Señor ha dicho, haremos». (Éxodo, 19: 3-8)

Solo entonces proclama Dios los Diez Mandamientos.

¿Qué es lo que está ocurriendo en este encuentro? Se está sellando un pacto que convierte a los israelitas, pueblo vinculado entre sí por historia y parentesco biológico, en cuerpo político bajo la soberanía de Dios. La idea del pacto o alianza no es originaria de los israelitas.[10] Era una forma común de tratado entre poderes vecinos en Oriente Próximo. Sin embargo, fue una idea absorbida por el Antiguo Testamento, que le proporcionó una dimensión nueva y enteramente teológica. Hay tres cosas sobre la alianza del Sinaí que son revolucionarias. La primera es que uno de los que pactan es Dios mismo. La idea de que Dios pudiera ligarse mediante un acuerdo formal con un grupo de seres humanos era algo sin precedentes. Fue el precursor teológico de la monarquía constitucional. La segunda es que la otra parte no es –como en todos los tratados antiguos– un líder o un rey, sino todo un pueblo, cada uno de cuyos miembros, al haber recibido el derecho de aceptarlo o rechazarlo, recibe la dignidad de la ciudadanía. La tercera es que Dios, al invitar al pueblo a mostrar su disposición de celebrar un pacto antes de comunicarle los términos del mismo, hace que tal pacto sea de hecho condicional a su aceptación por parte del pueblo. Por expresarlo en el lenguaje de la Declaración de Independencia estadounidense: no hay gobierno legítimo sin el «consentimiento de los gobernados», ¡incluso cuando el que gobierna es el Creador del cielo y de la tierra! Es aquí, incluso más que en las ciudades-Estado de Grecia, donde nace la idea de una sociedad libre.

Nunca antes, y pocas veces después, se ha visto tan singularmente elevada la dignidad de la persona humana en presencia de Dios –el ciudadano de la nación de la fe bajo soberanía Divina–. Mi argumento es que este extraordinario fenómeno está íntimamente relacionado con la invención del alfabeto. La idea de que todo el mundo podría aprender a leer y escribir y por lo tanto tener acceso al conocimiento crea, por primera vez en la historia, la posibilidad de una ciudadanía universal. Yo iría más allá. En el pasaje citado más arriba hay una expresión extraña y no inmediatamente inteligible. Israel es llamado a ser un «reino de sacerdotes». De hecho, esto nunca ocurrió en sentido literal. El clero del antiguo Israel se limitó a Aarón y a sus descendientes. Sin embargo, en la mayoría de las sociedades premodernas el clero gozaba de una característica peculiar. Los sacerdotes sabían leer y escribir. La palabra «jeroglífico» quiere decir «escritura sacerdotal». Hasta hoy en día, la palabra inglesa «*clerical*» tiene un doble sentido, «relacionado con el clero» y «relativo a un funcionario o escriba»; se trata de una reliquia de la Edad Media, cuando los ministros de la religión gozaban en la práctica de un cuasi monopolio sobre la educación. Entendida funcionalmente, por lo tanto, la expresión «reino de sacerdotes» significa una *sociedad de alfabetización universal*. Puede que el antiguo Israel haya inventado o no el alfabeto después de todo, pero más que ningún otro pueblo, ellos meditaron profundamente sobre la nueva posibilidad política y social que se anunciaba, la de una sociedad basada en la educación y en el acceso universal a la sabiduría.

El Israel de Moisés y de los profetas fue el intento, no siempre exitoso, pero inaudito hasta entonces, de visualizar y fundar una sociedad como un pacto de ciudadanos iguales libremente vinculados entre sí y con Dios. Norman Gottwald describe al Dios de Israel así:

> El poder primordial, encarnado en la historia, de establecer y sostener la igualdad social frente a la opresión exterior y frente a las tendencias provincianas y no igualitarias que había dentro de la sociedad. [...] Israel creyó ser diferente porque lo era: constituyó un sistema social igualitario en un medio de sociedades estratificadas.[11]

Como he sugerido, esto habría sido imposible sin la existencia del alfabeto, que por primera vez hizo que la alfabetización universal fuera una idea concebible. El alfabeto dio pie al Libro y por lo tanto al pueblo del Libro.

* * *

He contado esta historia con gran detalle para transmitir algo del dramatismo moral y político que acompaña a todo gran cambio en la tecnología de la información. Su importancia se nos escapa cuando pensamos en ellas de manera análoga a como pensamos en otras transformaciones tecnológicas. Los cambios en las formas en que registramos y transmitimos la información tienen efectos profundos; pocos de esos efectos son obvios en su momento, pero se encuentran entre los más potentes en la historia de la civilización. Transforman nuestros hábitos mentales, la estructura de nuestra imaginación, y la forma en la que ordenamos nuestra vida diaria. Ha habido tres revoluciones de este orden en el pasado –la escritura, el alfabeto y la imprenta– y ahora nos encontramos en medio de la cuarta: la comunicación global instantánea. Aún no sabemos, y no lo sabremos hasta dentro de siglos, cuáles serán sus consecuencias acumulativas. ¿Traerá consigo el final, o por lo menos el declive, del Estado-nación? ¿Llevará a nuevas formas de comunidad y de cooperación? ¿Acelerará la desaparición de los idiomas locales a favor de la lengua dominante en internet, el inglés americano? ¿Supondrá una reorientación fundamental de la consciencia humana, reduciendo la importancia del espacio y aumentando la importancia del tiempo? Una cosa es segura: los cambios llegarán a lo más profundo y serán, entre otras cosas, cambios «espirituales». La escritura dio a luz la civilización. El alfabeto dio lugar al monoteísmo. La imprenta hizo posible la Reforma. Precisamente porque la religión sigue las conexiones más profundas entre el yo, el otro y el universo, es sensible a transformaciones de este tipo. Las nuevas tecnologías de comunicación hacen posibles nuevos modos de relacionarnos, nuevas estructuras sociales, económicas y políticas, y por lo tanto nuevas formas de comprender la situación humana bajo Dios.

Todo esto tiene una implicación inmediata para la ética de la globalización. La mejor inversión en el mundo en vías de desarrollo que puede hacer un país desarrollado –y las economías en vías de desarrollo por sí mismas– es asegurar que todos los niños tengan las máximas oportunidades de aprender y educarse. La distribución de la educación es todavía demasiado desigual. De entre todos los niños del mundo, hay 113 millones que no van al colegio. Según proyecciones actuales, hay 88 países que no conseguirán proporcionar educación primaria universal para el año 2015. Hay 23 países –la mayoría en África, pero también Afganistán, Bangladesh, Nepal, Pakistán o Haití– en los que más de la mitad de la población adulta es analfabeta. En 35 países –incluyendo a Argelia, Egipto, Guatemala, la India, Laos, Marruecos, Nigeria y Arabia Saudí – más de la mitad de las mujeres no sabe leer ni escribir. En comparación con Norteamérica, Latinoamérica sufre una tasa de pobreza un 50 por ciento mayor y una tasa de abandono escolar 70 por ciento mayor. En Estados Unidos los hispanos son significativamente más pobres y están menos educados que otros grupos.[12] Hay una alta correlación entre el nivel educativo y el éxito económico: se calcula que cada año adicional de escolarización en un país pobre añade entre 10 y 20 por ciento a la renta futura del menor.

La educación –no solo la mera capacidad de leer y escribir, sino la de dominar y aplicar información y de gozar de acceso pleno al conocimiento– es esencial para la dignidad humana. He sugerido que es la base de una sociedad libre. Desde el momento en que el conocimiento es poder, el acceso equitativo al conocimiento es una condición previa para un acceso equitativo al poder. También es la llave de la *creatividad*, y la creatividad es en sí misma uno de los dones más importantes que puede otorgarse a un grupo socioeconómico. Aún más que eso, se ha convertido en la clave para prosperar en el siglo XXI.

Antiguamente, la riqueza y el poder consistían en la posesión de personas, normalmente esclavos. En la era feudal se transformaron en la posesión de tierras. En la era industrial adquirieron la forma de la posesión del capital y de los medios de producción. En la era de la información residen en el acceso al capital intelectual y en su utilización, en la capacidad de dominar información y transformarla con fines innovadores: lo que Joseph Nye ha llamado «poder blando».[13] El contenido correspondiente a mano de obra en los bienes manufacturados continúa reduciéndose. Inmensos beneficios fluyen hacia quienes tienen las ideas. Hasta un grado cada vez mayor, las corporaciones multinacionales están subcontratando la fabricación y los servicios periféricos y convirtiéndose, en lugar de eso, en propietarios de conceptos: marcas, logos, imágenes y diseños.[14] En una economía así, fluyen inmensos beneficios hacia aquellos que tienen capacidades intelectuales y creativas. La educación, no meramente la básica sino la superior, se convierte en una necesidad, incluso en un derecho humano fundamental. La inversión en educación es la forma más importante que tiene una sociedad de ofrecer a sus niños un futuro.

Esta idea ha sido tan fundamental para el judaísmo que se puede considerar con toda justicia que es una religión basada en la educación. Moisés ordena a los israelitas: «Enseñarás estas cosas diligentemente a tus hijos, y hablarás de ellas estando en tu casa, y andando por el camino, y al acostarte, y cuando te levantes» (Deuteronomio 6: 7). Al retornar a Israel desde Babilonia en el siglo V antes de la Era Común, Ezra reúne a la gente ante una de las puertas de Jerusalén y reinstaura la enseñanza de la Ley en una vasta ceremonia de educación para adultos: «Leyeron del Libro de la Ley de Dios, explicándolo y dándole significado para que la gente pudiera comprender lo que les estaba siendo leído» (Nehemías 8: 8).

Ezra se convirtió en un nuevo arquetipo: el profesor como héroe. De ahí en adelante, el judaísmo desarrolló poco a poco las instituciones –escuelas, casas de estudio, y la sinagoga no solo como casa de oración sino también como lugar de lectura pública y explicación de la Tora– que lo iban a sostener después de la caída del Segundo Templo y de la dispersión global de los judíos. Para el siglo I de nuestra era, Flavio Josefo escribe que «si se preguntara a alguien de nuestra nación por nuestras leyes, las recitará tan fácilmente como su propio nombre. El resultado de nuestra exhaustiva educación sobre nuestras leyes, desde la misma aurora de la inteligencia, es que están, por así decirlo, grabadas en nuestras almas».[15] H. G. Wells observó que «la religión judía, al ser una religión sostenida por la literatura, llevó a los primeros esfuerzos de proveer educación elemental a *todos* los niños de la comunidad».[16]

La alfabetización universal es una idea relativamente reciente en Occidente. La educación obligatoria no se instituyó en Gran

Bretaña hasta 1870. Las comunidades judías parecen haber sido únicas en instituirla y mantenerla durante la mayor parte de su historia. Hay evidencia en el libro de los Jueces de que ya en el año 1000 antes de la Era Común buena parte de la población, o incluso la mayoría, podía leer y escribir. Un sistema completo de escolarización, primaria y secundaria, estaba ya instaurado para el primer siglo de nuestra era. Una disposición que data de la Edad Media sirve para ilustrarnos acerca de la naturaleza de esta provisión comunal de educación.

Los judíos de la España del siglo XV eran una comunidad inmersa en el sufrimiento. Habían experimentado su equivalente de la Noche de los Cristales Rotos de la Alemania nazi –la quema y el saqueo de sinagogas, negocios y hogares judíos– en 1391, y fueron objeto de persecuciones durante un siglo, hasta su expulsión en 1492. En medio de esta experiencia decidieron que por muchas otras cosas que sufrieran, no debería negarse a los niños la mejor educación posible. El sínodo de Valladolid de 1432 impuso impuestos especiales sobre la carne y el vino, así como tasas sobre bodas, circuncisiones y entierros, y la recaudación de todos esos impuestos y tasas fue destinada a financiar la educación. La asamblea ordenó:

> Toda comunidad de quince [o más] cabezas de familia estará obligada a mantener un profesor cualificado de enseñanza primaria para instruir a sus hijos en las Escrituras. Le proveerán con unos ingresos suficientes para vivir, de acuerdo con el número de sus dependientes. Los padres estarán obligados a mandar sus hijos a ese profesor, y cada uno le pagará de acuerdo con sus medios. Si este salario pagado por los padres fuera inadecuado, la comunidad estará obligada a suplementarlo con una cantidad necesaria para su vida de acuerdo con el momento y el lugar.[17]

Ya en el siglo III los rabinos habían ordenado que cualquier comunidad judía que fracasara en la obligación de establecer un colegio sería expulsada. A lo largo de los siglos, cuando la vasta mayoría de Europa era analfabeta, los judíos mantuvieron una infraestructura educativa como máxima prioridad. No sería una exageración afirmar que en esa prioridad reside la clave de la capacidad judía de sobrevivir a catástrofes, arreglárselas en situaciones de cambio y prosperar en circunstancias difíciles.

* * *

Buena parte del debate sobre la globalización se centra en temas políticos y económicos: la gobernanza global y el impacto de la nueva economía. Una perspectiva judía argumentaría que, por muy vitales que sean estas cosas, la provisión de educación universal es aún más importante. En el futuro previsible, mucho dependerá del grado en que la gente se posicione para aprovechar las nuevas oportunidades, y esto a su vez dependerá de la extensión y la profundidad de la inversión en educación. De hecho, las tecnologías están cambiando tan rápidamente que la idea de que la educación esté confinada a la infancia tendrá que ser revisada a favor del aprendizaje de por vida, que también es un valor clásico de la tradición judía. La comunidad judía es un caso paradigmático de grupo que predicó la idea de una sociedad de dignidad humana igualitaria que no esté basada en la distribución de la riqueza o el poder, sino en el acceso a la educación; y funcionó.

Todo eso, he argumentado, fue en sí mismo resultado de una revolución en la tecnología de la información ocurrida hace casi cuatro milenios: la invención del alfabeto. La revolución que estamos viviendo –de ordenadores, modems, correo electrónico, CD-ROMs interactivos e internet –debería entenderse en los mismos términos. Su importancia última será su contribución a la *democratización del conocimiento*, y por lo tanto de la dignidad y de la creatividad. El primer imperativo de la nueva tecnología de la información debería ser facilitar a cualquier niño el acceso al universo de conocimiento que la comunicación global instantánea nos abre.

Un modelo de esto es el plan «Bôlsa-Escola» de Brasil, que paga subsidios a familias pobres si sus hijos asisten al colegio regularmente. La escolarización de Brasil ha aumentado, como resultado, hasta el 97 por ciento de la población infantil.[18] Recientemente, en una sesión especial de la Asamblea General de las Naciones Unidas,[19] Gran Bretaña apoyó una iniciativa del Banco Mundial consistente en proporcionar fondos que aseguren la escolarización primaria universal para el año 2015. Esta es la prioridad correcta. Cuanta más educación tengan los niños, más amplias serán sus perspectivas laborales, más podrán llegar a ganar, y más capaces serán de lidiar con circunstancias económicas cambiantes. Internet ha extendido la accesibilidad y reducido los costes de la enseñanza a todos los niveles. Hoy en día pueden elaborarse y compartirse programas académicos por todo el mundo. Hay muchas universidades que ya están online, al igual que muchos colegios.

Ningún área de desarrollo tiene mayor efecto y pocas plantean menos controversia, porque el conocimiento no es un bien de suma cero. Yo no pierdo conocimiento al dárselo a otros. Es más probable que ocurra lo contrario. Fue, por ejemplo, la puesta en común del conocimiento posibilitada por la invención de la imprenta, el nacimiento de sociedades cultas y la extensión de las publicaciones académicas, lo que trajo consigo el crecimiento exponencial de la ciencia en la Europa de los siglos XVII y XVIII. Más recientemente, ha sido el intercambio de ideas y descubrimientos en sus cafés lo que ha hecho de Silicon Valley, en California, el líder mundial de las tecnologías informáticas. El conocimiento crece al ser compartido.

La tecnología de la información no solo plantea grandes transformaciones; también tiene profundas implicaciones éticas. Globalmente, el número de menores –especialmente chicas– que carecen de educación adecuada constituye un escándalo. Significa que la mayoría permanecerá en desventaja durante toda su vida. Las escuelas, los programas académicos, la formación de profesores, la provisión de ordenadores y las descargas baratas de información deberían ser formas clave de la ayuda internacional y de la asistencia voluntaria a países en desarrollo. Ninguna otra actuación aislada ofrece mejores perspectivas de aumentar las oportunidades económicas para todos, y de hacernos avanzar en el largo y arduo camino hacia la dignidad humana universal.

NOTAS

1 Ver Hill 1994; Wright 2005.
2 Hill 1994, p. 12-16.
3 Anderson 1991.
4 Diringer 1962.
5 Ong 1992, p. 85.
6 *Ibid.*, p. 78-116.
7 Ver Diringer 1958; Man 2001.
8 Voegelin 1956.
9 *Troilo y Crésida*, Acto I, escena iii.
10 Ver Hillers 1969; Elazar 1995 y 1998.
11 Gottwald 1980, p. 692-3.
12 Harrison y Huntington 2000, p. xviii-xix.
13 Nye 2003.
14 Klein 2002.
15 Josefo, *Contra Apión*, p. ii, 177-8.
16 Wells, Vol. 1, p. 176.

17 Baron 1945, Vol. 2, p. 172.

18 Soros 2002; Clinton 2001.

19 Asamblea General de las Naciones Unidas, 10 de mayo de 2002.

Capítulo 8

COOPERACIÓN: LA SOCIEDAD CIVIL Y SUS INSTITUCIONES

> Las relaciones tradicionales nacen de cosas tales como el parentesco, la etnicidad, la geografía o visiones espirituales compartidas. Se mantienen adheridas por nociones de obligaciones recíprocas y visiones de destinos comunes [...]. Las relaciones cosificadas, en el otro extremo, son de naturaleza instrumental. El único pegamento que las mantiene es el precio acordado para la transacción [...]. Una comunidad fuerte es un requisito previo para una economía sana porque solo ella genera confianza social
>
> (Jeremy Rifkin, *La era del acceso*)

Los entusiastas del mercado global son solo los últimos de la larga lista de los que han sido cautivados por la que posiblemente sea la idea más influyente de la modernidad: que la competencia es la fuerza motriz del progreso. En el *Leviatán*, Hobbes habló de la «inclinación general de toda la humanidad», a la que identificó como «un perpetuo e incesante deseo de conseguir un poder tras otro, que solo cesa con la muerte».[1] Charles Darwin, en *El Origen de las Especies*, argumentó que la lucha por la supervivencia ante recursos finitos –la selección natural– era lo que explicaba el curso de la evolución. Los darwinistas sociales, entre ellos Herbert

Spencer, mantuvieron que la misma ley de supervivencia se aplicaba a sociedades y culturas. Actualmente los partidarios de la globalización argumentan que la maximización de la competencia a través de la desregulación financiera y de los mercados planetarios es el motor de gran cilindrada de la creación de riqueza.

Algo hay de verdad en esa afirmación, pero solo algo. Entender cómo llegó a ser aceptada y cómo más recientemente ha sido desafiada, es uno de los capítulos más cautivadores del pensamiento moderno, al juntar argumentaciones convergentes de economía, política, matemáticas aplicadas, sociobiología y simulaciones cibernéticas. El resultado ha sido un cambio de paradigma en nuestra comprensión de la interacción humana, y más notablemente una comprensión más rica de la importancia de la cultura y de la comunidad –lo que yo llamaré «relaciones de alianza»– para sostener la vida social. Una de las conclusiones más significativas es que la economía y la política, las dos disciplinas maestras de la sociedad contemporánea, resultan ser insuficientes si queremos preservar nuestra ecología humana. Primero, sin embargo, hay que responder a otra pregunta: ¿Cómo llegó la competencia a ser el centro de atención del pensamiento moderno?

Uno de los puntos de inflexión de la historia de Occidente se produjo cuando una serie de pensadores se hicieron la pregunta: ¿Cómo pueden convertirse las pasiones destructivas a las que la gente es propensa en algo beneficioso para la colectividad? ¿Qué ocurre cuando el sentido del pecado y las restricciones interiorizadas de una era religiosa empiezan a debilitarse? Una respuesta, enunciada por Hobbes, consistía en la creación de una autoridad central fuerte, el Leviatán del Estado, que aseguraría el imperio de la ley. Ese fue el nacimiento de la política moderna. Aún más intrigante es otra respuesta, la que intuyeron Pascal y

Bernard Mandeville entre otros. ¿No podrían los deseos opuestos de los diferentes individuos ser la fuente del esfuerzo, y no podría esto llevar a resultados mejores que si los humanos fueran dóciles o incluso benévolos? Montesquieu argumentó que la búsqueda del honor daba energía al cuerpo político, de manera que «todo el mundo contribuye al bienestar general aunque piense que trabaja para sus propios intereses». En un tono similar, Giambattista Vico señaló:

> De la ferocidad, la avaricia y la ambición, los tres vicios que llevan a la humanidad a la ruina, [la sociedad] crea la defensa nacional, el comercio y la política, y mediante ellas produce la fuerza, la riqueza y la sabiduría de las repúblicas; de estos tres grandes vicios que destrozarían sin duda al hombre en la tierra, la sociedad hace que emerja, de esta manera, la felicidad civil.

El vicio privado se convertiría en virtud pública cuando la sociedad estuviera organizada para transformar las pasiones en intereses.[2] Así nació la ciencia económica.

La más famosa de todas las articulaciones de este principio fue, por supuesto, la que dio Adam Smith en *La riqueza de las naciones*. Expuso que el intercambio de mercado y la división del trabajo tenían el efecto de generar crecimiento económico. La naturaleza misteriosa pero benigna de este proceso era que aunque los individuos actuaban persiguiendo sus propios intereses, el efecto agregado era la ganancia colectiva. Vico, que ya había comprendido esto, se vio movido a decir que esto «demuestra la existencia de la providencia divina». Smith, más modestamente, habló de «una mano invisible»:

> [El individuo] ni tiene intención de promover el interés público, ni sabe cuánto lo está promoviendo. Al preferir

> apoyar la industria local mejor que la extranjera, solo busca su propia seguridad; y al dirigir esa industria de tal manera que su producto pueda tener el mayor valor posible, solo busca su propia ganancia, y se ve en esto, como en muchos otros casos, dirigido por una mano invisible a promover un fin que no era parte de su intención. [...] Al perseguir su propio interés, frecuentemente promueve el interés de la sociedad de manera más efectiva que cuando lo hace intencionadamente, en realidad. Nunca he sabido que hayan hecho mucho bien aquellos que se han dedicado al comercio por el bien común. Desde luego, esa es una inclinación poco común entre mercaderes, y no hace falta emplear muchas palabras para disuadirles de ello.[3]

Esta penetrante idea resolvió una de las grandes tensiones de cualquier cultura, la que existe entre el interés propio y el altruismo, entre la búsqueda de la ganancia individual y la colectiva. Nos dice que no hay conflicto alguno, después de todo. La una lleva a la otra. La fuerza del mercado es que aprovecha las energías privadas y las usa para el bien público. Como la providencia divina misma, apunta a que existe un esquema más grande en la sucesión de eventos, más allá de las intenciones de los agentes individuales. A partir de las decisiones aparentemente inconexas de millones de personas, cada uno de los cuales persigue su propia ventaja, emerge algo vasto, benigno e inesperado: el crecimiento económico. Para promover la ganancia de todos, todo lo que tenemos que hacer es concentrarnos en nosotros mismos. La «mano invisible» hace el resto. Esto, que constituye el dogma central de la economía de mercado, fue luego disputado por las grandes alternativas políticas del mundo moderno, el socialismo y el comunismo, pero para el final del siglo XX estas ya estaban en retirada, incluso derrotadas. Sin embargo, mientras el capitalismo democrático ganaba su batalla contra los sistemas económicos rivales, otro desafío estaba fraguándose desde una dirección bastante diferente e inesperada.[4]

*   *   *

Ese desafío comenzó en 1944 con la invención de una nueva rama de las matemáticas, la teoría de juegos, concebida por una de las inteligencias más formidables del siglo XX: John von Neumann (1903-57). Nacido en Hungría, hijo de un banquero de éxito, se fue a Estados Unidos en 1930, donde desempeñó un papel esencial en el desarrollo de las armas termonucleares, los misiles balísticos y la teoría de la disuasión nuclear. Un recuerdo en particular, sin embargo, permaneció en su mente desde su infancia: las charlas de su padre en el comedor familiar acerca de los problemas de gestionar un banco. Con el tiempo, esto llevó a von Neumann a concluir que el análisis económico no hacía justicia a un aspecto central de la toma de decisiones humana. Elegir la mejor de entre varias alternativas cuando pueden calcularse sus consecuencias es una cosa, pero la vida rara vez es así de simple. Normalmente el resultado de mi decisión depende de las reacciones de otros, y estas no pueden preverse. La teoría de juegos fue un intento de desarrollar una representación matemática de cómo actuar en condiciones de incertidumbre. Seis años más tarde, dio lugar a su aplicación más famosa, el «dilema del prisionero».

El dilema imagina el siguiente escenario. La policía arresta a dos hombres sospechosos de un grave crimen. Sin embargo, carece de pruebas para condenarles. Como mucho, tiene suficiente información para demostrar que son culpables de una ofensa leve. El objetivo de la policía, por lo tanto, es conseguir que al menos uno de ellos delate al otro. Los ponen en salas separadas sin posibilidad de comunicación. Luego ofrecen un trato a cada uno de los sospechosos. Si uno delata al otro y este otro permanece en silencio, el delator saldrá libre y el otro recibirá una sentencia de diez años de cárcel. Si los dos se delatan mutuamente, recibirán cinco años cada uno. Si los dos permanecen en silencio, solo se les declarará culpables de la ofensa leve, y cada uno de ellos se enfrentará a un año de cárcel.

No lleva mucho tiempo concluir que, para cada uno de ellos, la decisión óptima es delatar al otro. El resultado, sin embargo, es que en ese caso cada uno recibe una sentencia de cinco años de cárcel, mientras que si ambos hubieran permanecido en silencio solo habrían sido encarcelados durante un año. La razón por la cual ninguno opta por esta estrategia del silencio es que no pueden estar seguros de que el otro vaya a hacer lo mismo. El dilema del prisionero puede parecer una simple curiosidad matemática, pero es mucho más que eso. Lo que hace es desafiar la premisa fundamental de la ciencia económica *smithiana*, concretamente que varias personas, cada una buscando su propio interés, generen un resultado que sea beneficioso para todos. Por el contrario, muestra que dos personas, actuando ambas racionalmente, producen un resultado que es malo para las dos.

Durante muchos años esto permaneció como una paradoja, hasta que llegó otro concepto desde otra dirección. Durante mucho tiempo había habido un elemento de tensión en la biología darwiniana; un elemento del que el mismo Charles Darwin fue consciente. En la lucha por la supervivencia gana el más fuerte. A pesar de ello, casi todas las sociedades humanas valoran el comportamiento altruista y lo predican como algo a imitar. ¿Qué ventaja evolutiva puede resultar del sacrificio del interés propio al del grupo? Puede que el grupo se beneficie, pero el individuo desde luego no. ¿Cómo prosperarían entonces sus genes para llegar a generaciones futuras? Como anotó Darwin, los individuos más valientes «morirían en promedio en mayor número que otros hombres». El héroe «a menudo no dejaría descendientes que heredaran su noble naturaleza».[5] El altruismo no debería sobrevivir, y sin embargo lo hace.

La respuesta vino finalmente de la reflexión acerca del dilema del prisionero, que mostró que la acción basada en el propio interés no siempre daba resultados óptimos. ¿Y si la paradoja se debiera al hecho de que las partes solo se hubieran encontrado una vez? ¿Qué pasaría si se encontraran repetidamente? ¿No averiguarían eventualmente que hay una estrategia mejor, concretamente la cooperación: «yo permaneceré en silencio si tú también lo haces»? En ese caso yo estaría actuando en tu interés porque está en mi interés hacerlo. Este patrón de conducta, sin embargo, solo emergería si yo tuviera la oportunidad de aprender; en otras palabras, si yo me encontrara repetidamente en la misma situación, en lo que se ha llamado el «dilema del prisionero iterado». Eso podría resolver un problema no solo de economía sino también de biología. Explicaría los orígenes del altruismo.

Para finales de la década de los setenta los ordenadores eran ya suficientemente potentes como para poder simular tales encuentros reiterados. Un politólogo, Robert Axelrod, anunció una competición internacional para encontrar el programa que mejor jugara al dilema del prisionero iterado, tanto contra sí mismo como contra otros oponentes. El programa ganador fue concebido por un canadiense, Anatole Rapoport, y se llamaba *Tit-for-Tat* («ojo por ojo»). Su procedimiento era asombrosamente simple: comenzaba cooperando, y a partir de ahí repetía el último movimiento de su oponente. Trabajaba bajo el principio «lo que tú me hiciste a mí, te lo haré yo a ti», o lo que la Biblia y Shakespeare llaman «medida por medida». Los programas más agresivos daban buenos resultados a corto plazo pero acababan perdiendo al provocar represalias. Lo que mostró *Tit-for-Tat* era el valor para la supervivencia del altruismo recíproco, y por lo tanto la ventaja evolutiva del *homo sapiens*.

Resulta que la supervivencia no depende tanto de la fuerza del individuo como de los hábitos de cooperación. Un hombre pierde contra un león, pero diez hombres tienen una buena posibilidad de ganar si pueden coordinar sus esfuerzos. Ahora parece probable que los rasgos distintivos de los seres humanos –el tamaño de nuestro cerebro y el desarrollo del uso del lenguaje– se hayan derivado de las ventajas de la sociabilidad extendida. Incluso hay entre los mamíferos una estrecha correlación entre el tamaño del cerebro y el grupo social: cuanto más grande es el cerebro, más grande es el grupo. Algo que es interesante es que esta regla sugiere que el tamaño óptimo de un grupo humano es de unos 150 individuos.[6] Ese es, en promedio, el número máximo de gente que podemos conocer bien y contar como amigos. He ahí un intrigante indicio de que la comunidad, esa construcción social, tiene una base biológica.

Volviendo ahora al principio de Adam Smith del interés propio, recordemos que parecía ser refutado por el dilema del prisionero, que mostraba que la acción egoísta a menudo no conseguía producir resultados óptimos. El conflicto fue resuelto cuando el juego fue jugado muchas veces por los mismos participantes. Al final aprenden a cooperar; y la cooperación se predica sobre la confianza, la creencia en que reciprocarás, ahora o después, las acciones que yo tome en tu beneficio. Tan fundamental es este principio que los economistas le han dado un nombre. Lo llaman *capital social*, refiriéndose al nivel de confianza que hay en una sociedad. Lo que es crucial, sin embargo, es recordar cómo se genera la confianza en el dilema del prisionero iterado: mediante la interacción reiterada entre las mismas personas. Esa es, por ejemplo, la razón de que los niveles de criminalidad sean siempre mayores en las ciudades que en los pueblos. Es más probable que alguien intente aprovecharse de ti si nunca le vas a ver otra vez (el dilema del prisionero simple) que si te lo vas a encontrar por la calle mañana y pasado mañana. Los hábitos de cooperación se basan en la existencia de relaciones a largo plazo.

* * *

Entonces, ¿cómo o dónde empieza la confianza? Aquí hay una paradoja. Si es racional, como muestra el dilema del prisionero, no confiar en un extraño, ¿dónde y cómo ocurre la transformación? La respuesta reside en reflexionar sobre las instituciones que gobiernan nuestra vida colectiva.

Imaginemos que estoy intentando explicar a alguien las instituciones básicas de la sociedad. Decido hacerlo dando un paseo a través del centro de Londres. Al pasar por el Parlamento, digo que esos edificios son la sede del gobierno, el hogar de la política, y que la política trata de la creación y la distribución de poder. Entro en la *City* de Londres propiamente dicha, pasando por calles de tiendas y oficinas, y veo a lo lejos el edificio de la Bolsa. Digo que esos edificios son la sede de los mercados, el dominio de la economía, y que la economía trata de la creación y la distribución de riqueza. A medida que camino, mi compañera se para y apunta a los campanarios y las torres de las iglesias de Londres y a la gran cúpula de la catedral de San Pablo. Me pregunta: «¿Y qué crean y distribuyen las casas de culto?» Puedo estar inclinado a decir que no son cosas de ese tipo para nada, pero estaría equivocado. Las casas de culto, congregaciones y comunidades sí que crean y distribuyen algo, pero es algo muy diferente de la riqueza o el poder.

Las relaciones políticas y económicas son *contractuales*. Presuponen la conjunción de partes que buscan su propio interés, ambas de las cuales se benefician del intercambio. En el caso de la economía, eso es evidente. En el caso de la política, se basa en lo que Hobbes, Locke y Rousseau, cada uno a su modo, describieron como el contrato social: el proceso, explícito o implícito, mediante el cual los individuos ceden ciertos poderes y libertades a un cuerpo central, el Estado, que a cambio se encarga de asegurar el imperio de la ley y por lo tanto la seguridad de la vida y la propiedad personal.

Las relaciones contractuales, sin embargo, no son la única forma de asociación ni tampoco la más fundamental. Consideremos, por ejemplo, a la familia: padre, madre e hijos. Comen, beben, juegan y ocasionalmente discuten entre ellos. Se turnan para realizar varias tareas. Han desarrollado una coreografía mutua inconsciente. Se ayudan los unos a los otros; dependen los unos de los otros; y ese minué de dar y tomar es una parte importante de su identidad y de su crecimiento como individuos. Pueden tener reglas, reglas que algunas veces se vulneran. Hay rebeliones menores que normalmente son seguidas por rituales de reconciliación: alguien dice «lo siento», es perdonado o perdonada, y se restaura el orden. Viendo este microcosmos de la comunidad y sus transacciones del día a día, vemos que algo significativo está teniendo lugar: la creación y el mantenimiento de la vida moral.

Bajo la superficie de esta familia se hallan ciertos conceptos fundamentales: amor, lealtad, responsabilidad, autoridad, obediencia, justicia y compasión. Estos son los filamentos que mantienen unidos a los miembros de la familia. Definen sus relaciones y enmarcan sus expectativas: que cuando la madre ha tenido un día particularmente malo en el trabajo, los demás serán un poco más comprensivos y menos exigentes de lo normal, o que a cuando a un hijo pequeño le cuestan más los deberes, uno de sus hermanos mayores le ayudará. Estas relaciones no son contractuales. No tienen intrínsecamente nada que ver con transacciones de poder o de riqueza. Un grupo en el que llevarse bien se consiguiera solo bajo amenaza de violencia o pagando por servicios prestados, no sería una *familia*. Yo llamo a tales relaciones –usando una palabra clave de la Biblia– relaciones *de alianza*. Mientras que los contratos tratan del yo, las *alianzas* tratan de las agrupaciones mayores, en las cuales y a través de las cuales desarrollamos nuestra identidad. Tratan acerca del «nosotros» en el que yo descubro mi «yo». Las relaciones de alianza son aquellas que están sostenidas por la confianza.[7]

Una de las premisas fundamentales del pensamiento moderno fue el concepto del ser nuclear o aislado, el «yo», con el que supuestamente comenzaban el pensamiento y la acción. Es bien sabido que Descartes comenzó su travesía filosófica poniendo en duda sistemáticamente todo aquello en lo que creía. ¿De qué puedo estar seguro, si es que puedo estar seguro de algo?, se preguntaba. De una cosa solamente: pienso, luego existo. Este solitario yo, seguro de nada más que de su propia existencia, es el héroe de casi todos los grandes dramas de la Ilustración. Este «yo» es quien, según Hobbes, asegura su propia seguridad mediante el otorgamiento de poderes a un soberano. Es el mismo yo que, según Locke, experimenta las sensaciones y usa su capacidad de razonar para desarrollar el lenguaje. Ya hemos conocido a este «yo» en la explicación del mercado de Adam Smith, persiguiendo su propio interés y contribuyendo así, sin saberlo, a la riqueza de la nación. Esos «yoes» son quienes celebran contratos.

Uno de los grandes descubrimientos intelectuales del siglo XX, sin embargo, es que este «yo» es una ficción, o como mínimo una abstracción. El sociólogo George Herbert Mead mostró que solo desarrollamos un sentido de la identidad personal mediante la conversación cercana y continua con «prójimos significativos», normalmente, en primera instancia, los padres. El filósofo Ludwig Wittgenstein demostró que la idea de un «lenguaje privado» es incoherente. Solo aprendemos lenguaje al comunicarnos, es decir al involucrarnos en relaciones con los demás. El Antiguo Testamento argumenta ese mismo punto muy al comienzo, aunque de una forma que se pierde sistemáticamente en las traducciones. Dios dice acerca del primer ser humano: «No es bueno que el hombre esté solo». Después crea a la primera mujer, y el hombre, al despertar y verla, dice: «Esto es ahora hueso de mi huesos, carne de mi carne; se llamará mujer [*ishah*] porque fue tomada del hombre [*ish*]». Lo que se pierde en la traducción es que el hebreo bíblico tiene dos palabras para hombre, *adam* e *ish*. *Adán* (que quiere decir «tomado de la tierra», *adamah*) significa hombre como especie biológica. *Ish* significa más o menos lo mismo que la palabra «persona». Lo sutil del texto bíblico es que este versículo es el primero en el que aparece la palabra *ish*. Adán debe pronunciar el nombre de su mujer antes de poder pronunciar el suyo propio. Debe decir «tú» antes de poder decir «yo».

Es esta concepción de la identidad personal lo que subyace al concepto de alianza. La alianza es un vínculo, no de interés o de ventaja, sino de pertenencia. Las alianzas se hacen cuando dos o más personas se juntan para crear un «nosotros». Difieren de los contratos en que tienden a ser de duración indefinida y duradera. Suponen un compromiso de una persona hacia otra, o hacia otras. Conllevan una noción sustantiva de lealtad: permanecer unidos incluso en tiempos difíciles. Pueden reclamar, en ciertos momentos, el sacrificio propio. Las personas que están unidas en una alianza están «obligadas a responderse mutuamente más allá de la letra de la ley, en vez de limitar sus obligaciones a lo mínimo requerido por los contratos».[8] El ejemplo más simple de alianza es el matrimonio. Otro ejemplo es el vínculo de la amistad, como cuando en el Libro de Samuel se dice: «Y Yonatán hizo una alianza con David porque le amaba tanto como a sí mismo» (I Samuel 18: 3). Pero las alianzas pueden definir uniones más grandes, y a menudo lo hacen. Como apunta Daniel Elazar, expresan «la idea de que las personas pueden crear libremente comunidades y entidades políticas, pueblos y públicos, y la propia sociedad civil, a través de tales pactos con anclaje y sostén moral».[9]

Las relaciones de alianza –aquellas en las cuales desarrollamos la gramática y la sintaxis de la reciprocidad, en las que nos ayudamos unos a otros sin calcular ventajas relativas– son el lugar donde nace la confianza, y sin ellas no habría «yoes» ni contratos. Los contratos, sociales o económicos, intermedian las relaciones entre desconocidos. Pero si siempre fuéramos solo extraños, no tendríamos razón alguna para fiarnos unos de otros. Siempre existiría la posibilidad, y siempre tendría que tenerse en cuenta, de que el otro nos dejara tirados cuando estuviera en su interés hacerlo. Un mundo sistemáticamente privado de fidelidad o lealtad sería un mundo en el que ni los Estados ni los mercados llegarían a nacer jamás. Francis Fukuyama está, por tanto, en lo correcto cuando observa:

> Para que las instituciones de la democracia y del capitalismo funcionen adecuadamente, deben coexistir con ciertos hábitos culturales premodernos que aseguren su correcto funcionamiento. La ley, los contratos y la racionalidad económica proporcionan una base necesaria, pero no suficiente, para la estabilidad y la prosperidad de las sociedades postindustriales; también deben contar con la levadura de la reciprocidad, la obligación moral, el deber hacia la comunidad y la confianza, que están basadas en el hábito más que en el cálculo racional. Todos estos conceptos no son anacronismos en una sociedad moderna sino más bien condiciones sine qua non para el éxito de esta.[10]

O para expresarlo de otra manera: los mercados se sustentan en virtudes no producidas por el mercado, al igual que los Estados se sustentan en virtudes no creadas por el Estado.

¿Dónde se crean? En las familias, las comunidades, las amistades, las congregaciones, las asociaciones voluntarias y las fraternidades de diversos tipos: en resumen, allí donde la gente se reúne no para intercambiar riqueza o poder sino por un compromiso recíproco o por una causa mayor que sirven en común. Fue esta penetrante idea lo que llevó de manera célebre a Edmund Burke, al reflexionar sobre la Revolución Francesa, a hablar sobre los «pequeños pelotones» como el lugar donde nacen los «afectos públicos».[11] También fue esto lo que llevó a Alexis de Tocqueville a afirmar que eran los «hábitos de asociación» de los americanos –su tendencia a formar asociaciones voluntarias y a unirse a iglesias– lo que protegía la libertad mediante el ejercicio de la ciudadanía.[12] Burke y Tocqueville han sido objeto de gran interés en años recientes debido a la creciente constatación de que el mercado y el Estado han debilitado entre ambos a la instituciones creadoras de confianza: eso que algunas veces se denomina el «tercer sector» o las estructuras «mediadoras». Aquellos que buscan revitalizarlas son a veces llamados «comunitaristas». Otros prefieren el término de «sociedad civil».[13] Y hay otros, como se ha mencionado anteriormente, que hablan de capital social. Lo que tienen en común todos ellos es su énfasis en las relaciones no contractuales, las que yo he llamado relaciones de alianza. Sin ellas no solo comienzan a fallar los mercados y los Estados. La propia vida social pierde elegancia y civilidad. Los lazos que nos conectan mutuamente comienzan a desgastarse. El sentido de la identidad y de pertenencia se atenúa cada vez más. Empezamos a sentirnos vulnerables y solos. Ahora podemos decir qué es lo que las casas de culto y las comunidades que las frecuentan creaban antiguamente y corremos peligro de perder: la dimensión de alianza de la vida, que es lo que genera la confianza.

Fue el politólogo de Harvard Robert Putnam quien en 1995 acuñó una metáfora y un nombre para este fenómeno. Refiriéndose al hecho de que cada vez más americanos iban a las boleras, pero cada vez menos se apuntaban a campeonatos y equipos, llamó a esto «jugar a los bolos solo».[14] Su argumento era que el capital social estaba en declive en todas las democracias liberales de Occidente. Esto podía verse no solo en el colapso de la familia y de las comunidades, sino en todo el rango de expresiones sociales y civiles de compromiso. Menos gente se estaba apuntando a grupos de voluntariado. La asistencia a misa estaba en declive. La gente pasaba menos tiempo con sus vecinos. Los jóvenes estaban claramente menos interesados en política que sus padres. Se estaban perdiendo los «hábitos de asociación», y la consecuencia era inevitable. El dilema del prisionero iterado implica que la interacción repetida con un grupo estable de personas es esencial para mantener la confianza. Cuando una sociedad pierde estas dimensiones, los individuos se vuelven más cautos y suspicaces. Se sienten rodeados de desconocidos, no de amigos. Putnam y otros analizaron esta pérdida. Descubrieron que la gente sospechaba más de los motivos de los demás y era más cínica respecto a los políticos. Ha habido una pérdida generalizada de confianza en las autoridades y las instituciones.

La ironía es que Adam Smith parece haber sabido todo esto desde el primer momento, ya que no escribió una obra maestra, sino dos: antes de *La riqueza de las naciones* (1776) ya había escrito el *Tratado de los sentimientos morales* (1759). En ese trabajo anterior, lejos de defender el interés propio, escribió que «sentir mucho por los demás, y poco por nosotros mismos... constituye la perfección de la naturaleza humana». Los académicos alemanes, confusos por la aparente contradicción entre los dos libros, lo llamaron *das Adam Smith Problem*. La solución, sin embargo, debería estar clara a estas alturas. Hay un sistema económico y un sistema moral. El primero corresponde al mercado, el segundo a los círculos concéntricos de familia, amigos, comunidad y sociedad. Cuando el sistema moral circunscribe al económico, produce las virtudes de la industria, la honestidad y la fiabilidad mutua en las que se basa el mercado. Es cuando el sistema económico socava las bases del sistema moral cuando se pone en peligro la confianza y cuando nos acercamos a la situación del dilema del prisionero original, en el que la búsqueda del interés propio es algo dañino en vez de algo beneficioso. La paradoja de la competencia es que solo es benigna cuando se ve contrarrestada por hábitos de cooperación. Un mundo puramente competitivo comienza siendo creativo, pero acaba siendo autodestructivo.

* * *

La nueva economía tiene un efecto adverso sobre la confianza, y lo tiene de muchas maneras. Una es lo que Robert Reich denomina de manera llamativa «la obsolescencia de la lealtad».[15] La mera presión del cambio significa que los trabajos ya no son algo seguro. Las compañías están constantemente reduciendo su tamaño, «reorganizándose» u «optimizando sus procesos», deshaciéndose de empleados o pasándolos a contratos a tiempo parcial o ligados a proyectos específicos. Muchas compañías que antes se enorgullecían de su compromiso vitalicio con sus empleados se han visto obligadas a abandonar esas políticas y a anunciar despidos masivos. Grandes corporaciones que antes dominaban pueblos o ciudades enteras, empleando a una parte significativa de su población activa, ahora subcontratan gran parte de su producción al extranjero y han dejado de tener una gran presencia cívica. Aparentemente, pueden desaparecer áreas enteras de empleo de un día para otro. La *Encyclopaedia Britannica*, una compañía de 230 años de edad, disolvió completamente su departamento de ventas a domicilio en cuanto puso sus contenidos online. En un entorno empresarial en el que hay una presión constante sobre las compañías, los empleados, los consumidores y los inversores para cambiarse a algo mejor cada vez más rápidamente, apunta Reich, «las empresas se están convirtiendo en colecciones de gente vinculadas entre sí poco más que por conveniencia temporal»[16] Es difícil saber quién debe lealtad a quién, o si la misma palabra «lealtad» conserva relevancia alguna en el mundo contemporáneo.

En *La crisis del capitalismo global*, George Soros apunta que cuando comenzó su carrera en los años cincuenta, los negocios se basaban en la lenta formación de relaciones. Ahora se han convertido en algo «transaccional», en una serie de encuentros separados, contrato por contrato, operación por operación, que no se basan en la confianza, sino en la presencia de abogados:

> En una sociedad perfectamente cambiable y transaccional el individuo es primordial. Desde el punto de vista del individuo, no es necesario ser moralmente recto para tener éxito; de hecho puede ser un estorbo. [...] En una sociedad en que prevalezcan las relaciones estables, este problema es mucho menor porque es difícil tener éxito si se transgreden las normas sociales dominantes. Pero cuando existe la posibilidad de moverse libremente, las normas sociales pierden poder vinculante, y cuando la conveniencia se consolida como la norma social, la sociedad se vuelve inestable.[17]

La pérdida de la lealtad se extiende también a la vida privada. Hay muchas razones para la extraordinaria descomposición de la familia que ha ocurrido en Occidente desde los años sesenta. Una de ellas, sin embargo, es sin duda la intrusión de los valores del mercado en áreas que previamente habían sido inmunes a ellos. Una cultura dominada por el consumismo y la publicidad milita a diario contra la existencia de apegos continuados. Nos invita constantemente a cambiarnos a otra marca, a probar algo nuevo, a ir por una oferta mejor a otro lado. No debería ser una sorpresa que esto comience también a afectar a las relaciones humanas. Una sociedad saturada por los valores del mercado sería una sociedad en la que las relaciones serían temporales, las lealtades provisionales y los compromisos fácilmente desechables. Sería, en resumen, una sociedad en la que el matrimonio tuviera poco sentido; y eso, básicamente, es lo que ha ocurrido.

El propio paso del tiempo, en la nueva economía, opera contra las instituciones de la sociedad civil. Cuando la gente se ve forzada, como ahora, a trabajar más y a estar disponible constantemente para el fax, los móviles, el buzón de voz y el correo electrónico, el tiempo que solía emplearse en estar con la familia, los amigos y el trabajo voluntario ya no existe. No es solo que el trabajo se haya vuelto más exigente y suponga más viajes y mudanzas más frecuentes. Su propia inseguridad fuerza a la gente a trabajar más, no vaya a ser que, al mes o al año siguiente, no tengan trabajo, o en todo caso no un tengan trabajo bien remunerado. El resultado es que las personas, al menos durante su vida laboral, tienen menos tiempo libre para realizar actividades no económicas. Las tareas que solían hacerse dentro de la familia, desde el cuidado infantil hasta preparar la comida, están siendo realizadas cada vez más por otras personas a cambio de un sueldo. La familia está reduciendo su tamaño y subcontratando. Los padres pasan menos tiempo con sus hijos, que a su vez pasan más tiempo viendo la televisión o pegados a las pantallas de sus ordenadores. Jeremy Rifkin describe el resultado:

> Cuando la mayoría de las relaciones se transforman en relaciones comerciales y cuando toda vida individual resulta mercantilizada las veinticuatro horas del día, ¿qué ámbito queda para las relaciones de naturaleza no comercial, para las relaciones que se apoyan en el parentesco, la vecindad, los intereses culturales compartidos, la adscripción religiosa, la identificación étnica y las preocupaciones

> solidarias y cívicas? Cuando hasta el tiempo mismo se compra y se vende y cuando nuestra vida es poco más que una serie permanente de transacciones comerciales sustentadas por contratos e instrumentos financieros, ¿qué sucede con las relaciones recíprocas de tipo tradicional que surgen del afecto, el amor y la lealtad? [18]

No solo se comercializa el tiempo, sino también el espacio. La sociedad civil se basa en que haya entornos donde la gente se reúna, se mezcle y forme vínculos que atraviesen las barreras de clase o étnicas. Esa era tradicionalmente una de las labores de los lugares de culto, pero de formas distintas también era el papel de los espacios públicos en general: parques, plazas, vecindarios mezclados, aquellos sitios donde no hay que pagar. Cada vez hay menos entornos de ese estilo. Los barrios se vuelven más segregados a medida que los ricos se mudan a otros sitios. Los parques se vuelven más peligrosos a medida que aumenta la criminalidad callejera. Los grandes espacios públicos se han convertido en centros comerciales y complejos de entretenimiento, pero estos no son espacios cívicos. Vamos a ellos como consumidores, no como ciudadanos. Nuestros encuentros son cada vez más incorpóreos. Nos comunicamos cada vez más a través del teléfono o del correo electrónico, y menos por presencia física. El resultado es una pérdida de contacto humano y todo lo que ello implica. Las comunidades virtuales no son buenas sustitutas de las verdaderas. John Gray nos explica el peligro:

> El espejismo de la comunidad virtual nos sirve para reconciliarnos con el creciente abandono de las instituciones sociales y lugares públicos en los que [...] tienen lugar los encuentros no programados. Si las ciudades están desoladas y los colegios se ven acechados por el miedo, si nos apartamos de los desconocidos y de los niños como amenazas para nuestra seguridad, una retirada a la libertad vacía del

> ciberespacio puede parecer una liberación. Pero vivir gran parte de nuestras vidas en este espacio significa renunciar a parte de lo que nos hace humanos.[19]

* * *

Estas cosas importan, y en este capítulo he intentado expresar por qué. Los sociólogos hablan de confianza, los economistas de capital social, los sociobiólogos de altruismo recíproco, los teóricos de la política de sociedad civil. Lo que estos varios términos significan es que la vida social no puede reducirse a una serie de intercambios de mercado. Necesitamos alianzas tanto como necesitamos contratos; significados tanto como preferencias; lealtades, no solo asociaciones temporales para el beneficio mutuo. Estas cosas representan la esencia de quiénes somos. Son las «señales de trascendencia» que hay en medio de un mundo acelerado.

Para que la vida tenga un significado personal, debe haber gente que nos importe, y a la que importemos, de manera incondicional e insustituible. Pregunte a alguien cuál es su mayor fuente de felicidad, y es improbable que mencione su último coche, sus últimas vacaciones, sus nuevos pantalones vaqueros de diseño. Es más probable, o lo era, que diga: mi cónyuge, mis hijos, mi reputación, mis amigos. Si perdemos estas cosas perdemos el mismo concepto de felicidad, de una vida bien vivida, de dedicación a algo mayor que nosotros mismos. De manera contrastable, esto es lo que ha ocurrido. En una sola generación, a pesar del progreso económico y del avance tecnológico, la incidencia de la depresión, los síndromes relacionados con el estrés, los intentos de suicidio y el abuso del alcohol y las drogas han aumentado. Eso no son síntomas de bienestar, y nos recuerdan lo que tantas cosas del mundo actual tratan de hacernos olvidar: que no fuimos hechos para servir a los sistemas económicos. Los sistemas económicos fueron hechos para servirnos a nosotros.

La entronización del consumo en nuestra sociedad nos ha dado más libertad que nunca para escoger casi cualquier cosa: qué hacer, adónde ir, cómo vivir y con quién. Pero esa libertad disuelve simultáneamente las mismas cosas que en su momento daban permanencia y dignidad a una vida. Los matrimonios se vuelven frágiles. La asistencia a los lugares de culto baja. Los grupos de voluntariado están más fragmentados y son más efímeros. Se hace difícil para los individuos encontrar redes estables de apoyo en el momento en el que más las necesitan. Se vuelve aún más difícil decir por qué hacemos lo que hacemos. Los políticos nos valoran por nuestro voto, los anunciantes por lo que compramos, pero ¿quién queda que nos valore por lo que somos? Cuando los contratos sustituyen a las alianzas y los medios reemplazan a los fines, nos quedamos con una libertad sin significado alguno, que ciertamente es más agradable, pero no necesariamente más enriquecedora, que el significado sin libertad.

Por supuesto, el problema no se plantea de la misma manera en todo el mundo. En algunas sociedades, sobre todo en las democracias liberales de Occidente, el individualismo puede haber ido demasiado lejos. En otras –las que aún no han sido democratizadas o solo lo han sido recientemente– puede que aún no haya llegado suficientemente lejos. La centralización excesiva inhibe el crecimiento de asociaciones civiles, al igual que la comercialización excesiva las erosiona.[20] El equilibrio correcto es precario y difícil de mantener. Sin embargo el fomento de la sociedad civil es una característica esencial de la transición exitosa de sociedades totalitarias y economías centralizadas al capitalismo democrático, al igual que es un elemento necesario de la democracia liberal misma. Sin asociación estable con otros durante períodos extendidos de tiempo, somos incapaces de adquirir los hábitos de cooperación que forman la base de la confianza en la que se basan la economía y la política de una sociedad libre.

Uno de los roles clásicos de la religión ha sido preservar un espacio –físico y metafísico– inmune a las presiones del mercado. Cuando estamos delante de Dios lo hacemos sin que importe lo que ganamos, lo que poseemos, lo que compramos, lo que podemos permitirnos. Lo hacemos como seres de un valor último, no transaccional, que estamos aquí porque alguien –alguna fuerza en el corazón del ser– nos convocó a la existencia y nos convoca a ser una bendición. El poder de las grandes religiones del mundo es que no son meros sistemas filosóficos, verdades abstractas unidas en configuraciones estrictamente lógicas. Son verdades encarnadas, hechas vívidamente reales en vidas, hogares, congregaciones, rituales, narraciones, canciones y oraciones: en comunidades de alianza cuyo poder es precisamente que no están sujetas a las fuerzas económicas. Valoran a las personas por lo que son; valoran las acciones por los ideales que las han motivado; preservan las relaciones al dotarlas del carisma de la eternidad hecha real en el aquí y el ahora. Como lo expresa Roger Scruton:

> La fe exalta el corazón humano al apartarlo del mercado, haciéndolo sagrado y no intercambiable. Bajo la jurisdicción de la religión nuestros sentimientos más profundos son sacralizados para que puedan ser la materia prima de la vida ética: la vida vivida con juicio. Cuando la fe decae, sin embargo, lo sagrado ya no está protegido de los maleantes; el corazón puede ser capturado y puesto a la venta.[21]

Ha habido, y todavía hay, religiones opuestas por principio al mercado. El judaísmo, como he intentado dejar claro, no es una de ellas. Valora la economía libre porque valora la libertad; porque conduce a la creatividad y a la liberación progresiva de las vidas humanas de las caprichosas crueldades de la naturaleza: la pobreza, las hambrunas, la servidumbre y la enfermedad. El mundo que hemos creado es mejor que el que conocieron nuestros ancestros. Vivimos más tiempo, viajamos más lejos, gastamos menos tiempo en la pura rutina. El judaísmo no siente nostalgia por la edad de oro, el pasado mítico, el paraíso perdido, un Edén recordado. Pero incluso una fe tan enfocada en este mundo como el judaísmo insiste en que hay límites. Hay lugares y momentos –el *shabat*, las festividades, la oración diaria, el hogar, el colegio, la casa de estudio– en los cuales el mercado y sus cantos de sirena no deben entrometerse. Lo que George Soros llama «fundamentalismo de mercado» es una forma de idolatría: tomar una creación humana y atribuirle valor trascendental. El mercado es un medio, no un fin.

Me anima el hecho de que el Banco Mundial, bajo la dirección de James Wolfensohn, haya comenzado un diálogo con líderes religiosos, con el objetivo de dirigir el desarrollo económico de maneras que respeten e intenten preservar las comunidades locales, sus tradiciones y sus instituciones. He mostrado que esto no solo es importante desde el punto de vista de la dignidad humana. También es sensato desde el punto de vista económico. No basta con construir fábricas, sistemas de transporte y redes de ordenadores si en el proceso uno destruye las comunidades y los sutiles lazos que unen a unas personas con otras. Si la cooperación sin competencia está coja, entonces la competencia sin cooperación está ciega. Las personas que fabrican y compran, trabajan y consumen, son *personas*, y crear un entorno que respete a las personas y a las relaciones que necesitan para mantener ese respeto es una parte esencial de lo que Samuel Brittan llama «el capitalismo con rostro humano».[22]

NOTAS

1 Hobbes, 1990, p. 84.

2 Hirschman 1999.

3 Smith 2009.

4 La historia está detallada en Wright 1995; Ridley 1996; y Fukuyama 2001.

5 Charles Darwin, *El descendiente del hombre*, Vol. 1, p. 163.

6 Gladwell 2001, p. 169-92.

7 Sobre la confianza, ver Fukuyama 1998; Seligman 1997.

8 Elazar 1989, p. 19.

9 *Ibid.*

10 Fukuyama1995, p. 11.

11 Burke 2013.

12 Tocqueville 2005.

13 Sobre el comunitarismo y la sociedad civil ver Sacks 2000 y las obras que cita. Ver también Dionne 1998; Eberly 1995 y 2000; Glendon y Blankenhorn 1995; Warren 1999 y 2001.

14 Robert Putnam, «Bowling Alone: America's Declining Social Capital», *Journal of Democracy* (enero 1995): p. 65-78.

15 Reich 2001, p. 65-83.

16 *Ibid.*, p. 83.

17 Soros 1999.

18 Rifkin 2004, p. 71.

19 Gray 1997, p. 120.

20 Soros 2000.

21 Scruton 1998, p. 84.

22 Brittan 1995.

Capítulo 9

CONSERVACIÓN: LA SOSTENIBILIDAD MEDIOAMBIENTAL

> Creo que tenemos pocas probabilidades de evitar una catástrofe medioambiental si no reconocemos que no somos los amos del Ser, sino solo una parte del Ser. [...] Debemos reconocer que estamos relacionados con algo más que con el momento presente y con el lugar presente, que estamos relacionados con el mundo como un todo y con la eternidad. Debemos reconocer que, si no logramos reflejar los intereses universales, supraindividuales y supratemporales, hacemos un flaco favor a nuestros intereses específicos, locales e inmediatos. Solo las personas que tienen un sentido de responsabilidad hacia el mundo y por el mundo son verdaderamente responsables hacia sí mismos y por sí mismos.
>
> (Vaclav Havel, *The Art of the Impossible*)

Las estatuas pétreas gigantes de la isla de Pascua son un misterioso recordatorio de la capacidad humana de destruir los recursos ecológicos que necesitamos para sobrevivir. La isla de Pascua, en el océano Pacífico, a 3.700 kilómetros al oeste de Chile, es uno de los lugares más remotos de la tierra. Cuando el explorador holandés Jakob Roggeveen arribó allí en 1722 encontró casi mil de esas estatuas, algunas de hasta 85 toneladas de peso y 12 metros de altura. Labradas en canteras volcánicas, más de 300 estatuas habían sido transportadas a lo largo de varios kilómetros y erigidas sobre plataformas por los habitantes de la isla, a pesar de que no disponían de metales ni de ruedas ni de ninguna otra fuente de energía que no fuera la suya propia. Cientos de estatuas más seguían sin terminar en las canteras o abandonadas antes de llegar a su destino final. La escena entera constituía un misterio insondable hasta hace bien poco.

Thor Heyerdal y otros juntaron gradualmente, a lo largo del siglo XX, las piezas del rompecabezas de lo que había ocurrido. Cuando los polinesios llegaron en el siglo IV ó V, la isla estaba cubierta por espesos bosques. Poco a poco se fueron talando árboles. Algunos se usaban como rodillos para transportar las estatuas. Otros fueron talados para abrir claros para la agricultura y para tallar con sus troncos canoas para pescar. Al final no quedó ni un solo árbol. Las estatuas no podían ya ser trasladadas y fueron abandonadas. La tierra se erosionó y produjo cosechas cada vez menores. No había más madera para canoas, así que los isleños capturaban cada vez menos peces y contaban con menos proteínas en su dieta. La economía se vino abajo poco a poco. Los habitantes se dividieron en clanes y comenzaron a luchar entre sí. El suelo se llenó de puntas de lanza. Grupos tribales derribaron las estatuas de otros grupos rivales. Los capturados en batallas eran devorados o esclavizados. La isla, que había llegado a dar sustento a 7.000 personas, vio reducida su población a un tercio de ese número, con gran parte viviendo en cuevas en busca de protección. La isla de Pascua es un preaviso de lo que puede ocurrirle al planeta entero si continuamos consumiendo recursos y destruyendo hábitats al ritmo actual.[1]

La historia de la intervención humana en la naturaleza está marcada por episodios de devastación a escala masiva. En mil años, los primeros habitantes humanos de América habían avanzado desde el norte ártico hasta el extremo sur de la Patagonia, abriéndose camino a lo largo de dos continentes, y a su paso, destruyendo la mayor parte de las especies de grandes mamíferos entonces existentes, entre ellos mamuts, mastodontes, tapires, camellos, caballos, leones, guepardos y osos. Cuando los primeros colonos británicos llegaron a Nueva Zelanda a comienzos del siglo XIX, la única especie nativa de mamífero terrestre que encontraron fue la de los murciélagos. Descubrieron, sin embargo, restos de un ave de gran tamaño similar al avestruz que los maoríes llamaban «moa». Con el tiempo salieron a la luz esqueletos de docenas de subespecies de este animal, con tamaños que iban desde un metro hasta 3,3 metros de altura. Se hallaron restos de otras 28 especies, entre ellas patos no voladores, fochas y gansos, así como pelícanos, cisnes, cuervos y águilas. Los animales que no han tenido que enfrentarse antes a depredadores humanos son presa fácil, y los maoríes debieron encontrar en ellos una fuente de alimento relativamente fácil de explotar. Puede trazarse un patrón similar en casi todos los lugares que hayan pisado seres humanos.

Lo que ha cambiado, por supuesto, es el ritmo y el alcance de la devastación medioambiental que ha seguido a la industrialización, la polución y la destrucción de los bosques tropicales. Hoy en día, se calcula que 1.666 de las 9.000 especies de ave existentes están en peligro de extinción o en riesgo inminente. Si continúan las tendencias actuales, la mitad de los 30 millones de especies animales y vegetales que pueblan la tierra se extinguirán a lo largo del próximo siglo. En parte esto se ha debido a la caza excesiva, como ocurre por ejemplo con los elefantes y rinocerontes africanos por sus colmillos y cuernos. En parte ha sido causado por la introducción de nuevas especies en un área específica, que matan o infectan a animales existentes, o a través de la transferencia de parásitos como los hongos que portan la enfermedad del olmo holandés. La destrucción de hábitats, como la desecación de humedales, altera el equilibrio ecológico del que dependen muchas formas de vida. Ecuador, Madagascar y Filipinas han perdido ya al menos dos tercios de sus bosques tropicales, que son algunos de los entornos más ricos para la sustentación de la vida animal y vegetal. Lo más significativo de todo es la presión sobre el medio ambiente que se deriva del crecimiento de la población humana, que ha aumentado desde 500 millones en el siglo XVII hasta 6.000 millones hoy en día, y que aún hoy sigue en aumento. Jared Diamond va directo al grano en su prognosis:

> Nuestra toma de control de gran parte de la productividad de la Tierra, la manera en que exterminamos especies y el modo en que dañamos nuestro entorno, están acelerándose a un ritmo que no puede sostenerse ni siquiera un siglo más. Alguien podría objetar que si miramos a nuestro alrededor, no vemos ningún signo obvio de que se aproxime el clímax de nuestra historia. Sin embargo, los signos son bien obvios si se mira y a continuación se extrapola. Las hambrunas, la polución y las tecnologías destructivas están en aumento; la superficie cultivable, los stocks de alimento que hay en el mar, otros productos naturales y la capacidad medioambiental de absorción de nuestros desperdicios están decreciendo. A medida que más gente con más energía lucha por recursos cada vez menores, algo tiene que ceder.[2]

* * *

Hoy en día, este es el asunto con más tintes religiosos de aquellos que preocupan a la opinión pública. Con toda la razón, ya que este tema nos enfrenta cara a cara con las preguntas fundamentales acerca de nuestro lugar en el universo y acerca de nuestra responsabilidad hacia él: con el potencial destructivo de la intervención humana por una parte, y con la impresionante belleza de tantas formas de vida que ahora están en peligro por la otra. Se han revivido antiguas ideas paganas, entre ellas la «hipótesis de Gaia», de James Lovelock, que concibe a la Tierra como un único organismo (Gaia era la diosa griega de la tierra, y el nombre le fue sugerido a Lovelock por el novelista William Golding).[3] No está claro, aun así, que volver a adorar a la madre Tierra sea la mejor manera de trazar un camino hacia adelante. Los adoradores de la Tierra fueron tan destructivos de otras formas de vida como cualquier otro grupo, y como apunta el filósofo John Passmore,[4] el remedio puede ser peor que la enfermedad. Olvidarnos de la tecnología no mejorará el bienestar humano, sino que lo reducirá sustancialmente, tanto ahora como en el futuro. Más significativamente, dañaría nuestra capacidad de conservar la naturaleza al tiempo que la explotamos. Lo que se necesita no es menos ciencia sino una visión más a largo plazo de sus efectos.

La opinión personal de Passmore es que el Antiguo Testamento es una fuente clave de conciencia ecológica. Pocos pasajes han tenido una influencia más profunda en la civilización occidental que el primer capítulo del Génesis, con su visión trascendental del universo en el momento en que nace como obra de Dios. A la humanidad, la última y mayor de sus creaciones, le es otorgado el dominio sobre la naturaleza: «Creced y multiplicaos, llenad la tierra y sometedla». Hay una sensación de asombro aquí, y aún más explícitamente en el Salmo 8, acerca de la pequeñez y sin embargo de la singularidad de la humanidad, vulnerable pero también única en su capacidad de dar forma al medio ambiente:

Cuando veo tus cielos,
obra de tus dedos,
la luna y las estrellas
que tú formaste.
Digo: ¿Qué es el hombre, para que tengas de él memoria,
y el hijo del hombre, para que lo visites?

Le has hecho poco menor que los ángeles,
y lo coronaste de gloria y de honra. (Salmo 8: 3 – 5)

Fue Max Weber, el sociólogo del siglo XIX, quien argumentó que era aquí donde residían las raíces del racionalismo occidental y del «desencantamiento» o desmitificación de la naturaleza. Por primera vez, no se identificaba a Dios con las fuerzas de la naturaleza, sino que se le situaba enteramente más allá de ellas. El universo se vio completamente privado de su recubrimiento mítico, dejando de ser el lugar de residencia de dioses misteriosos, caprichosos e insondables, para convertirse en un campo en el que los seres humanos podían actuar y ejercitar un control racional. Sin esta «secularización» del mundo, sugería Weber, tal vez la empresa científica nunca hubiera comenzado.

El capítulo I del Génesis es, sin embargo, solo una parte de la compleja ecuación bíblica. Se ve compensado por una narración muy diferente en tono, la del segundo capítulo del propio Génesis, en el que el primer hombre es colocado en el jardín del Edén «para trabajarlo y cuidarlo». Los dos verbos hebreos usados aquí son importantes. El primero –*le'ovdah*– literalmente significa «servirlo». El hombre es por lo tanto al mismo tiempo amo y sirviente de la naturaleza. El segundo –*leshomrah*– significa «protegerlo». Este es el verbo usado en la legislación bíblica posterior para describir las responsabilidades hacia una propiedad que tiene un guardián que no es el dueño de la misma. Debe estar vigilante en su protección y es responsable de cualquier pérdida por su negligencia. Esta es quizás la mejor definición breve de la responsabilidad del hombre hacia la naturaleza tal como la concibe la Biblia.

No poseemos la naturaleza: «La tierra es del Señor y su plenitud». Somos fiduciarios de Dios, que la creó y es su dueño, y actuamos en beneficio de las generaciones futuras. Fue por esta razón, incidentalmente, por lo que en 1995 me uní a otros 200 firmantes, representantes de las grandes religiones del mundo, en la oposición al otorgamiento de patentes sobre genes animales y humanos, órganos, tejidos y organismos. Las formas de vida no son invenciones, sino descubrimientos. No pertenecen a científicos ni a corporaciones bioquímicas, sino a todos y a ninguno de nosotros por igual: son un préstamo de Dios, confiado a nuestro cuidado colectivo.

No solo no somos los dueños de la naturaleza: estamos obligados por deber a respetar su integridad. Samson Raphael Hirsch, comentarista de mediados del siglo XIX, lo expresa bastante bien en una original interpretación de la frase del primer capítulo del Génesis: «Hagamos al hombre a nuestra imagen y semejanza». El pasaje siempre ha sido desconcertante, ya que en ese momento, antes de la creación del hombre, Dios estaba solo. El plural del «hagamos», dice Hirsch, se refiere al resto de la creación. Dado que solo el hombre desarrollaría la capacidad de cambiar y posiblemente de hacer peligrar al mundo natural, la naturaleza misma fue consultada respecto a si aprobaba tal ser. La condición implícita es que el hombre solo usaría la naturaleza de una manera leal a las intenciones de su creador. El mandato de ejercitar el dominio, por tanto, no es técnico sino moral y está limitado por el requerimiento de proteger y conservar. De hecho, la famosa historia de los capítulos segundo y tercero del Génesis –la toma de la fruta prohibida y la consiguiente expulsión de la humanidad del Paraíso– parece insistir en este punto. No todo está permitido. Hay límites a lo que podemos hacer, y cuando se traspasan, sobreviene el desastre: «Polvo eres, y en polvo te convertirás» (Génesis 3: 19).

Los ecologistas han afirmado de vez en cuando que el primer capítulo del Génesis es la fuente del desdén occidental por la naturaleza, al verla, como después Bacon y Descartes, como algo inerte, maleable y apto para ser transformado a nuestra conveniencia para nuestros propósitos humanos. Passmore ha refutado esta idea de manera tan efectiva que poco cabe añadir a su comentario de que «solo como resultado de la influencia griega» los pensadores del siglo XVII y siguientes fueron «llevados a concebir la naturaleza nada más que como un sistema de recursos, cuya relación con la humanidad no estaba en modo alguno sujeta a censura moral».[5] De hecho, el Génesis describe una visión de la naturaleza que no está centrada en el hombre, sino en Dios. Por supuesto, la humanidad, con su singular capacidad de elección moral, es el foco de sus preocupaciones. Pero Maimónides nos advierte contra una visión antropocéntrica de la realidad. «El universo no existe para el bien del hombre, sino que cada ser existe para su propio bien y no para el de otra cosa diferente».[6] Eso está implícito en toda la literatura profética y en los grandes salmos de la creación:

> Tú eres el que envía los arroyos por los valles;
> van entre los montes,
> dan de beber a todas las bestias del campo;
> mitigan su sed los asnos monteses.
> A sus orillas habitan las aves de los cielos;
> cantan entre las ramas.
> Él riega los montes desde sus aposentos;
> del fruto de sus obras se sacia la tierra.
> Él hace crecer la hierba gruesa para el ganado,
> y las plantas para el servicio del hombre
> (Salmo 104: 10–14).

La creación tiene su propia dignidad como obra maestra de Dios, y aunque tengamos un mandato para usarla, no lo tenemos para destruirla o saquearla.

* * *

Aunque debemos ejercer gran prudencia cuando creemos ver preocupaciones del siglo XXI en textos antiguos, parece haber pocas dudas de que gran parte de la legislación bíblica se ocupa de lo que hoy en día llamaríamos «sostenibilidad». Esto es particularmente cierto de los tres grandes mandamientos que ordenan el descanso público: el *shabat*, el año sabático y el año jubilar. En el *shabat*, todo trabajo relacionado con la agricultura está prohibido, «para que tu buey y tu asno puedan descansar» (Éxodo 23:12). Es un día que marca un límite a nuestra intervención en la naturaleza y a la actividad económica. Nos volvemos conscientes de ser creaciones, no creadores. La tierra no es nuestra, sino de Dios. Durante seis días nos es prestada, pero en el séptimo abdicamos simbólicamente de ese poder. No podemos hacer ningún «trabajo», lo cual quiere decir, ningún acto que altere el estado de ninguna cosa para fines humanos. El *shabat* es un recuerdo semanal de la integridad de la naturaleza y de las fronteras del esfuerzo humano.

Lo que hace el *shabat* por los seres humanos y los animales, lo hacen el año sabático y el año jubilar por la tierra. La tierra también tiene derecho a su descanso periódico. La Biblia advierte que si los israelitas no respetan esto, sufrirán el exilio: «Entonces la tierra gozará sus días de reposo, todos los días en que esté desolada y vosotros estéis en la tierra de vuestros enemigos; la tierra descansará entonces y gozará sus días de reposo» (Levítico 26:34). Detrás de esto hay dos preocupaciones. Una es medioambiental. Como apunta Maimónides, la tierra que es sobreexplotada acabará por erosionarse y perder su fertilidad. Los israelitas fueron por lo tanto conminados a conservar la tierra dándole periódicamente años de barbecho y a no perseguir el beneficio a corto plazo a costa de la desolación a largo plazo. El segundo, no menos importante, es teológico: «La tierra –dice Dios– es Mía; no sois más que extraños que residen conmigo» (Levítico 25:23). En la tierra somos invitados.

* * *

Otro grupo de mandamientos se dirige contra la interferencia en la naturaleza. La Biblia prohíbe el cruce de ganado, plantar un campo con semillas mezcladas, y usar prendas de ropa en las que se mezclen lana y lino. Llama a estas reglas *jukkim* o «normas sin explicación». El erudito del siglo trece Nahmánides comprendió este término como leyes que respetan la integridad de la naturaleza. Mezclar especies diferentes, argumentaba, era creerse capaz de mejorar el orden de la creación, y por lo tanto una afrenta al Creador. Cada especie tiene sus propias leyes internas de desarrollo y reproducción, y no se debe jugar con ellas: «El que combina dos especies diferentes altera y desafía la obra de la creación, como si creyera que el Santísimo, alabado sea, no ha perfeccionado completamente el mundo y ahora desea mejorarlo añadiendo nuevas especies». El Deuteronomio también contiene una ley que prohíbe matar a una cría de pájaro junto con su madre. Nahmánides ve esto como fruto de la misma preocupación, concretamente la protección de las especies. Aunque la Biblia nos permite usar algunos animales como alimento, no debemos sacrificarlos hasta su extinción.

Fue, sin embargo, Samson Raphael Hirsch, en el siglo XIX, quien ofreció la interpretación más contundente de la ley bíblica. Las normas relacionadas con la protección medioambiental, dijo, representaban el principio de que «la misma estima que demuestras al hombre también se la debes demostrar a toda criatura menor, a la tierra que nos mantiene y nos sostiene a todos, y al mundo de las plantas y los animales». Representaban un tipo de justicia social aplicada al mundo natural: «Te piden que consideres a todas las cosas vivientes como propiedad de Dios. No destruyas ninguna; no abuses de ninguna; no malgastes nada; emplea todas las cosas sabiamente. [...] Considera todas las cosas como sirvientes en el hogar de la creación».[7]

Al mismo tiempo que Hirsch escribía, un judío británico, Lewis Gompertz (1779-1861) se revelaba como pionero en el concepto de los derechos animales, campaña que llevó a la creación de la organización que ahora conocemos como la Real Sociedad para la Prevención de la Crueldad hacia los Animales (*Royal Society for the Prevention of Cruelty to Animals*, o RSPCA). Peter Singer, que ha hecho más por articular esta causa que cualquier otro filósofo de nuestro tiempo, cuenta su sorpresa cuando, estudiando en la Biblioteca Británica, se topó con uno de los trabajos de Gompertz y descubrió que «había pensado cosas similares 150 años antes». En su ensayo *Moral Inquiries on the Situation of Man and the Beasts* (*Pesquisas morales sobre la situación del hombre y las bestias*, 1824), Gompertz anhelaba la llegada de un tiempo que describe así:

> El hombre, llegando así a ser verdaderamente religioso, se glorificará gestionando la obra de su Creador, que Él le ha confiado: como fiel sirviente, entonces no negará su protección ni a quien ahora considera el más malvado reptil, y le admitirá como su hermano, parecido a sí mismo en su estructura, y creado con el mismo cariño por el Ser Supremo.[8]

* * *

No es mi intención explicar en detalle la legislación medioambiental judía, de la cual ha habido una tradición continua desde tiempos bíblicos. No todos adoptaron la opinión de Nahmánides y de Hirsch de que toda intervención en el orden natural estuviera prohibida. Otros creían que la Creación se dejó deliberadamente incompleta para que nosotros, también, pudiéramos hacer nuestra parte en «perfeccionar el mundo bajo la soberanía de Dios». Por esa razón, por ejemplo, la ley judía no está en contra de la fertilización in vitro o, con ciertas salvaguardas, de la investigación con células madre. La naturaleza no es sacrosanta. Si lo fuera, estaríamos obligados a respetar los virus, las enfermedades genéticas, y los «mil naturales conflictos que constituyen la herencia de la carne», en las palabras de Hamlet. Algunas autoridades, siguiendo a Nahmánides, prohibirían los cultivos genéticamente modificados; otras los permitirían si su seguridad fuera comprobada adecuadamente y si ofrecieran la oportunidad de aliviar el hambre y la necesidad. Todas, sin embargo, estarían de acuerdo en que estamos obligados a conservar y proteger los recursos del mundo para que las generaciones futuras se beneficien de ellos, un hecho destacado en una simple historia talmúdica sobre uno de los santos de los comienzos de los tiempos rabínicos, Honi el Dibujante de Círculos:

> Un día Honi estaba viajando por un camino cuando vio a un hombre plantando un algarrobo. Le preguntó: «¿Cuánto tarda un algarrobo en dar fruto?» El hombre respondió: «Setenta años». Honi le preguntó: «¿Estás seguro de que vivirás otros setenta años?» El hombre respondió: «Encontré algarrobos en el mundo. Así como mis ancestros los plantaron para mí, yo también los plantaré para mis hijos».[9]

Construir una ética medioambiental sobre parámetros estrictamente seculares ha demostrado ser inesperadamente difícil. ¿Sobre qué base tenemos «obligaciones con la naturaleza», si la naturaleza no reconoce obligaciones consigo misma o con nosotros, y por lo tanto está fuera del dominio de los contratos y la reciprocidad? ¿En qué sentido tenemos obligaciones con generaciones futuras, que no son agentes morales ya que no existen en este momento? ¿Sobre qué base racional debemos tomar en consideración la pérdida futura de biodiversidad frente a los beneficios actuales? ¿Qué cálculo guiaría a los gobiernos de aquellos países pobres que necesitan la tierra que se libera al talar bosques para proveer campos de cultivo y alimento para poblaciones hambrientas? Dado el impacto global de las políticas locales, ¿están obligadas las naciones más ricas a compensar a aquellas otras que ejercitan un autocontrol sobre su medio ambiente? ¿Y qué persuadiría a los ciudadanos de esas naciones ricas a abandonar hábitos de consumo que utilizan recursos naturales? ¿Sobre qué base lógica, preguntaba Hans Jonas, tenemos la responsabilidad moral de asegurar que exista un mundo futuro para que lo habiten las generaciones venideras?[10]

El poder de la imaginación religiosa no es que tenga respuestas simples a preguntas difíciles, sino que proporciona un marco para pensar en problemas tan grandes e inextricables como estos. Es más fácil comprender los límites morales de las acciones cuando creemos que hay alguien hacia quien tenemos una responsabilidad, que no somos los dueños del planeta, y que estamos ligados mediante un vínculo de alianza con aquellos que nos seguirán. Como el plantador del algarrobo, actuamos para que aquellos que vengan después de nosotros tengan un mundo que disfrutar, como lo tuvimos nosotros. Hilary Putnam destaca que para la ética es tan importante como los conceptos abstractos de derecho y obligación el contar con lo que él llama una «imagen moral», un dibujo que dé forma al todo.[11] Eso es lo que necesitamos ahora. La imagen más simple, y seguramente la más sensata, al pensar sobre nuestras responsabilidades ecológicas es considerar la tierra como algo que pertenece a la fuente del ser, y vernos a nosotros como sus administradores, encargados de conservarla –y a poder ser embellecerla– por el bien de nuestros nietos aún por nacer.

Eso no es todo. Como apunté en un capítulo anterior, las religiones no son sistemas filosóficos. Son verdades encarnadas, hechas realidad en la vida de las comunidades. Una cosa es tener una concepción abstracta de la responsabilidad ecológica, y otra celebrar el *shabat* semanalmente –renunciar a nuestro dominio sobre la naturaleza un día de cada siete– y bendecir, como hacen los judíos, todo lo que comemos y bebemos para recordarnos que el mundo pertenece a Dios. La oración, el ritual y la narración son maneras de dar forma a lo que Tocqueville llamó «los hábitos del corazón». Forman el carácter, crean disposiciones de comportamiento y nos educan en patrones de autocontrol. Roger Scruton hizo una observación fascinante en relación con la «enfermedad de las vacas locas» y la prohibición bíblica de «hervir a un ternero en la leche de su madre»:

> La ley judía que nos prohíbe hervir a una cría animal en la leche de su madre puede no tener mucho sentido cuando se la considera desde el punto de vista de un utilitarismo impenitente. Pero nuestra disposición a titubear ante el misterio de la naturaleza, a renunciar a nuestra presunción de dominio, y a respetar el proceso mediante el cual se forma la vida, debe sin duda animarnos a simpatizar con tal prohibición. Y estos mismos sentimientos, si los hubiéramos dejado prevalecer, nos habrían hecho titubear antes de alimentar a las vacas, que viven y prosperan en pastos naturales, con restos de cadáveres de otras especies y de la suya propia.[12]

Necesitaremos instintos cultivados de prudencia si hemos de evitar patrones de producción y consumo que amenacen el futuro del planeta.

Todas las grandes religiones del planeta encarnan un sentido de respeto por la naturaleza,[13] y por lo tanto constituyen un contrapeso importante a la indiferencia que raya en la arrogancia y que ha sido uno de los legados menos apreciables de la Ilustración. Una de las creencias que definen la modernidad es que la ciencia y la tecnología desatarían el botín de la naturaleza y nos llevarían al progreso eterno y a la abundancia ilimitada. En palabras de Christopher Lasch, «el optimismo progresista descansa, en el fondo, en la negación de los límites naturales del poder y de la libertad humanas, y no puede sobrevivir mucho tiempo en un mundo en el que una cierta conciencia de esos límites se ha hecho ineludible».[14]

Cuando se hallan en la cúspide de su poder, todas las civilizaciones han encontrado difícil mantener una noción de sus límites. Cada una en su momento se ha visto cautivada por la idea de que solo ella era inmune a las leyes de crecimiento y declive, y pensaba que podía consumir recursos indefinidamente, persiguiendo el disfrute presente sin pensar en agotamientos futuros. Nunca es esto más probable que cuando dejamos de sobrecogernos frente a la totalidad. «Pero en la proporción en que la luz de la fe se oscurece, el ámbito de visión del hombre se reduce», escribió Alexis de Tocqueville. «Cuando el hombre se ha permitido no pensar más en lo que le pasará tras esta vida, cae en esa completa y brutal indiferencia hacia el futuro que tanto encaja con algunas propensiones de la humanidad».[15] Las grandes religiones enseñan una sabiduría de otro tipo: la *reverencia* frente a la creación, la *responsabilidad* hacia las generaciones futuras, y el *autocontrol* en el conocimiento de que no todo lo que podemos hacer nos está permitido.

Toda civilización tecnológica se enfrenta a dos peligros opuestos. Uno es el de la arrogancia que dice: tenemos poderes divinos, por lo tanto tomemos el lugar de Dios. El otro es el del miedo que dice: en nombre de Dios, no usemos estos poderes divinos en absoluto. Ambas están equivocadas. Cada avance tecnológico conlleva la posibilidad de reducir o aumentar la dignidad humana. Lo que importa es cómo lo usemos. La forma de usarlo es en alianza con Dios, honrando a la humanidad que es Su imagen. Al final de su libro *Consilience*, E.O. Wilson extrae esta sombría conclusión:

> Estamos aprendiendo el principio fundamental de que la ética lo es todo [...]. Somos adultos que han descubierto

> qué pactos son necesarios para nuestra supervivencia, y hemos aceptado la necesidad de reforzarlos mediante juramentos sagrados. [...] Si fuéramos a ceder nuestra naturaleza genética al raciocinio asistido por máquinas, y nuestra ética y nuestro arte y nuestro propio significado a hábitos discursivos despreocupados en nombre del progreso, imaginándonos como divinos y liberados de nuestro antiguo legado, nos convertiremos en nada.[16]

Un antiguo comentario rabínico lo expresaba así: cuando Dios terminó de crear el universo dijo al primer ser humano: «Admira mis obras, lo bellas, lo espléndidas que son. Todo lo que he creado lo he creado para ti. Ten cuidado, por lo tanto, de no destruir mi mundo, ya que si lo haces, no habrá nadie para reparar lo que hayas destruido».[17]

* * *

El medio ambiente natural es tanto ejemplo como metáfora del tema que enlaza los varios argumentos de este libro: la dignidad de la diferencia, la insistencia de que lo más preciado de este mundo, y lo que se halla constantemente en peligro, es la diversidad misma. En cierto sentido, este es un descubrimiento relativamente reciente. Somos más conscientes que cualquier generación anterior de hasta qué punto nuestra existencia se basa en la presencia de otras especies, que producen el alimento que comemos y el oxígeno que respiramos, absorben el dióxido de carbono que exhalamos, sostienen la fertilidad de los suelos y proporcionan las materias primas que necesitamos. Esas especies a su vez dependen de otras; y puede que otras aún, de formas que todavía desconocemos, resulten contener antibióticos de vital importancia u otros agentes medicinales: el 40 por ciento de todas las medicinas utilizadas hoy en día se basan en sustancias originalmente extraídas de plantas, hongos, animales y microorganismos. Estamos comenzando a comprender la complejidad e interdependencia de los biosistemas, y cuán impredecibles son las consecuencias de la destrucción de una especie o de un hábitat. La diversidad necesita protección.

Lo que es aplicable a la naturaleza lo es también a la cultura. He argumentado que el mercado libre existe gracias a la diferencia. La ley de la ventaja comparativa de David Ricardo nos dice que cada uno de nosotros tiene algo que contribuir al bien común, y que cada uno se beneficia de las habilidades y de las excelencias peculiares de los demás. Eso es cierto de todo comercio, y hay por lo tanto muchas razones para creer que el mero crecimiento del comercio internacional traído por la globalización es algo fundamentalmente benigno. Ningún otro sistema ha ofrecido perspectivas mejores para aliviar el sufrimiento, la pobreza, la ignorancia y la enfermedad del ser humano desde los albores de la civilización.

En muchos aspectos, sin embargo, los que protestan llevan razón. La distribución de los beneficios dentro de cada país y entre países deja a grandes grupos de población permanentemente excluidos, y a muchos de ellos peor económicamente de lo que estaban hace una generación. Los efectos desestabilizadores del mercado moderno y la velocidad de los cambios nos han dejado a todos menos seguros, y eso se ha combinado con una erosión de la ecología social que antiguamente proporcionaba a las personas redes de apoyo y sistemas de significado moral. Estos no son problemas menores. Afectan a la parte fundamental de cada proyecto humano: construir una sociedad de justicia sustantiva, gracia colectiva e igual acceso a los requisitos de la dignidad.

He propuesto una sencilla lista de ideas que podrían guiarnos en las agitadas aguas que se abren ante nosotros. *Control* significa asumir responsabilidades y negarse a ver los desarrollos económicos y políticos como algo inevitable. *Contribución* significa que hay una dimensión moral de la economía. Los publicistas que engañan, los empresarios que hacen la vista gorda ante condiciones de trabajo y salarios inhumanos, los beneficiarios del sistema que no comparten su tiempo ni sus bendiciones con los demás, son algo inaceptable, aunque lo que hagan sea legal. *Compasión* significa que los países desarrollados deben tomarse en serio su obligación hacia los pobres del mundo, protegiendo su independencia a la vez que abriéndoles caminos para que escapen de la pobreza. *Creatividad* sugiere que la mejor forma de hacer esto es a través de la inversión en educación. *Cooperación* nos dice que los mercados no sobreviven solo a base de competencia. Presuponen virtudes y lo que yo he llamado relaciones constitutivas de alianzas, sin las cuales el dilema del prisionero nos dice que el interés propio fracasará en la creación del bien común. *Conservación* nos recuerda nuestros deberes hacia la naturaleza y el futuro, sin los cuales el ritmo del crecimiento económico no será más que una medida de la velocidad a la que nos aproximamos al abismo.

Este marco moral no es un intento de minimizar la asombrosa complejidad de las decisiones que los gobiernos, las corporaciones y los individuos deben tomar. Pero la complejidad puede a veces ser una excusa para ignorar la dimensión moral; y si hacemos esto, estaremos perdidos. La libertad significa autocontrol. Significa no hacer todo lo que podemos hacer, ni hacer algo bajo la premisa de que, si no lo hacemos nosotros, otro lo hará. El mercado libre es una máquina asombrosa, pero suponer que el mismo o cualquier otro proceso neutral respecto a los valores –el equilibrio de poder en política internacional, por ejemplo, o el desarrollo de la investigación genética– producirá por sí mismo conclusiones óptimas es tener el tipo de fe ingenua que corresponde a un mundo más antiguo y más simple. No debemos olvidar nunca que los fundamentalismos pueden ser económicos o científicos tanto como religiosos. Sin una visión moral, fracasaremos. Y esa visión, para ser compartida, solo puede surgir del diálogo: de hablar los unos con los otros y de escucharnos los unos a los otros a través de las fronteras de clase, renta, raza y fe.

Lo que me trae de nuevo al punto en el que comencé. Las tensiones que se pusieron de manifiesto el 11 de septiembre de 2001 no han disminuido. Oriente Próximo está en el punto de ebullición. En Europa existen conflictos religiosos y étnicos latentes. Ha habido violencia en la India, en Pakistán, en Cachemira. Sería difícil identificar un factor concreto que haya hecho que las perspectivas de paz sean mejores ahora que hace un año en ningún lugar del mundo. ¿Hay una clave para la resolución de conflictos? ¿Hay algo que tenga el poder de generar esperanza en regiones desesperadas? ¿Podremos alguna vez convertir a enemigos en amigos?

NOTAS

1 Ver Diamond 1994.

2 *Ibid.*

3 Mary Midgley, «Individualism and the concept of Gaia» («Individualismo y el concepto de Gaia») en Booth et al. 2001, p. 29-44.

4 Passmore, 1990.

5 *Ibid.*

6 Maimónides, *Guía de los Perplejos*, 3: 13. Sobre las imágenes bíblicas de la naturaleza ver Brown 1999.

7 Hirsch 1969, p. 79.

8 Gompertz 1992, p.51.

9 Talmud de Babilonia, *Taanit*, p. 23a.

10 Jonas 1984.

11 Hilary Putnam, «Cloning People» («Clonando gente») en Burley 1999, p. 1-13.

12 Scrunton 1996, p. 108.

13 Ver, por ejemplo, la serie de libros sobre Religiones del Mundo y Ecología: M. Batchelor y K. Brown (eds.), *Buddhism and Ecology*; E. Breuilly y M. Palmer (eds.), *Christianity and Ecology*; R. Prime (ed.), *Hinduism and Ecology*; F. Khalid y J. O'Brien (eds.) *Buddhism and Ecology*; A. Rose (ed.), *Judaism and Ecology* (Londres: Cassell, 1992).

14 Lasch 1991, p. 530.

15 Citado en Nisbet 1980, p. 355.

16 Wilson 1999, p. 332-3.

17 Midrash Kohelet Rabbah, 7: 20.

Capítulo 10

CONCILIACIÓN: EL PODER DE UNA PALABRA PARA CAMBIAR EL MUNDO

¿Qué es un héroe? Alguien que convierte a un enemigo en un amigo.

(Avot de Rabbi Nathan)

A finales del verano de 1999 visité Kosovo. La intervención de la OTAN estaba llegando a su fin, y los refugiados habían vuelto a sus casas. Había indicios de la vuelta a una vida normal; sin embargo, la tensión era palpable. Unos meses antes habían sido los albanokosovares los que habían temido por sus vidas. Cerca de 800.000 habían huido; 10.000 habían muerto. Ahora eran los serbios los que tenían miedo. Algunos habían huido; otros permanecían allí, llenos de miedo. Todas las noches había asesinatos. Ante cada iglesia que pasábamos había estacionado un tanque de la OTAN. Al principio del conflicto habían sido los cristianos serbios los que habían atacado las mezquitas. Ahora había miedo de las represalias. Los jefes y los capellanes militares con los que hablé no eran optimistas sobre el futuro. No sentían que la campaña militar hubiera terminado el conflicto. Meramente lo había congelado. Era probable que estallara de nuevo en cualquier momento. Había demasiada amargura entre las dos partes.

Fue entonces, estando en medio de Pristina, entre los destrozos y los escombros de la guerra, cuando comprendí como nunca el poder para cambiar el mundo de una sola palabra: la palabra *perdón*. El conflicto había comenzado más de seis siglos antes, en la batalla de Kosovo de 1389. Ambos bandos retenían fuertes recuerdos de ese acontecimiento. Había sido un tema recurrente de su historia desde entonces. Si los serbios y los albaneses conseguían perdonarse y actuar como para ser perdonados, tendrían un futuro. Si no, estaban destinados a repetir la batalla de 1389 una y otra vez hasta el fin de los tiempos.[1]

Nada desanima más que el ciclo de venganza que se apodera de las zonas de conflicto y atrapa a sus poblaciones en un pasado que nunca les deja de agarrar. Ese ha sido el destino de los Balcanes, Irlanda del Norte, la India y Cachemira, Oriente Próximo. El virus del odio puede permanecer latente durante un tiempo, pero rara vez muere. En cambio sí que muta. Bajo una dictadura, los serbios y los croatas habían vivido en paz durante cincuenta años. Se habían convertido en amigos y vecinos. Pero, como en virtualmente cualquier otra zona de conflicto histórico, ocurre algo –hay un cambio en la estructura de poder; un gobierno totalitario que había mantenido a poblaciones unidas por miedo se desintegra; ocurre un episodio en el que los miembros de un lado cometen alguna atrocidad contra el otro– y es como si los años de coexistencia nunca hubieran sido. Los amigos se convierten en enemigos; los vecinos, en antagonistas. Un muro de separación es entonces la solución menos mala, y a menudo incluso eso fracasa en detener la violencia.

Las represalias son la respuesta instintiva al agravio percibido. Montesquieu escribió: «Toda religión que es perseguida se convierte en perseguidora; pues tan pronto como por algún cambio inesperado deja de ser perseguida, ataca a la religión que la persiguió».[2] El nacionalismo, dijo Isaiah Berlin, «es normalmente el producto de una herida infligida por una nación al orgullo o al territorio de otra».[3] Los agravios históricos rara vez se olvidan. Se convierten en parte de la memoria colectiva de un pueblo, en las narraciones que los padres transmiten a sus hijos, en la historia de la que un grupo extrae su sentido de la identidad. La injusticia no reparada se incorpora como una nota al guion que luego es revivido en momentos de crisis. Eso es lo que hace que el conflicto sea la opción por defecto entre antagonistas históricos, con independencia de cuántos años de paz hayan mediado. «Ningún hombre», decía Ogden Nash, «olvida jamás dónde enterró el hacha».

Esto es lo que hace del perdón una idea tan poco intuitiva. Es algo más que una técnica de resolución de conflictos. Es una estrategia sorprendentemente original. En un mundo sin perdón, el mal engendra mal, el daño genera daño, y no hay forma alguna, aparte del agotamiento o el olvido, de salir del círculo vicioso. El perdón rompe esa cadena. Introduce en la lógica de los encuentros interpersonales la imprevisibilidad de la gracia. Representa la decisión de no hacer lo que el instinto y la pasión nos urgen a hacer. Responde al odio con un rechazo a odiar, a la animosidad con la generosidad. Pocas ideas más valientes han ingresado jamás en la condición humana. El perdón significa que no estamos destinados a repetir eternamente los agravios del ayer. Es la capacidad de vivir con el pasado sin ser prisioneros del pasado. No sería una exageración decir que el perdón es el testimonio más poderoso de la libertad humana. Trata de la acción que no es reacción. Es el rechazo a ser definidos por las circunstancias. Representa nuestra capacidad de cambiar rumbo, de enfocar de otra manera la narración del pasado y crear una serie de posibilidades inesperadas para el futuro. Hanna Arendt lo entendía así:

> La posible redención de la maldición de la irreversibilidad –de ser incapaz de deshacer lo que uno ha hecho aunque uno no supiera, y no pudiera saber, lo que hacía– es la facultad de perdonar. [...] El perdón sirve para deshacer los hechos del pasado, cuyos «pecados» cuelgan como la espada de Damocles sobre cada nueva generación [...].[4]

Ante la tragedia, el perdón es la contranarrativa de la esperanza. No es un lujo moral, una opción para santos. En ocasiones es el único camino que nos puede llevar a través de los matorrales del odio hacia los espacios abiertos de la coexistencia. Todavía recuerdo mis días de universitario, cuando volvía de vacaciones, cargado de equipaje. En esos tiempos no podía permitirme un taxi, así que solía cargar con mis pesadas maletas desde la estación hasta mi residencia universitaria. Pesaban tanto que aun ahora, cuando recuerdo aquellos días, puedo sentir el dolor de los músculos y el entumecimiento de las muñecas. Eso es lo que es cargar con el odio, con el resentimiento y con una sensación de agravio. Nos pesan. Nos impiden pensar en ninguna otra cosa. Nos hacen sentirnos legitimados como víctimas. De hecho, nadie se siente más justificado que quien lleva la carga de verse a sí mismo como una víctima. Pero en última instancia es algo que nos deshumaniza. El odio, más que destruir al odiado, destruye al que odia.

El perdón es, en su origen, una virtud religiosa. El perdón no existe en la naturaleza. Los elementos son ciegos, y las leyes de la naturaleza inexorables. Las hambrunas, la sequía, la enfermedad, la desnutrición no conceden excepciones a los virtuosos ni a los penitentes. Los poetas supremos de un mundo sin perdón fueron los dramaturgos de la antigua Grecia. Para ellos, el destino manda sobre el devenir de la humanidad. Intentar subvertirlo o circunnavegarlo revela arrogancia (*hubris*) que termina en fracaso (*nemesis*). Un mundo de fuerzas impersonales es un universo trágicamente configurado.

A los profetas y visionarios del Antiguo Testamento a menudo se les ha reconocido el descubrimiento del monoteísmo, la idea de que solo hay un Dios. Eso, me parece, es un descubrimiento menos importante que su otra gran apreciación: que Dios es *personal*, que hay algo en el corazón de la realidad que responde a nuestra existencia como personas y la afirma. El universo es más que mil millones de galaxias rotando silenciosamente en el espacio. No somos mero polvo cósmico sobre la superficie de la eternidad. Estamos aquí porque alguien quiso que estuviéramos. Dios no creó el universo como un científico en un laboratorio, o como un tecnócrata poniendo en marcha el Big Bang, sino más bien como unos padres que dan la vida a un hijo. El universo no es ni indiferente ni hostil a nuestra existencia. Ese fue el gran avance de la imaginación bíblica.

En el corazón del concepto del perdón está la idea del amor; no del amor abstracto sino del apego real y concreto de un ser hacia otro. El amor distingue entre la persona y lo que esta ha hecho. Un acto puede ser maligno, pero dado que la persona es libre, no está unida inseparablemente a ese mal. Hacer el mal daña a las estructuras del mundo. Crea una injusticia. Daña a una relación. Pero estas cosas no son irreparables. Los males pueden ser rectificados, y el daño puede ser curado. Y cuando el malhechor expresa remordimiento, pide perdón y se compromete a no repetir el mal, da testimonio de no estar ya identificado con lo que ha hecho. El perdón es, y solo puede ser, una relación entre personas libres: entre el perdonado, que ha demostrado que puede cambiar, y el que perdona, que tiene fe en que la otra persona cambiará. La libertad –la capacidad de actuar de forma impredecible– es la refutación de la tragedia.

El paradigma del perdón es el amor entre un padre o una madre y su hijo. Un padre sabe que su hijo cometerá errores. La paternidad o maternidad verdadera es la disposición de los padres a dar poder a un hijo, en cierto momento, para que se equivoque, ya que sin esto ningún hijo puede madurar y ser responsable. El perdón es ese apoderamiento, porque significa que el hijo se siente seguro en el conocimiento de que ningún error es definitivo, ningún agravio es el final de una relación. No es una casualidad que la palabra hebrea *rajamim*, que significa clemencia o la capacidad de perdonar, venga de la palabra *rejem*, que designa el vientre materno. Un juez, cargado con la obligación de administrar la ley, no puede perdonar, pero un padre sí. El concepto de perdón nace cuando se ve a Dios como juez y como padre; cuando se dan la mano la ley y el amor, la justicia y la clemencia. Dios perdona, y al hacerlo, nos enseña a perdonar.

* * *

Uno de los descubrimientos más fascinantes de la sociobiología ha sido proporcionarnos una visión científica del rol del perdón. Ya en un capítulo anterior describimos la aplicación de la teoría de juegos a la cuestión de la supervivencia de un grupo en situaciones de incertidumbre. A través de la aplicación reiterada del dilema del prisionero se hizo posible delinear las consecuencias de diferentes modos de relacionarnos unos con otros. Como apuntamos, el primer descubrimiento fue la efectividad de la estrategia conocida como «ojo por ojo», o altruismo recíproco, el principio de «medida por medida». Los matemáticos descubrieron rápidamente, sin embargo, que la estrategia de «ojo por ojo» presenta una debilidad fatal. Cuando se enfrenta con un enemigo rencoroso («traicionar siempre») se ve arrastrado a una espiral de represalias.

A finales de los ochenta, un matemático polaco, Martín Nowak, divisó un programa que era más eficiente que el «ojo por ojo».

Presentaba una pequeña modificación sobre el programa original. De manera aleatoria, pero en promedio cada tres movimientos aproximadamente, pasaba por alto el último movimiento de su oponente. Tenía que ser aleatoriamente porque si su comportamiento era previsible podía ser aprovechado por cualquier depredador sin escrúpulos. Sin embargo, la estrategia era efectiva para remediar el gran defecto de su predecesor, concretamente la trampa de la represalia, a la vez que conservaba su inmunidad frente a la explotación por parte de contrarios aprovechados. Nowak llamó a su programa «Generoso». Lo que había hecho era esencialmente crear una simulación por ordenador de la reconciliación. *Olvidar* es lo más cerca de *perdonar* que puede llegar un ordenador.[5]

Recordemos que el «ojo por ojo» original seguía un modelo de justicia retributiva: lo que hagas a otros también te será hecho a ti. El nuevo planteamiento de Nowak al dilema del prisionero iterado era añadir un elemento más a la ecuación: la capacidad de pasar por alto, o al menos no tener en cuenta, alguno de los movimientos hostiles hechos contra ti. Lo que Nowak hizo fue redescubrir la antigua verdad articulada por los sabios judíos: «Al principio, Dios quiso crear al mundo a través del atributo de la justicia, pero vio que no podía sostenerse. ¿Qué hizo después? Tomó la justicia y la unió al atributo de la clemencia».[6]

* * *

El perdón es una idea compleja, y su aparición en la sensibilidad judía es un drama en cinco actos, cada uno de los cuales añade una nueva dimensión a la riqueza del concepto. El primero aparece pronto en la Biblia. Los seres humanos se han vuelto corruptos. El mundo está «lleno de violencia» y Dios «se arrepiente de haber hecho al hombre en la tierra». Trae un diluvio, y solo Noé y su familia sobreviven. Al salir del Arca, Noé hace una ofrenda a Dios, que se ve movido hacia la compasión. «Nunca más maldeciré la tierra debido al hombre, aunque toda inclinación de su corazón es mala desde su infancia». Esta determinación se convierte en la base de una alianza cuyo signo es el arco iris: «Cuando quiera que traiga nubes sobre la tierra y el arco iris aparezca en ellas, recordaré Mi alianza con vosotros y con todas las cosas vivas de todo tipo. Nunca más se convertirán las aguas en un diluvio para destruir toda la vida». Este es el perdón como acto de gracia, una decisión unilateral por parte de Dios. No ha habido ninguna disculpa, ningún remordimiento, ningún acto de restitución. Aquellos que podían haberlo hecho murieron en el diluvio. Noé, el sobreviviente, era justo y no tenía razón alguna para estar contrito. La alianza del arco iris es una declaración, como si dijéramos, de perdón preventivo. Dios se vincula a sí mismo por adelantado para atenuar la justicia mediante la clemencia. Acepta que Él no puede esperar la perfección de la humanidad.

El segundo acto –la disertación más extensa de la Biblia sobre el concepto del perdón– trata sobre la relación entre seres humanos. José, el decimoprimer hijo de Jacob, es envidiado por sus hermanos. A estos les fastidian los sueños y los aires de grandeza de aquel. Están celosos porque Jacob parece amarle a él más que a ellos. El vestido rico en adornos que Jacob da a José actúa como una provocación constante. Cuando se quedan a solas con José atendiendo a las ovejas, planean matarle y finalmente le venden como esclavo. Después de muchas vicisitudes, José se convierte en el número dos del gobierno de Egipto y esto es seguido de un largo drama, durante el cual los hermanos no logran reconocer su verdadera identidad. Finalmente José les revela quién es, y cuando son silenciados por la sorpresa, les dice: «No os sintáis alterados o culpables porque me vendisteis. ¡Mirad! Dios me ha enviado por delante de vosotros a salvar vidas». Es un gesto monumental de perdón, pero no es suficiente para calmar el miedo de los hermanos. Evidentemente, ellos creen que él está vinculado por una de las reglas de las contiendas de sangre, aquella que establece que los hermanos no ejecutan venganzas entre sí durante la vida de su padre. Cuando muere Jacob, José reitera su perdón, esta vez con mayor fuerza: «No tengáis miedo. ¿He reemplazado yo a Dios? Intentasteis dañarme, pero Dios lo planeó todo para bien».

La historia de José es una de las narraciones definitivas del Antiguo Testamento. Larga, detallada y altamente estructurada, lleva a su conclusión uno de los temas centrales del Génesis, concretamente el de la rivalidad fraternal. Tendemos a olvidar que la *fraternidad*, una palabra clave de la política moderna, es cualquier cosa menos una virtud fácil. Las relaciones arquetípicas del Génesis –Caín y Abel, Isaac e Ismael, Jacob y Esaú, José y sus hermanos– están llenas de conflicto y animosidad. «¡Qué bueno y placentero es cuando los hermanos conviven en unidad!», dice el Libro de los Salmos, a lo que uno tiene la tentación de añadir: «¡Y qué raro!». Sin embargo, hay una progresión identificable. Caín mata a Abel. Isaac e Ismael viven separados. Jacob y Esaú, después de un tiempo tenso y problemático, se separan y en un momento dado se reencuentran, muchos años después, reconciliándose. Esaú ha olvidado su agravio. Con José el perdón entra en escena y muestra un nuevo camino hacia adelante. La rivalidad fraternal no está destinada a terminar en tragedia siempre que uno de los dos sea capaz de decir: «Intentaste hacerme daño, pero Dios lo planeó todo para bien».

La historia de José hace algo más que trasladar el concepto de perdón de Dios a la humanidad. También establece la condición previa para el perdón. Entre la primera reunión con sus hermanos en Egipto y la revelación de su identidad, ocurre una compleja serie de acciones. José acusa a sus hermanos de ser espías y demanda que traigan al más joven, Benjamín, con ellos la próxima vez. Les mete dinero en sus sacos y más tarde también un cáliz de plata de su propiedad, dejando que se acuse a Benjamín de robar y amenazando con meterle en la cárcel. El significado de esta extraña serie de digresiones es simple. José quiere ver si sus hermanos son capaces de arrepentirse y de mostrar remordimiento. Lo son. Tras la primera acusación dicen, sin saber que José les escucha: «Nos merecemos ser castigados por lo que hicimos a nuestro hermano». En el segundo encuentro, cuando Benjamín está a punto de ser condenado, Judá suplica: «Déjame quedarme como esclavo en vez del muchacho». La importancia de esto está en que había sido Judá quien, años antes, había propuesto vender a José como esclavo. Ahora prefiere sufrir él ese destino en el lugar de su hermano. Judá se convierte en el prototipo del penitente, al igual que José se convierte en el arquetipo del que perdona.

El tercer acto es un tenso drama religioso. Los israelitas se han convertido ya en un pueblo. Rescatados de la esclavitud en Egipto, reciben su constitución en la forma de la revelación del Monte Sinaí. No pasa mucho tiempo, sin embargo, antes de que caigan desde tales alturas. En ausencia de Moisés, fabrican y adoran un becerro de oro. Moisés suplica a Dios que les perdone. Mientras desciende de la montaña y ve a la gente adorando al ídolo, rompe las tablas de piedra, grabadas por Dios, sobre las que se han inscrito las leyes de la alianza. Tras otro período de cuarenta días y cuarenta noches de intercesión, Dios acepta perdonar al pueblo e instruye a Moisés a grabar unas nuevas tablas. Estas se convierten en un símbolo de reconciliación, y en posteriores tradiciones judías en la base de un día anual de arrepentimiento y perdón: el día de la Expiación, el aniversario del día en el que Moisés trajo las segundas tablas al pueblo. La oración de Moisés introduce la idea de la expiación *colectiva*. No solo individuos, sino pueblos, pueden ser perdonados.

La cuarta etapa traslada el perdón al ámbito de las relaciones internacionales. En uno de sus discursos a la siguiente generación, Moisés instruye a los israelitas: «No despreciéis al egipcio, ya que vosotros fuisteis extraños en su tierra».[7] Este es un comentario sorprendente. Egipto, en los libros mosaicos, es el epítome de la opresión. Fue el lugar donde fueron esclavizados los israelitas, y donde sufrieron el primer intento de genocidio. La orden de Moisés es incomparable en su sabiduría. Ser libre, sugiere, no es meramente ser liberado de un tirano; es rechazar ser prisionero de la memoria. Si los israelitas fueran a albergar rencor contra sus antiguos enemigos, aún serían esclavos, si no en el cuerpo sí al menos en la mente. Moisés les instruye a liberarse del odio y de los deseos de venganza.

En la quinta etapa, el perdón es integrado en la textura misma de la vida religiosa. Ya no es opcional, dependiente de las inclinaciones del corazón. Se hace parte del ciclo del año. El día de la Expiación es tiempo dedicado a la reconciliación entre nosotros y Dios, y entre nosotros y los demás. Uno de los principios del perdón es que solo puede ser otorgado por quien ha sufrido la afrenta. La ley judía sacó la conclusión radical de que el mismo Dios solo puede perdonar ofensas contra sí mismo. «Para transgresiones entre el hombre y Dios, el día de la Expiación expía. Pero para transgresiones entre hombre y hombre, el día de la Expiación no perdona hasta que se haya obtenido el perdón del otro hombre.»[8] Por lo tanto, los días anteriores al día de la Expiación se convirtieron en un periodo anual de disculpa, restitución y perdón.

En general, la ley judía puso un alto valor a la reconciliación y conocía los peligros que amenazaban si esta no se producía. Uno de los ejemplos que da Maimónides es la historia bíblica de Absalón y Amnón. Amnón había violado a la hermana de Absalón, Tamar. En ese momento, Absalón no dijo nada. Parecía que había perdonado u olvidado la ofensa. Dos años después, sin embargo, Absalón obtuvo su venganza y mató a Amnón. El silencio no es prueba de perdón. Es mejor, dijo Maimónides, confrontar al malhechor directamente:

> Cuando alguien peca contra otro, la parte ofendida no debería odiarle y permanecer en silencio. Esto es lo que se dice de los malvados: «Y Absalón no habló con Amnón ni de bien ni de mal, aunque Absalón odiaba a Amnón». En lugar de esto, se le ordena hablar con él y decirle: «¿Por qué me has hecho esto? ¿Por qué has pecado contra mí de tal manera?» Por lo tanto queda dicho: «Deberás reprender a tu vecino». Si se arrepiente y pide tu perdón, entonces uno debe perdonar y no ser severo.[9]

Esto no siempre es necesario. También se exige perdonar sin la dialéctica de la acusación y del perdón, como un acto incondicional de gracia, y es un signo de grandeza moral:

> Si alguien sufre una ofensa de manos de otro y el ofendido no desea reprenderle o decirle nada –quizás porque el pecador es de mente simple o está perturbado– entonces si uno le perdona en su corazón y no mantiene animosidad contra él y no le reprende, este es sin duda el camino de la santidad [*middat jasidut*].[10]

Para Maimónides, como para otros intérpretes de la ley judía, la prohibición bíblica «no busques venganza o guardes rencor» era una condición previa esencial de la existencia social:

> Si uno guarda rencor sobre algo y lo recuerda, entonces uno puede llegar a vengarse. Por lo tanto, la Tora estaba particularmente preocupada [por evitar] que se guardara rencor, para que el mal fuera completamente erradicado del corazón de la persona y no recordado. Este es el apropiado rasgo de carácter que hace posible el asentamiento de la tierra y las relaciones sociales entre seres humanos.[11]

* * *

El judaísmo a menudo es representado como una religión de justicia más que de clemencia y perdón. Espero haber mostrado que eso no es así. La justicia y el perdón van de la mano. Cada uno de ellos es una respuesta al problema de la venganza, y ninguno de los dos es suficiente por sí mismo. La justicia parte de la sensación de agravio y la lleva desde la represalia personal –la venganza– al proceso impersonal de la ley –la retribución–. El perdón es el reconocimiento ulterior de que la justicia por sí sola puede ser insuficiente para silenciar los sentimientos de los agraviados. Incluso cuando se han mostrado las pruebas, se ha dictado el veredicto, y se ha impuesto la sentencia, hay un residuo de dolor y de pena que hay que descargar. La justicia es la restauración impersonal del orden moral, el perdón es la personal. La justicia endereza entuertos; el perdón reconstruye relaciones rotas. No hay otro camino, como dice Maimónides.

Es imposible comprender la fuerza del perdón sin reconocer, al mismo tiempo, su dificultad. Es duro precisamente porque está en conflicto con nuestro sentido de que debemos mantenernos fieles al pasado. Si me han hecho mal, es natural sentir que se debe hacer mal al malhechor de vuelta. Cuando ese mal es histórico –cuando sus víctimas ya no están vivas– sentimos que hay algo más en juego que la mera justicia. Solo la parte ofendida puede perdonar, y él o ella ya no están aquí para poder perdonar. Nosotros, la familia o los amigos de la víctima, sentimos la fuerza de la lealtad hacia el llanto angustiado de aquellos que ya no están aquí. El perdón puede en ese caso llegar a parecer una traición. Michael Ignatieff ha comprendido esto bien:

> El principal obstáculo moral en el camino de la reconciliación es el deseo de venganza. Ahora bien, la venganza está vista comúnmente como una emoción baja e indigna, y debido a

> ello, rara vez se comprende bien el profundo tirón moral que ejerce sobre la gente. Pero la venganza –considerada desde el punto de vista moral– es un deseo de mantener la fidelidad a los muertos, de honrar su memoria tomando su causa donde ellos la dejaron. La venganza mantiene la fidelidad entre generaciones; la violencia que engendra es una forma ritual de respeto por los muertos de la comunidad: ahí se halla su legitimidad. La reconciliación es difícil precisamente porque debe competir con la poderosa moralidad alternativa de la violencia. El terrorismo político es tenaz porque es una práctica ética. Es un culto a los muertos, una expresión extrema y absoluta de respeto.[12]

Entonces, ¿cómo es posible el perdón? Es posible porque, una vez se han seguido los procesos imparciales de la ley, se ha hecho justicia, se ha cumplido la sentencia, se han practicado las reparaciones y se ha pedido perdón, hay que dar el alto a la voz, de otra manera interminable, del dolor implacable. El perdón no significa olvidar, ni significa abandonar los llamamientos a la justicia. Sí significa, sin embargo, un reconocimiento de que el pasado es el pasado y de que no podemos permitir que proyecte su sombra sobre el futuro. El perdón sana las heridas morales de la misma manera que el cuerpo sana sus heridas físicas. En su punto máximo es un proceso de luto compartido entre aquellos que hacen el mal y aquellos que sufren sus consecuencias; los primeros por el daño infligido, los segundos por el daño sufrido. Como todos los actos de luto, el perdón es el único puente que lleva desde el dolor de la pérdida hasta la reintegración en el presente y sus tareas.

* * *

Laura Blumenfeld es una joven judía americana. En 1986 su padre, un rabino, estaba visitando Jerusalén. Mientras caminaba por la Ciudad Vieja, fue abatido de un disparo por un terrorista palestino. La bala pasó a un centímetro de su cerebro. Herido de gravedad, sobrevivió. Su hija, sin embargo, no podía olvidar ni perdonar. Años más tarde, cuando ya era periodista, viajó a Israel, y sin revelar su identidad, se hizo amiga de la familia del pistolero y comenzó una correspondencia con el propio terrorista, que estaba en la cárcel. Sin saber que se trataba de la hija de la víctima, el padre del pistolero le explicó por qué su hijo disparó a un americano que no conocía: «Cumplió con su deber. Todo palestino debe hacerlo. Entonces habrá justicia». Otro hijo añadió: «Mi hermano nunca conoció personalmente al hombre. No es un tema personal. Nada personal, así que no hay venganza». Laura escribe en su diario: «Me subía fuego por la cara. Era personal. Para mí sí que era personal».

Laura asiste al juicio del terrorista y persuade a los abogados –aún sin revelar quién es– para que le dejen dar testimonio. En el estrado de los testigos finalmente revela que es la hija de la víctima y que ha llegado a conocer al pistolero y a su familia, para que puedan ponerle cara a la familia del herido y comprendan que no existe tal cosa como una víctima impersonal de la violencia. En medio de su interrogatorio, es interrumpida por otra voz:

> Una mujer se levantó en la parte de atrás de la sala del juicio. Soltó en inglés, en una voz alta y temblorosa: «Yo perdono a Omar por lo que hizo».
> ¿Perdonar? Era mi madre. Aquí no se trataba de perdón; ¿no lo comprendía? Esta era mi venganza.
> «Y si la familia Blumenfeld puede perdonar a Omar», continuó mi madre, «ya es hora de que le perdone el Estado de Israel».[13]

Las dos mujeres abandonan el juicio entre lágrimas, pero la familia del pistolero corre tras de ellas y se abrazan. Más adelante el pistolero escribe a Laura: «Hemos vivido en estado de guerra y ahora estamos pasando por un nuevo estado de reconciliación histórica donde no hay lugar para el odio ni el desprecio».

¿Se logró algo con esta confrontación? Los temas que se dilucidan en Oriente Próximo son intratables y han desafiado cualquier intento de resolución. Indudablemente, existe una solución: una división del territorio en dos Estados, coincidiendo más o menos con los centros existentes de población, un acuerdo sobre Jerusalén y los lugares sagrados para que todo el mundo tenga acceso a los que sean importantes para ellos, supervisión conjunta de recursos compartidos como el agua, y un acuerdo internacional sobre el futuro de los refugiados desplazados. La pregunta es: ¿hay alguna solución que sea aceptable para ambos lados? Ambos tienen recuerdos difíciles de olvidar: los israelíes de 2.000 años de sufrimiento judío y de la necesidad existencial para los judíos de tener, en algún lado del mundo, un espacio defendible; los palestinos, de desplazamiento y pérdida, de derrota humillante y enfado. He aquí dos narraciones, y ninguna de ellas deja espacio a la otra. Como ocurre en tantas otras zonas de conflicto, el estado de bloqueo incorpora los términos clásicos del dilema del prisionero. La ausencia de confianza conduce a ambas partes a llevar a cabo acciones que, aun siendo racionales por sí mismas, terminan en consecuencias desastrosas para ambos. El perdón parece algo absurdamente inadecuado en conflictos de interés sustanciales y ante la enorme fuerza de la sospecha, de la desconfianza y de la acumulación de agravios.

Sin embargo, al final la paz se logra, si es que se logra, por gente que reconoce a sus oponentes como personas. Hasta que los israelíes y los palestinos no sean capaces de escucharse mutuamente, de oír la angustia y la frustración del otro y de hacer espacio cognitivo para las esperanzas del otro, no habrá ningún camino hacia adelante. Una de las grandes historias de la Biblia trata de cómo el rey Salomón decidió quién era la verdadera madre cuando se le acercaron dos mujeres, cada una de las cuales declaraba que el bebé que había ante ellas era suyo. La verdadera madre, comprendió él, era la que estaba dispuesta a dar al hijo en adopción antes que dejar que le mataran. El amor es más que la posesión; es, en parte, la capacidad de soltar. El perdón es la capacidad de soltar, y sin él matamos lo que más amamos. Cada acto de perdón arregla algo roto de este mundo fracturado. Es un paso, aunque sea pequeño, en el largo y duro camino hacia la redención.

Yo soy judío. Como judío, cargo conmigo las lágrimas y el sufrimiento de mis abuelos y de los suyos a través de las generaciones. La historia de mi pueblo es una narración de siglos de exilios y expulsiones, persecuciones y matanzas, comenzando con la primera cruzada y culminando con el exterminio de dos tercios de los judíos de Europa, entre ellos más de un millón de niños. Durante siglos, los judíos supieron que ellos o sus hijos corrían el riesgo de ser asesinados simplemente por ser judíos. Esas lágrimas están grabadas en el tejido mismo de la memoria judía, o lo que es lo mismo, de la identidad judía. ¿Cómo puedo yo soltar ese dolor cuando está inscrito en mi propia alma?

Y sin embargo debo hacerlo. Por el bien de mis hijos y de los suyos, aún no nacidos. No puedo construir su futuro sobre los odios del pasado, ni puedo enseñarles a amar más a Dios amando menos a la gente. Pidiendo a Dios que me perdone, escucho, en el mismo proceso de hacer esa petición, Su deseo de que yo perdone a los demás. Perdono porque tengo un deber con mis hijos al igual que con mis antepasados. De hecho el primero de esos deberes define al segundo. El deber que debo a mis antepasados que murieron por su fe es construir un mundo en el que la gente ya no muera por su fe. Honro el pasado no repitiéndolo sino aprendiendo de él: rechazando añadir dolor al dolor, agravio al agravio. Por eso es por lo que debemos responder al odio con amor, a la violencia con paz, al resentimiento con generosidad de espíritu y al conflicto con la reconciliación.

NOTAS

1 Sobre el perdón y la reconciliación ver Johnston y Sampson 1994; Shriver 1995; Baum y Wells 1997; Etzioni y Carney 1997; Enright y North 1998; Gopin 2000; y Henderson 2002.

2 Montesquieu, *El espíritu de las leyes*, Libro XXV, cap. 9.

3 Berlin 2002, p. 347.

4 Citado en Shriver 1995, p. 34.

5 Ridley 1996, p. 76-8.

6 Rashi sobre Génesis 1: 1.

7 Deuteronomio 23: 8.

8 Mishnah, *Yoma*, 9.

9 Maimónides, *Mishnah Torah*, leyes relativas al carácter ético (*Hilkhot Deot*), 6: 6.

10 *Ibid.* 6: 9.

11 *Ibid.* 7: 8.

12 Ignatieff 2002.

13 *The Times*, 25 y 26 de marzo de 2002.

Capítulo 11

UN PACTO DE ESPERANZA

> Imagina que el autor del mundo te planteara algo antes de la creación, diciéndote: «Voy a hacer un mundo cuya salvación no está asegurada, un mundo cuya perfección será meramente condicional a que cada agente haga individualmente lo mejor que pueda hacer. Te ofrezco la oportunidad de ser parte de ese mundo. Su seguridad, como ves, no está garantizada. Es una aventura real, con peligro real, pero puede que acabe triunfando. Es un esquema social de trabajo cooperativo que genuinamente está por hacer. ¿Te unirás a la manifestación? ¿Confiarás lo suficiente en ti mismo y en los demás como para asumir el riesgo?» ¿[O dirías] que, en vez de ser parte integrante de un universo tan fundamentalmente pluralista e irracional, preferirías regresar al sueño del no-ser del que te había despertado momentáneamente la voz del tentador?
>
> (William James, *Pragmatismo*)

No hay nada inevitable en la supervivencia de las civilizaciones. Las páginas de la historia están llenas de las cenizas de imperios que parecían indestructibles en su día pero que poco después cayeron en la decadencia y el olvido. He defendido la tesis de que las oportunidades creadas por el capitalismo global y el poder de la tecnología son vastas y potencialmente benignas. Anuncian el alivio de la pobreza, la derrota de la ignorancia y el tratamiento de la enfermedad a una escala sin precedentes. Los riesgos, sin embargo, son inmensos.

Hay un peligro verdadero e inminente de que el mercado, si se le deja actuar sin restricciones, continúe concentrando la riqueza cada vez en menos manos, dejando a naciones enteras arruinadas y a un gran número de personas, incluso en las economías avanzadas, sin estabilidad en su empleo, ingresos o perspectivas de futuro. La envidia, la rabia y la pura sensación de injusticia son suelo fértil para que broten la protesta, la violencia y el terrorismo, y nadie es inmune a ellos, dada la apertura en la que se basa la globalización. La erosión gradual de las familias y de las comunidades deja a las personas sin redes de apoyo. La sustitución del valor moral por el precio de mercado nos deja inermes frente a las aleatorias crueldades del destino.

Nuestros hábitos de consumo están privando al mundo de sus recursos naturales, dejando a generaciones futuras con cada vez menos recursos para sobrevivir. Nuestro expolio del medio ambiente amenaza hoy con la extinción a más especies que en ningún otro momento desde que el *homo sapiens* puso pie en la tierra. El calentamiento global hace peligrar a la biosfera. La manipulación genética de la cadena alimenticia plantea riesgos incalculables para nuestra salud. La clonación eugenésica y otras tecnologías médicas pueden llevarnos a alteraciones prometeicas del genoma humano, privilegiando a pocos a costa de muchos y cuestionando la propia idea de la singularidad y del carácter insustituible del ser humano, en las que se basan nuestras ideas del amor, de la persona y de la innegociable dignidad de cada vida humana. Aparte de estos temas, e igualmente urgentes, hay otros como la creciente fragmentación de la política, el auge de nuevas formas de tribalismo y extremismo religioso, la persistencia de las guerras étnicas y la capacidad que tienen algunos grupos altamente descentralizados, a veces de no más de unos cuantos individuos, de poner en riesgo la seguridad de la vida. No tenemos aún una cultura global, una gobernanza global o una visión coherente de los asuntos globales.

* * *

La sabiduría de las religiones del mundo puede parecer en el mejor de los casos irrelevante, y en el peor de ellos peligrosa, para un mundo guiado por fuerzas económicas. En Occidente, especialmente en Europa occidental, la sociedad se ha secularizado. En Oriente Próximo y en partes de Asia se ha experimentado un crecimiento del fundamentalismo que amenaza tanto al desarrollo económico como a la libertad política. Sean cuales sean, por tanto, las perspectivas para el futuro, la religión parece no tener suficiente poder para llevar a cabo cambios, pero demasiado poder para verse constreñida por estos. De una u otra manera, parece destinada a ser parte del problema más que de la solución.

Creo que esta opinión es un error, pero es un error con un pedigrí distinguido. Dos de las obras más influyentes de la modernidad occidental –el *Leviatán* de Hobbes y *La riqueza de las naciones* de Adam Smith– se basan en la idea del hombre como animal maximizador. Políticamente, esto llevó al contrato social; económicamente, a la división del trabajo y al mercado libre. El hombre, sin embargo, no es simplemente un animal maximizador. También es, singularmente, el animal que busca significado. Buscamos comprender nuestro sitio en el universo. Queremos saber de dónde venimos, adónde vamos, y a qué narración pertenecemos. Formamos familias, comunidades y sociedades. Contamos historias, algunas de las cuales tienen el estatus de textos sagrados. Celebramos rituales que representan de forma dramatizada la estructura de la realidad. Tenemos lenguajes, culturas, moralidades y fes. Estas cosas son esenciales para nuestro sentido de continuidad con el pasado y para nuestra responsabilidad con el futuro. Sin ellas sería dudoso que tuviéramos razón alguna para hacer nada, aparte de obedecer a los instintos más esenciales para la supervivencia. Por eso la religión es un rasgo persistente de la condición humana, y por eso no desaparecerá mientras nos hagamos las preguntas más fundamentales sobre por qué estamos aquí y qué tipo de mundo tratamos de crear.

Parte del proceso que llamamos modernidad –asociado de manera más obvia con la Ilustración europea– fue cuestionar la prominencia de casi todo lo asociado con la palabra «religión». *Écrasez l'infâme*, dijo Voltaire, y otros, menos provocativamente, asintieron. El nuevo paradigma era la ciencia, que no basaba sus conclusiones en ingrávidas nubes de revelación y observación profética, sino en hipótesis, experimentos y refutaciones comprobables. La tecnología nos ayudaría a dominar a la naturaleza. La monarquía constitucional, seguida después por la democracia representativa, controlarían el poder. La economía maximizaría la riqueza. Todas ellas juntas generarían el avance lineal que se designaba con el nuevo nombre de «progreso».

Era esa una noble aspiración, y gran parte de ella sigue siendo válida hoy en día. Pero la humanidad es ahora más vieja, más triste y más sabia. La razón no disipó el prejuicio. La tecnología, ya sea en forma de armas de destrucción masiva, sobreexplotación de recursos naturales, polución de la atmosfera, o manipulación genética, amenaza a la sostenibilidad de la naturaleza misma. La democracia representativa sigue siendo la mejor forma de gobierno descubierta hasta el momento, pero los Estados-nación parecen cada vez más incapaces de controlar los fenómenos globales, desde las multinacionales hasta la devastación ecológica, y todavía no hemos desarrollado formas de gobierno global. El capitalismo de mercado ha incrementado la riqueza más allá de lo que pudieron llegar a imaginar las generaciones anteriores, pero no es capaz, por sí mismo, de distribuirla de manera igualitaria o ni siquiera equitativa. Estos son problemas que no pueden ser resueltos dentro de los términos marcados por la modernidad, por la simple razón de que no son problemas de procedimiento, sino más bien de valores o, dicho de manera más sencilla, problemas morales. No hay manera de evitar decisiones morales difíciles mediante el uso de un proceso científico de toma de decisiones que diga que hay que «maximizar X». Primero tenemos que decidir qué X queremos maximizar, y cómo ponderar y comparar X e Y cuando la persecución de la primera daña la consecución de la segunda. El proyecto humano es ineludiblemente un proyecto moral. Esa es una de las razones por las que las grandes religiones, con su historial de reflexión acerca de los problemas morales, deben ser parte de la conversación.

Las superpotencias económicas, aparentemente invencibles cada una en su tiempo, tienen un periodo de vida relativamente corto: Venecia en el siglo XVI, los Países Bajos en el XVII, Francia en el XVIII, Gran Bretaña en el XIX y los Estados Unidos en el XX. Las grandes religiones, por contra, sobreviven. El islam tiene 1.500 años, el cristianismo 2.000 y el judaísmo 4.000. Por qué sucede esto es una cuestión abierta a debate. Mi propia opinión es que las fes del mundo encarnan verdades que no son accesibles a la economía ni a la política, y conservan su preeminencia incluso cuando todo lo demás cambia. Nos recuerdan que las civilizaciones no sobreviven a través de la fuerza, sino en función de cómo sirven a los débiles; no a través de la riqueza, sino a través del cuidado que demuestran por los pobres; no a través del poder, sino a través de su preocupación por los que no tienen poder. La lección de la historia, irónica y sin embargo completamente humana, es que lo que hace a una cultura invulnerable es la compasión que muestra por los vulnerables. El valor último que deberíamos preocuparnos por maximizar es la dignidad humana: la dignidad de todos los seres humanos, por igual, como hijos del Dios creativo y redentor.

¿Es este un enfoque «religioso»? Sí y no. Ha habido humanistas seculares que han afirmado lo mismo; ha habido fanáticos religiosos que lo han negado. Lo que más importa no es por qué lo creemos, sino el hecho de que lo creamos. El capitalismo global anuncia la perspectiva de una inmensa mejora de la condición humana. Igualmente, amenaza con desigualdades que acabarán por resultar insostenibles y con un vandalismo cultural que llegará a ser insoportable. El hombre no fue hecho para estar al servicio de las economías; las economías fueron hechas para servir al hombre. Y creo que el hombre y la mujer fueron hechos para servirse unos a otros, no solo a sí mismos. No podemos sobrevivir mientras otros se ahogan; no podemos festejar mientras otros se mueren de hambre; no somos libres mientras otros sufren esclavitud; no estamos bien cuando miles de millones de personas languidecen en la enfermedad y mueren prematuramente.

* * *

Pero la religión entra en la conversación por otra razón también, y es mérito de Francis Fukuyama haber sido el primero en llamar la atención sobre ella. En su famoso ensayo de 1989, *El fin de la Historia*, escrito justo al final de la Guerra Fría, Fukuyama argumentó que el mundo se estaba desplazando inexorablemente hacia los mercados libres y las sociedades libres, hacia lo que Michael Novak llama el «capitalismo democrático».[1] Esa opinión fue sacudida –no necesariamente refutada, pero desde luego muy puesta en entredicho– por los acontecimientos posteriores: la proliferación de conflictos religiosos y étnicos, el fracaso del Proceso de Paz de Oslo en Oriente Próximo, y sobre todo por los atentados del 11 de septiembre de 2001.

Sin embargo, Fukuyama escribió después un libro con el mismo título, y ofreció una presentación más matizada de su argumento. En el último capítulo introdujo la posibilidad de que la historia no tenga fin, precisamente porque todo orden pacífico genera, por el mero modo de ser caprichoso del carácter humano, su propia destrucción. «El declive de la vida en comunidad sugiere que en el futuro corremos el riesgo de convertirnos en "hombres últimos" seguros y absortos», escribió. «Pero el peligro contrario también existe, concretamente que volvamos a ser "hombres primeros" envueltos en sangrientas batallas de prestigio y sin sentido, solo que esta vez con armas modernas.»[2]

La misma cosa que en un principio avalaba al capitalismo a ojos de sus defensores –el hecho de que quitara de la cabeza a la gente la idea de la guerra y la sustituyera por la idea del comercio– constituye, para sus detractores, un defecto. Las virtudes de un orden liberal democrático son, desde otra perspectiva, sus vicios. Las personas evitan la vida pública y se centran en deseos y asuntos privados. Se hacen más absortos, más domesticados, más burgueses. Ya no se unen a las grandes causas que en su momento apelaban al patriotismo, a la lealtad, o a la voluntad de sacrificarse uno mismo por el propio país o la propia fe. Pero la urgencia de estas pasiones no muere. Permanece como residuo genético de una etapa anterior, cuando los hombres debían luchar batallas para sobrevivir. El peligro, por lo tanto, es que tal instinto primordial vuelva a resurgir en rebelión contra la domesticación de las violentas tendencias humanas por parte del capitalismo de mercado:

> ¿Cabe suponer que el mundo ya se ha «llenado», por así decirlo, de democracias liberales, de manera que ya no existe ninguna tiranía ni opresión digna de tal nombre contra la cual luchar? La experiencia sugiere que si los hombres no pueden luchar por una causa justa debido a que esta ya resultó victoriosa en una generación anterior, entonces lucharán *contra* esa causa justa. Lucharán por el gusto de luchar. Lucharán, en otras palabras, en cierto modo por aburrimiento: porque no pueden imaginarse vivir en un mundo sin luchas. Y si la mayor parte del mundo en el que viven está caracterizado por ser una democracia liberal, pacífica y próspera, entonces lucharán *contra* esa paz y esa prosperidad, y contra la democracia.[3]

Ese peligro se ha vuelto real en formas que no eran obvias en 1992, cuando Fukuyama escribió esas palabras. Entonces parecía que los actores primarios del escenario global eran los Estados-nación. Desde entonces se ha hecho posible, a través de la combinación de internet, los teléfonos por satélite y el correo electrónico encriptado –técnicas utilizadas en los ataques del 11 de septiembre de 2001– movilizar fuerzas globalmente a un nivel que está muy por debajo de los Estados-nación, y aun así sembrar el pánico y la destrucción, socavando la seguridad y la confianza en las que se basa nuestro día a día.

Es mucho más fácil vigilar y defenderse contra Estados que contra «individuos muy poderosos». Tales individuos –Osama bin Laden es el paradigma, pero hay muchos otros– encajan en la descripción de Fukuyama. Vienen de familias bien, incluso opulentas. Son en sí mismos un producto del sistema que quieren destruir. El verdadero peligro surge cuando intentan movilizar, no solo a cuadros de individuos de pensamiento similar, sino a grupos grandes y dispersos por el globo. Es entonces cuando la fuerza de la religión se convierte en algo real y terrorífico, pues las religiones del mundo, especialmente el cristianismo y el islam, *son* fenómenos globales. Entre ambos cuentan con la lealtad de más de la mitad de los seis mil millones de habitantes de la tierra, muchos de los cuales sienten agravios muy diferentes del capitalismo global. A menudo son pobres y están en paro. Viven bajo regímenes opresivos. El constante bombardeo de imágenes del Occidente rico y (para sus estándares tradicionales) decadente, transmitidas por televisión e internet, inflama tanto su envidia como su hostilidad. Si la animosidad personal de individuos elitistas puede convertirse en una lucha populista contra el infiel, el no creyente o el «gran Satán», tendremos entonces las bases de un escenario peligrosamente cercano a la predicción de Huntington del choque de civilizaciones. No decimos nada nuevo si afirmamos que este es el mayor peligro al que se enfrenta el siglo XXI.

Estamos muy poco preparados para afrontar este reto, y esto también lo comprendió Fukuyama. Añadamos a la ausencia de fe religiosa el fracaso del «proyecto de la Ilustración» para crear una ética universal, y el resultado es el relativismo moral: una manera de pensar (o más bien, de negarse a pensar) sobre nuestras opciones de vida que puede ser adecuada para una cultura basada en el consumismo, pero que es completamente inadecuada para la defensa de la libertad ante un desafío apasionado, violento y fanático:

> El pensamiento moderno no alza ninguna barrera frente a una futura guerra nihilista contra la democracia liberal por parte de aquellos que han crecido en su seno. El relativismo –la doctrina que propugna que todos los valores son meramente relativos y que ataca cualquier «perspectiva privilegiada»– debe en última instancia acabar socavando también los valores democráticos y tolerantes. El relativismo no es un arma que pueda apuntarse selectivamente a los enemigos que uno elige. Dispara indiscriminadamente, no

> solo a las piernas de los «absolutismos», dogmas, y certidumbres de la tradición occidental, sino también al énfasis de esa tradición en la tolerancia, la diversidad, y la libertad de pensamiento. Si nada puede ser absolutamente cierto, si todos los valores están determinados culturalmente, entonces también deben dejarse en la cuneta principios tan apreciados como la igualdad humana.[4]

El relativismo es inadecuado para afrontar el desafío de identidades étnicas agresivas y de sistemas de creencias excluyentes. Por supuesto, el fracaso del relativismo en basar la identidad en algo más grande que el yo da lugar a su contrario: la búsqueda de pertenencia. Hay un vínculo entre violencia y pertenencia. «Cuanto más fuerte se sientan los lazos de pertenencia a un grupo», escribe Michael Ignatieff, «más hostiles y más violentos son los sentimientos contra la gente de fuera. Uno no puede tener semejante intensidad de sentimiento de pertenencia sin violencia, porque un sentimiento con semejante intensidad moldea la conciencia individual: si una nación le da a su gente una razón para sacrificarse, le da también una razón para matar».[5] Esas palabras, escritas casi una década antes del 11 de septiembre de 2001 y de las subsiguientes avalanchas de bombas suicidas en Oriente Próximo, reverberan incluso con mayor urgencia ahora.

En el periodo que siguió a las guerras europeas de religión de los siglos XVI y XVII nació una doctrina que plantó los cimientos del moderno Estado-nación. Se llamó *tolerancia*. Esencialmente, consistía en privatizar la conciencia. Permitía que las personas pudieran pertenecer a un orden civil y político sin suscribir necesariamente las creencias de la mayoría. Normalmente se piensa en esto como parte de un proceso de secularización. John Plamenatz, sin embargo, apunta correctamente que en Milton, Locke y otros tenía un sustrato esencialmente religioso. Suponía viajar desde la opinión de que «la fe tiene una importancia suprema, y por lo tanto todos los hombres deben profesar la única fe verdadera», hacia la proposición de que «la fe tiene una importancia suprema, y por lo tanto cada hombre debe poder vivir según la fe que le parezca verdadera a él». Esto no es relativismo, sino una comprensión profundamente religiosa de que la fe impuesta no es fe; de que la adoración religiosa debe ser libre para ser un genuino consentimiento del alma. «La libertad de conciencia», escribe Plamenatz, «no nació de la indiferencia, ni del escepticismo, ni de la mera apertura de mente, sino de la fe».[6] Eso es lo que diferencia el enfoque de la libertad del siglo XVII del de sus defensores del siglo XX como Friedrich Hayek, Karl Popper e Isaiah Berlin. Estos pensadores más recientes basaron sus ideas acerca de una sociedad libre en el escepticismo y la incertidumbre, y al hacerlo así debilitaron la defensa de la libertad, haciendo a esta vulnerable frente a aquellos que luchan en nombre de la certidumbre.

Retomar el concepto de tolerancia del siglo XVII no es suficiente. Fue suficiente entonces, porque iba de la mano del fuerte poder central del Estado. Los grupos diferentes se veían forzados a convivir porque ninguno de ellos estaba en posición de poder imponer sus ideas a los demás. El poder había sido centralizado y delegado a una autoridad lo suficientemente fuerte como para asegurar el imperio de la ley. La globalización implica lo contrario: la descentralización del poder, combinada con una vulnerabilidad máxima, de manera que grupos terroristas pueden desestabilizar grandes áreas del mundo al mismo tiempo que permanecen fuera del alcance de cualquier Estado individual, incluso de una superpotencia tan dominante como los Estados Unidos. Se requiere algo mucho más fuerte que la tolerancia.

He argumentado que si hemos de encontrar una idea que esté a la altura del desafío de nuestro tiempo, esta debe provenir de las grandes tradiciones religiosas. He tratado de articular una posible forma de esa idea. Es la de que el Dios único, creador de la diversidad, nos manda honrar su creación respetando la diversidad. Dios, el creador de todo, ha hecho a su imagen a la persona como tal, antes de la aparición de nuestras diversas culturas y civilizaciones, y con independencia de ellas, otorgando así a la vida humana una dignidad y una santidad que trascienden nuestras diferencias. Esa es la carga de su alianza con Noé, y por tanto con toda la humanidad. Constituye la base moral de nuestra humanidad compartida, y por eso en última instancia de los derechos humanos universales. Por eso es por lo que la alianza posterior con Abraham y sus hijos no excluye otros caminos hacia la salvación. Los justos de todas las naciones –aquellos que honran a Dios y a su alianza con la humanidad– tienen su sitio en el mundo venidero. Hasta que las grandes religiones no solo toleren, sino que encuentren valor positivo en la diversidad de la condición humana, tendremos guerras, y su coste en vidas humanas seguirá creciendo.

No hay nada relativista en la idea de la dignidad de la diferencia. Esta se basa en la radical trascendencia de Dios respecto al universo creado, con su sorprendente diversidad de formas de vida –todas las cuales, como sabemos a través de las investigaciones genéticas, proceden de un mismo origen– y respecto a las múltiples lenguas y culturas mediante las cuales, como seres en busca de significado, hemos intentado comprender la totalidad de la existencia. Al igual que la condición humana se vería empobrecida y sería insostenible si fuésemos a eliminar todas las formas de vida menos la nuestra, así también se vería reducida y fatalmente puesta en entredicho si eliminásemos todas las culturas y tradiciones excepto las nuestras. Como he tratado de argumentar, la idea de que cumplimos la voluntad de Dios al hacer la guerra al infiel, o al imponer nuestras prácticas a los demás para que toda la humanidad comparta la misma religión, debe mucho al concepto de imperio y poco al legado de Abraham que judíos, cristianos y musulmanes reclaman como propio. Fue al entrar en contacto con el imperialismo griego y romano cuando la fe abrahámica desarrolló la aspiración de conquistar o convertir al mundo. Debemos abandonar dicha aspiración para salvarnos de la destrucción mutua. Por repetir lo que formulé en un capítulo anterior: el fundamentalismo, como el imperialismo, es un intento de imponer un único modo de vida a un mundo plural. Es la torre de Babel de nuestra era.

La prueba de nuestra fe es si podemos crear espacio para la diferencia. ¿Puedo reconocer la imagen de Dios en alguien que no es de mi imagen, cuyo idioma, fe e ideales son diferentes a los míos? Si no puedo, entonces he hecho a Dios a mi imagen, en vez de dejar que Él me haga a la suya. ¿Pueden los judíos, los musulmanes, los hindúes, los sijs, los confucionistas, los ortodoxos, los católicos y los protestantes hacerse sitio los unos a los otros en Oriente Próximo, la India, Sri Lanka, Chechenia, Kosovo y los otros muchos lugares en los que coexisten grupos de etnias y religiones diferentes? ¿Podemos aceptar un cambio de paradigma para darnos cuenta que nos vemos enaltecidos, no disminuidos, por la diferencia, de la misma manera que nos vemos enaltecidos, no disminuidos, por los 6.000 idiomas que existen hoy en día, cada uno de ellos con sus sensibilidades, formas de arte y expresiones literarias singulares? Esto no es el cosmopolitismo de los que no pertenecen a ningún lado, sino la comprensión profundamente humana que tiene lugar entre personas que, sabiendo lo importantes que son sus cosas para ellos, entienden la importancia que da otra gente a las suyas.

* * *

Con esto regreso al concepto que subyace en gran medida a lo que he argumentado: el concepto de pacto o *alianza*. Lo que inicialmente fue una forma de tratado entre potencias vecinas en el antiguo Oriente Próximo, se convirtió, en el Antiguo Testamento, en una forma central –incluso en *la* forma central– de relación, cargada de importancia religiosa y moral. La alianza es una respuesta a la cuestión más fundamental en la evolución de las sociedades: ¿Cómo podemos establecer relaciones lo suficientemente seguras para que se conviertan en la base de la cooperación, sin el uso de la fuerza económica, política o militar? El uso de la fuerza está descartado por requerimiento de la dignidad humana. Si tú y yo estamos vinculados porque, de una manera u otra, yo puedo forzarte a ti a hacer lo que yo quiera, entonces he asegurado mi libertad a costa de la tuya. He afirmado mi humanidad negándote la tuya. La alianza es el intento de crear una asociación sin dominación ni sumisión. Existe por un rasgo sorprendente del lenguaje. Podemos usar palabras para crearnos obligaciones. El gran filósofo de Oxford J. L. Austin llamó a esto «enunciaciones performativas». La alianza ocurre cuando dos individuos o grupos, que tal vez difieren en cuanto a poder, pero que reconocen cada uno la integridad y soberanía del otro, se prometen lealtad mutua para conseguir juntos lo que no pueden conseguir por separado. La alianza es el uso del lenguaje para crear un vínculo de confianza a través de la palabra dada, la palabra recibida, la palabra honrada en fidelidad mutua.

Una alianza no es un mero contrato, por tres razones: no se limita a condiciones y circunstancias específicas; es indefinida y de larga duración; no está basada en la idea de dos individuos, por lo demás no conectados entre sí, que buscan una ventaja personal. Trata del «Nosotros» que da identidad al «Yo». Hay un lugar para los contratos, pero las alianzas son previas y más fundamentales. Forman la matriz de mutualidad en cuyo seno pueden darse las relaciones contractuales. Como señala Philip Selznick:

> Toda alianza genuina redefine y reafirma los rasgos básicos de la moralidad: deferencia a una fuente de juicio más allá de

> la voluntad autónoma; autoestima constructiva; preocupación por el bienestar de los demás. Al mismo tiempo, establece los principios de una forma de vida *concreta* [...]. No es una moralidad abstracta.[7]

Lo que hace de la alianza un concepto adecuado para nuestros días es que reafirma la dignidad de la diferencia. Las grandes relaciones constitutivas de alianzas –entre Dios y la humanidad, entre el hombre y la mujer en el matrimonio, entre los miembros de una comunidad o los ciudadanos de una sociedad– existen porque ambas partes reconocen que «no es bueno que el hombre esté solo». Dios no puede redimir al mundo sin participación humana; la humanidad no puede redimir al mundo sin reconocer lo divino. El hombre solo, o la mujer sola, no pueden traer vida nueva al mundo. Los miembros y los ciudadanos solos no pueden mantenerse, y menos aún establecer un marco de acción cooperativa y de gracia colectiva. Las alianzas existen porque somos diferentes y buscamos preservar esa diferencia, incluso cuando nos juntamos para contribuir nuestros dones singulares al bien común. Las alianzas son creadas gracias al carácter de suma-no-cero de las relaciones e interacciones humanas.

Debido a su carácter relacional y no ontológico, las alianzas son inherentemente plurales. Tengo un tipo de relación con mis padres, otro con mi esposa, otro con mis hijos, y otros diferentes con mis amigos, vecinos, miembros de mi fe, ciudadanos de mi país, y con otros seres humanos dondequiera que sufran y necesiten mi ayuda. Ninguno de estos tipos de relación es excluyente. Está en la naturaleza de la vida real, y no de la abstracción filosófica, que tengamos muchos compromisos y que puedan, a veces, entrar en conflicto mutuo. Pero eso no es algo intrínsecamente trágico, aunque pueda dar lugar a lamentos, o incluso a agravios. El pluralismo es una forma de esperanza, porque se basa en el entendimiento de que precisamente por ser diferentes, cada uno de nosotros tiene algo único que contribuir al proyecto compartido del que formamos parte. A corto plazo, nuestros deseos y necesidades pueden chocar; pero el mero hecho de darnos cuenta de que la diferencia es una fuente de bendición nos lleva a buscar la mediación, la resolución de los conflictos, la conciliación y la paz; paz basada en la diversidad, no en la uniformidad.

La alianza me dice que mi fe es una forma de relación con Dios, y que esa *relación singular no excluye a ninguna otra.* «El cariño de Dios se extiende a todas sus obras» de maneras que trascienden a nuestra comprensión. En ningún lado se refleja mejor esto que en la visión de Isaías en la que el profeta ve un tiempo en el que los dos grandes enemigos del pasado de Israel –Egipto y Asiria– se convertirán un día en los elegidos de Dios junto con el mismo Israel:

> En aquel tiempo habrá altar para el Señor en medio de la tierra de Egipto, y monumento al Señor junto a su frontera. Y será señal y testimonio del Señor de los ejércitos en la tierra de Egipto; porque clamarán al Señor a causa de sus opresores, y Él les enviará salvador y príncipe que los libre [...].
> En aquel tiempo habrá una calzada de Egipto a Asiria, y los asirios entrarán en Egipto, y los egipcios en Asiria; y los egipcios servirán con los asirios al Señor. En aquel tiempo Israel será tercero con Egipto y con Asiria para bendición de la tierra; porque el Señor de los ejércitos los bendecirá diciendo: «Bendito Egipto mi pueblo, y Asiria mi obra, e Israel mi heredad» (Isaías 19: 19-25).

Este es un pasaje increíble. Michael Fishbane lo llama «la transposición más extrema que puede concebirse de una memoria histórica nacional». La liberación singular de Israel, el éxodo, debe ahora repetirse para sus antiguos enemigos. Fishbane apunta, correctamente, que «Isaías ha legado a Egipto la memoria más íntima de Israel por el bien de la paz. La metamorfosis es sorprendente».[8] Unos 2.700 años antes de que Horace Kallen acuñara el término «pluralismo», Isaías ya le había dado un significado religioso. El mundo de Dios es diverso. Los caminos a la salvación son muchos. Hay múltiples universos de sabiduría, y cada uno de ellos captura algo de lo radiante del ser y lo refracta hacia la vida de sus seguidores; ninguno refuta o excluye a los otros; cada uno es, como si dijéramos, la lengua materna de sus seguidores, pero todos ellos se combinan en un himno de gloria al creador.

Por último, las alianzas son intergeneracionales. «Y no solamente con vosotros hago yo este pacto y este juramento, sino con los que están aquí presentes hoy con nosotros delante del Señor nuestro Dios, y con los que no están aquí hoy con nosotros», dice Moisés al final de su vida (Deuteronomio 29: 14-15). Una alianza es, en palabras de Edmund Burke, una asociación «no solo entre los vivos, sino también entre los vivos, los muertos y los que están por nacer».[9] La alianza nos recuerda que somos guardianes del pasado por el bien del futuro. Expande nuestros horizontes hacia la cadena de generaciones de la que formamos parte. Nos enfrenta a las consecuencias de nuestros actos, desde la explotación del medioambiente, pasando por la comercialización excesiva de la sociedad, hasta el absolutamente imperdonable comercio de armas y todas las otras formas en las que conductas egoístas y cortoplacistas crean riesgos para el largo plazo. Una alianza significa responsabilidad que se extiende horizontalmente a través del espacio y verticalmente a través del tiempo, por la totalidad y hacia la totalidad de la que formamos parte.

* * *

Nuestra situación global hoy en día no difiere mucho de la de las naciones europeas durante las grandes guerras religiosas de los siglos XVI y XVII, tras la estela de la Reforma. Entonces, como ahora, había muchas sociedades divididas por conflictos. Surgió la pregunta: ¿Cómo pueden coexistir pacíficamente personas con creencias violentamente enfrentadas? De aquella crisis surgió la idea –formulada de maneras distintas por Hobbes, Locke y Rousseau– de un contrato social mediante el cual los individuos acuerdan ceder ciertos poderes privados a una autoridad central encargada de mantener el orden y promover el bien común.

No estamos cerca de divisar un contrato global mediante el cual los Estados-nación acuerden sacrificar parte de su soberanía para crear alguna forma de gobierno mundial. Sin embargo, hay una alternativa: una *alianza* o pacto global. Las alianzas son más fundacionales que los contratos. Las alianzas sociales crean sociedades; los contratos sociales crean Estados. El antiguo Israel inició su contrato social cuando, a petición del pueblo, Samuel proclamó rey a Saúl, dando origen al primer gobierno nacional de Israel. Pero recibió su alianza social muchos siglos antes, en la revelación del Monte Sinaí. La relación entre alianza y contrato es similar a la que hay entre la Declaración de Independencia (1776) y la Constitución (1789) de los Estados Unidos de América. La segunda concreta la estructura constitucional del Estado, la primera los principios morales de la sociedad sobre la que se basa aquel. Las alianzas son comienzos, son actos de engarce moral. Se expresan en términos amplios cuyo significado preciso es sujeto de debate continuado, pero que permanecen como piedras angulares, ideales o puntos de referencia frente a los que juzgar políticas y prácticas concretas. Lo que ahora necesitamos no es un contrato que dé a luz una estructura política global, sino más bien una alianza que proporcione un marco a nuestra visión compartida del futuro de la humanidad.

Una idea enlaza el primer capítulo del Génesis con la Declaración de Independencia estadounidense, concretamente la de que «todos los hombres son creados iguales». La articulación que hace Philip Selznick de esta idea me parece atractiva: «La igualdad moral», escribe, «es el postulado que dice que todas las personas tienen el mismo valor intrínseco. No son iguales en talento, en contribuciones a la vida social, ni en sus aspiraciones legítimas a obtener recompensas y recursos. Pero todo aquel que es una persona tiene presuntamente derecho a que se le reconozca como tal». En consecuencia, todos tienen derecho a las «condiciones básicas que hacen la vida posible, tolerable y esperanzada»: a aquello que necesiten para mantener «su dignidad e integridad como personas».[10] Eso constituye al menos un punto de partida para una alianza global en la que las naciones del mundo expresen colectivamente su compromiso no solo con los derechos humanos sino también con las responsabilidades humanas, y una concepción del bien común no meramente política, sino también económica, medioambiental, moral y cultural, construida sobre los pilares de la humanidad compartida y el respeto de la diversidad.

Una de las distinciones más importantes que he aprendido en el curso de mis reflexiones sobre la historia judía es la diferencia que hay entre el *optimismo* y la *esperanza*. El optimismo es la creencia de que las cosas mejorarán. La esperanza es la fe en el hecho de que, juntos, podemos mejorar las cosas. El optimismo es una virtud pasiva, la esperanza es activa. Ser optimista no requiere coraje, tener esperanza requiere mucho coraje. Sabiendo lo que sabemos sobre nuestro pasado, ningún judío puede ser optimista. Pero los judíos nunca han perdido la esperanza, a pesar de su historia de sufrimiento extremo en muchos momentos. No es una casualidad que llamaran al himno nacional de su nuevo Estado *Hatikvah*, que significa esperanza.

La esperanza no existe en un vacío conceptual, ni tampoco es accesible a cualquier configuración cultural. Nace de la creencia de que el origen de nuestros actos está dentro de nosotros mismos. No somos un producto involuntario de causas ciegas: el gen egoísta, la lucha darwiniana por la supervivencia, la dialéctica histórica hegeliana, la lucha de clases marxista, el choque de voluntades nietzscheano, una serie de tendencias sociológicas de Durkheim, o un conjunto freudiano de impulsos psicológicos de los que solo somos vagamente conscientes. La humanidad nunca ha carecido de cosmovisiones que sitúan la fuente de nuestros actos fuera de nosotros mismos, arrojando nuestro destino a vientos y mareas de la fortuna que como mucho podemos aspirar a mitigar, y que en el peor de los casos tenemos que resignarnos a aceptar. La esperanza es saber que podemos elegir; que podemos aprender de nuestros errores y actuar de manera diferente la próxima vez; que la historia no es lo que Joseph Heller llamó «una bolsa de basura de coincidencias aleatorias abierta por el viento», sino un largo y lento viaje hacia la redención, sean cuales sean los desvíos y giros equivocados que tomemos por el camino.

La esperanza es una virtud humana, pero una virtud con sustrato religioso. En último término no es la creencia de que Dios haya escrito el guion de la historia, de que Él intervendrá para salvarnos del error de nuestros actos o para protegernos de las peores consecuencias del mal, sino simplemente de que Él es consciente de nuestras aspiraciones, que está con nosotros en nuestros torpes esfuerzos, que nos ha dado los medios para salvarnos de nosotros mismos; que no estamos equivocados por soñar, desear y trabajar por un mundo mejor. Al final, los grandes sistemas de pensamiento se validan a sí mismos. A quien piense que la condición humana es esencialmente trágica, esta se le revelará como una serie de tragedias. A quien crea que podemos reescribir el guion, la historia se le revelará como una serie de pasos lentos y vacilantes hacia un orden social más benévolo.

Yo creo que los líderes religiosos no podemos seguir asumiendo que nada ha cambiado en la situación humana. Algo *sí* que ha cambiado: nuestro poder de hacer el bien y el mal, el puro rango del alcance y de las consecuencias de nuestras intervenciones. Estamos cara a cara frente al extraño, y el que consideremos este hecho amenazador o engrandecedor lo cambia todo. Todo canon de escrituras sagradas contiene textos que, leídos literalmente, pueden utilizarse para respaldar un estrecho particularismo, la suspicacia frente a los otros, y la intolerancia hacia aquellos que piensan de manera diferente a nosotros. Todos esos textos también contienen citas que enfatizan nuestra afinidad con el forastero, la empatía con el extraño, el coraje que lleva a las personas a tender una mano más allá de las fronteras del destierro o de la hostilidad. La elección es nuestra. ¿Servirán los textos generosos de nuestra tradición como claves interpretativas del resto, o determinarán los pasajes más agresivos nuestras ideas de lo que somos y lo que estamos llamados a hacer? Ninguna tradición está libre de la necesidad constante de reinterpretar, de aplicar verdades eternas a un mundo en cambio constante, de escuchar lo que la palabra de Dios requiere de mí aquí y ahora. Eso es lo que los líderes religiosos han hecho siempre, no menos en el pasado que ahora.

La pregunta es: ¿Hasta qué punto veremos nuestras actuales interconexiones globales como una amenaza o como una oportunidad? ¿Como obra del hombre, o como una llamada de Dios a una humanidad mejor, al igual que a una mayor autocontención? Por mi parte, creo que Dios nos está llamando a ver en el otro humano un trazo del Otro divino. La prueba –tan lamentablemente fallida por las grandes potencias del siglo XX– consiste en ver la presencia divina en la cara de un extraño; hacer caso al llanto de aquellos que se ven impotentes en esta era de poderes sin precedentes; que tienen hambre y son pobres e ignorantes y no han sido educados, cuyo potencial humano no puede expresarse. Esa es la fe de Abraham y Sara, de la que las grandes religiones, el judaísmo, el cristianismo y el islam, derivan su herencia espiritual e histórica. Esa es la fe de quien, aunque dijo ser no más que polvo y ceniza, preguntó a Dios mismo: «¿No hará justicia el juez de toda la tierra?» No somos dioses, pero somos convocados por Dios para llevar a cabo Su obra de amor, justicia, compasión y paz.

Hace muchos años tuve el privilegio de conocer a uno de los grandes líderes religiosos del mundo judío. Era el jefe de un gran grupo de místicos judíos. Me vi inspirado por sus enseñanzas e impresionado por la espiritualidad de sus seguidores. Pero me hacía una pregunta sobre el estilo de vida que él defendía. Me parecía excluyente. En su intensa y apartada piedad dejaba fuera al resto del mundo. ¿No había –le pregunté– belleza y valor más allá de las estrechas paredes en las que vivía? Me contestó con una parábola.

Imagina, dijo, a dos personas que se pasan la vida transportando piedras. Una lleva sacos de diamantes. La otra, sacos de rocas. A los dos se les pide ahora que lleven un envío de rubíes cada uno. ¿Cuál de los dos comprende lo que ha de llevar ahora? El hombre que está acostumbrado a los diamantes sabe que hay piedras que pueden ser preciosas, incluso aunque no sean diamantes. Pero el hombre que solo ha llevado rocas piensa que todas las piedras son una mera carga. Tienen peso pero no valor. Los rubíes están más allá de su comprensión.

Lo mismo ocurre, dijo, con la fe. Si apreciamos la nuestra, entonces comprenderemos el valor de las demás. Podemos pensar que la nuestra es un diamante y otra fe es un rubí, pero sabemos que ambas son piedras preciosas. Pero si la fe es una mera carga, no solo no valoraremos la nuestra. Tampoco valoraremos la fe de otra persona. Ambas nos parecerán igual de inútiles. Lo que quería decir es que la verdadera tolerancia no viene de la ausencia de fe sino de su presencia viva. Comprender la particularidad de lo que nos importa a nosotros es la mejor forma de llegar a apreciar aquello que importa a otros.

La diferencia no reduce, sino que engrandece la esfera de posibilidades humanas. Nuestra última gran esperanza es recordar la clásica afirmación de John Donne y la historia más antigua de Noé tras el Diluvio y escuchar, en medio de nuestra hipermodernidad, una vieja y nueva llamada a una alianza global de responsabilidad y esperanza humanas. Solo cuando nos demos cuenta del peligro de desear que todo el mundo sea igual –la misma fe por un lado, el mismo «McMundo» por el otro– impediremos el choque de civilizaciones, nacido del sentimiento de amenaza y miedo. Aprenderemos a vivir con la diversidad tan pronto como comprendamos ese regalo de Dios, que realza al mundo, que es la dignidad de la diferencia.

NOTAS

1 Novak 1991.

2 Fukuyama 1992, p. 328.

3 *Ibid.*, p. 330.

4 *Ibid.*, p. 332.

5 Ignatieff 2012.

6 Plamenatz 1963, p. 50.

7 Selznick 1994, p. 480.

8 Michael Fishbane, «Torah and Tradition» («La Tora y la tradición»), en Douglas Knight (ed.), *Tradition and Theology in the Old Testament* (Philadelphia, PA: Fortress Press, 1977), p. 278; ver también Michael Fishbane, *Biblical Interpretation in Ancient Israel* (Oxford: Clarendon Press, 1985), p. 367-8.

9 Burke 2013.

10 Selznick 1994, p. 483.

Bibliografía

Bibliografía

Abrams, Elliott. *The Influence of Faith*. Lanham, MD: Rowman & Littlefield, 2001.

Acton, Harold B. *La moral del mercado*. Madrid: Unión Editorial, 2002.

Adorno, Theodor W. *The Authoritarian Personality*. Nueva York: W.W. Norton, 1982.

Althusius, Johannes. *Politica*. Indianapolis, IN: Liberty Press, 1995.

Anderson, Benedict. *Imagined Communities*. Londres: Verso, 1991.

Aristóteles. *Política*. Madrid: Ediciones Alba, 1999.

Barber, Benjamin. «Jihad vs. McWorld». Atlantic Monthly, marzo 1992.

———. *Jihad vs. McWorld*. Nueva York: Ballantine, 2001.

Baron, Salo. *The Jewish Community, Vol. 2*. Philadelphia, PA: Jewish Publication Society, 1945.

Barzun, Jacques. *Del amanecer a la decadencia*. Madrid: Taurus Ediciones, 2002.

Baum, Gregory; Wells, Harold (eds.). *The Reconciliation of Peoples*. Nueva York: Orbis, 1997.

Bauman, Zygmunt. *Globalization: The Human Consequences*. Cambridge: Polity Press, 1998.

Bellah, Robert; Madsen, Richard; Sullivan, William; Swidler, Ann; Tipton, Steven. *Hábitos del corazón*. Madrid: Alianza Editorial, 1989.

Bentley, Tom; Stedman, Jones. *The Moral Universe*. Londres: Demos, 2001.

Berger, Peter. *El dosel sagrado*. Barcelona: Editorial Kairós, 2006.

———. (ed.) *The Desecularization of the World*. Grand Rapids, MI: Eerdmans, 1999.

———. Berger, Brigitte; Kellner, Hansfried. *The Homeless Mind*. Londres: Penguin, 1973.

Berlin, Isaiah. *Liberty*. Oxford: Oxford University Press, 2002.

Booth, Ken; Dunne, Tim; Cox, Michael (eds.). *How Might we Live? Global Ethics in the New Century*. Cambridge: Cambridge University Press, 2001.

Brittan, Samuel. *Capitalism with a Human Face*. Londres: Edward Elgar, 1995.

Brown, Gordon. *Tackling Poverty: A Global New Deal*. Londres: HM Treasury, 2002.

Brown, William P. *The Ethos of the Cosmos*. Grand Rapids, MI: Eerdmans, 1999.

Buber, Martin. *Paths in Utopia*. Syracuse, NY: Syracuse University Press, 1996.

Burke, Edmund. *Reflexiones sobre la Revolución en Francia*. Madrid: Alianza Editorial, 2013.

Burley, Justine. *The Genetic Revolution and Human Rights*. Oxford: Oxford University Press, 1999.

Cahill, Thomas. *El legado de los judíos*. Barcelona: Editorial Debate, 2000.

Clinton, Bill. «The Struggle for the Soul of the 21st Century». BBC, Conferencia Dimbleby, 14 de diciembre de 2001.

Cupitt, Don. *The Sea of Faith*. Londres: BBC, 1984.

Dale, Graham. *God's Politicians*. Londres: HarperCollins, 2000.

Demos. *The Good Life*. Londres: Demos, 1998.

Dennis, Norman; Halsey, A.H. *English Ethical Socialism*. Oxford: Claredon Press, 1988.

Diamond, Jared. *El tercer chimpancé*. Madrid: Espasa Libros, 1994.

Dionne, E.J. *Community Works*. Washington, DC: Brookings Institution, 1998.

Diringer, David. *The Story of the Aleph Beth*. Londres: Lincolns-Prager, 1958.

———. *Writing*. Londres: Thames & Hudson, 1962.

Donne, John. *Poesía completa*. Barcelona: Ediciones 29, 1985.

Dunning, J.H. *Alliance Capitalism and Global Business*. Londres y Nueva York: Routledge, 1997.

———. «Relational Capital, Networks and International Business Activity», en F. Contractor y P. Lorange, *Cooperative Strategies and Alliances*. Oxford: Elsevier Science, 2002.

Eberly, Don (ed). *Building a Community of Citizens*. Lanham, MD: University Press of America, 1994

———. *The Essential Civil Society Reader*. Lanham, MD: Rowman & Littlefield, 2000.

Elazar, Daniel. *People and Polity*. Detroit, MI: Wayne State University Press, 1989.

———. *Covenant and Polity in Biblical Israel*. New Brunswick: Transaction, 1995.

———. *Covenant and Civil Society*. New Brunswick: Transaction, 1998.

Enright, Robert; North, Joanna (eds.). *Exploring Forgiveness*. Madison, WI: University of Wisconsin Press, 1998.

Etzioni, Amitai; Carney David (eds.). *Repentance: A Comparative Perspective*. Lanham, MD: Rowman & Littlefield, 1997.

Finkielkraut, Alain. *In the Name of Humanity*. Londres: Pimlico, 2001.

Frank, Thomas. *One Market Under God*. Londres: Vintage, 2002.

Friedman, Thomas. *The Lexus and the Olive Tree*. Londres: HarperCollins, 2000.

Fukuyama, Francis. «The End of History?». The National Interest, 16 (verano), 1989: 3-18.

———. *The end of History and the Last Man*. Londres: Hamish Hamilton, 1992.

———. *Trust*. Londres: Hamish Hamilton, 1995.

———. *La gran ruptura*. Madrid: Punto de Lectura, 2001.

Galbraith, John Kenneth. *La cultura de la satisfacción*. Barcelona: Editorial Ariel, 2000.

George, Henry. «Moses». Conferencia impartida en el St. Andrew's Hall, Glasgow, el 28 de diciembre de 1884. Glasgow: Land Values Publication Dept., 1907.

Gladwell, Malcolm. *La clave del éxito*. Madrid: Taurus Ediciones, 2006.

Glendon, M.; Blankenhorn, D. (eds.). *Seedbeds of Virtue*. Lanham, MD: Madison Books, 1995.

Glover, Jonathan. *Humanidad e inhumanidad: una historia moral del siglo XX*. Madrid: Cátedra, 2001.

Gompertz, Lewis. *Moral Inquiries on the Situation of Man and the Beasts*. Fontwell, Sussex: Centaur Press, 1992.

Gopin, Marc. *Between Eden and Armageddon*. Oxford: Oxford University Press, 2000.

Gottwald, Norman K. *The Tribes of Yahweh*. Londres: SCM Press, 1980.

Gray, John. *Endgames*. Oxford: Blackwell, 1997.

Gunton, Colin. *Unidad, trinidad y pluralidad: Dios, la creación y la cultura de la modernidad*. Salamanca: Ediciones Sígueme, 2005.

Harrison, Lawrence; Huntington, Samuel (eds.). *Culture Matters*. Nueva York: Basic Books, 2000.

Havel, Václav. *The Art of the Impossible*. Nueva York: Fromm, 1998.

Held, David (ed.). *A Globalizing World?* Londres: Routledge, 2000.

Held, David; McGrew, Anthony (eds.). *The Global Transformations Reader*. Cambridge: Polity Press, 2000.

Henderson, Michael. *Forgiveness: Breaking the Chain of Hate*. Londres: Grosvenor Books, 2002.

Hertz, Noreena. *El poder en la sombra*. Barcelona: Planeta, 2002.

Heschel, A.J. *The Prophets*. Philadelphia, PA: Jewish Publication Society, 1962.

Hill, Christopher. *The English Bible and the Seventeenth Century Revolution*. Londres: Penguin, 1994.

Hillers, Delbert. *Covenant: The History of a Biblical Idea*. Baltimore, MD: Johns Hopkins University Press, 1969.

Hirsch, Samson Raphael. *The Nineteen Letters*. Nueva York: Feldheim, 1969.

Hirschman, Albert. *Las pasiones y los intereses*. Barcelona: Península, 1999.

Hobbes, Thomas. *Leviatán*. Valencia: Universitat de València, 1990.

Howard, Michael. *La invención de la paz*. Barcelona: Salvat, 2001.

Huntington, Samuel. *El choque de civilizaciones y la reconfiguración del orden mundial*. Barcelona: Paidós Ibérica, 2005.

Ignatieff, Michael. *Sangre y pertenencia*. Madrid: El Hombre del Tres, 2012

———. *El honor del guerrero*. Madrid: Punto de Lectura, 2002.

———. *Los derechos humanos como política e idolatría*. Barcelona: Paidós Ibérica, 2003.

James, Oliver. *Britain on the Couch*. Londres: Century, 1997.

Jay, Peter. *La riqueza del hombre*. Barcelona: Editorial Crítica, 2002.

Johnston, Douglas; Sampson, Cynthia (eds.). *Religion, the Missing Dimension of Statecraft*. Oxford: Oxford University Press, 1994.

Jonas, Hans. *El principio de la responsabilidad*. Barcelona: Círculo de Lectores, 1994.

———. *Mortality and Morality*. Evanston, IL: Northwestern University Press, 1996.

Klein, Naomi. *No logo*. Barcelona: Paidós Ibérica, 2002.

Korten, David. *El mundo post empresarial*. Barcelona: Editorial Granica, 2000.

Landes, David. *La riqueza y la pobreza de las naciones*. Barcelona: Crítica, 2008.

Lang, Berel. *Heidegger's Silence*. Londres: Athlone Press, 1996

Lasch, Christopher. *The True and Only Heaven*. Nueva York: W. W. Norton, 1991.

Leadbeater, Charles. *Living on Thin Air*. Londres: Penguin, 2000.

Levi, Primo. *Si esto es un hombre*. Barcelona: Aleph, 2012.

Lindblom, Johannes. *Prophecy in Ancient Israel*. Oxford: Blackwell, 1962.

MacIntyre, Alasdair. *Tras la virtud*. Barcelona: Crítica, 2004.

Man, John. *Alpha Beta: How our Alphabet Shaped the Western World*. Londres: Headline, 2001.

Meilaender, Gilbert. *Working: Its Meaning and Its Limits*. Notre Dame, IN: University of Notre Dame Press, 2000.

Mendes-Flohr, Paul; Reinharz, Judah. *The Jew in the Modern World*. Nueva York: Oxford, 1980.

Micklethwait, John; Woolridge, Adrian. *Un futuro perfecto*. Madrid: Turner, 2003.

Monbiot, George. *Captive State: The Corporate Takeover of Britain*. Londres: Pan, 2001.

Moore, K.; Lewis, D. *Birth of the Multinational*. Copenhague: Copenhagen Business Press, 1999.

Naisbitt, John; Aburdene, Patricia. *Megatrends 2000*. Barcelona: Actualidad y Libros, 1990.

Nisbet, Robert. *History of the Idea of Progress*. Nueva York: Basic Books, 1980.

Novak, Michael. *The Spirit of Democratic Capitalism*. Londres: Institute of Economic Affairs, 1991.

———. *This Hemisphere of Liberty*. Washington DC: American Enterprise Institute, 1992.

———. *The Catholic Ethic and the Spirit of Capitalism*. Nueva York: Free Press, 1993.

———. *Business as a Calling*. Nueva York: Free Press, 1996.

———. *On Cultivating Liberty*. Lanham, MD: Rowman & Littlefield, 1999.

Nye, Joseph. *La paradoja del poder norteamericano*. Madrid: Taurus, 2003.

Ogburn, William. *Sociología*. Madrid: Aguilar, 1968.

Ong, Walter J. *Orality and Literacy*. Londres: Routledge, 1992.

Passmore, John. *La responsabilidad del hombre frente a la naturaleza*. Madrid: Aguilar, 1990.

Perlas, Nicanor. *Shaping Globalization*. Filipinas: Centre for Alternative Development Initiatives, 2000.

Picco, Giandomenico. *Crossing the Divide: Dialogue Among Civilizations*. South Orange, NJ: Seton Hall University, 2001.

Plamenatz. John. *Man and Society. Vol. 1*. Londres: Longman, 1963.

Platón. *La república*. Madrid: Alianza, 2012.

Rawls, John. *El liberalismo político*. Barcelona: Crítica, 2004.

———. *The Law of Peoples*. Cambridge, MA: Harvard University Press, 1999.

Reich, Robert. *El trabajo de las naciones*. Madrid: Vergara Editor, 1993.

———. *The Future of Success*. Londres: William Heinemann, 2001.

Ridley, Matt. *The Origins of Virtue*. Londres: Viking, 1996.

———. *Genoma*. Madrid: Taurus, 2001.

Rifkin, Jeremy. *El siglo de la biotecnología*. Barcelona: Paidós Ibérica, 2009.

———. *La era del acceso*. Barcelona: Paidós Ibérica, 2004.

Rorty, Richard. *La filosofía y el espejo de la naturaleza*. Madrid: Cátedra, 1989.

———. *Contingencia, ironía y solidaridad*. Barcelona: Paidós Ibérica, 2009.

Rotenstreich, Nathan. *Jews and German Philosophy*. Nueva York: Schocken, 1984.

Sacks, Jonathan. *Tradition in an Untraditional Age*. Londres: Vallentine Mitchell, 1990.

———. *Community of Faith*. Londres: Peter Halban, 1995.

———. *Morals and Markets*. Londres: Institute of Economic Affairs, 1999.

———. *The Politics of Hope*. (2ª ed.). Londres: Vintage, 2000.

———. *Radical Then, Radical Now*. Londres: HarperCollins, 2001.

Sandel, Michael (ed.). *Liberalism and its Critics*. Oxford: Blackwell, 1984.
———. *El liberalismo y los límites de la justicia*. Barcelona, Gedisa, 2000.

Schumpeter, Joseph. *Capitalismo, socialismo y democracia*. Barcelona: Folio, 1996.

Scruton, Roger. *Animal Rights and Wrongs*. Londres: Demos, 1996.
———. *Cultura para personas inteligentes*. Barcelona: Península, 2001.

Seligman, Adam. *The Problem of Trust*. Princeton, NJ: Princeton University Press, 1997.

Selznick, Philip. *The Moral Commonwealth*. Berkeley, CA: University of California Press, 1994.

Sen, Amartya. *Desarrollo y libertad*. Barcelona: Planeta, 2000.

Shriver, Donald. *An Ethic for Enemies*. Oxford: Oxford University Press, 1995.

Smith, Adam. *Una investigación sobre la naturaleza y causas de la riqueza de las naciones*. Madrid: Tecnos, 2009.
———. *La teoría de los sentimientos morales*. Madrid: Alianza, 2004.
———. *La riqueza de las naciones*. Barcelona: Folio, 1997.

Sombart, Werner. *Jews and Modern Capitalism*. New Brunswick: Transaction, 1997.

Soros, George. *La crisis del capitalismo global*. Barcelona: Debate, 1999.
———. *Open Society: Reforming Global Capitalism*. Londres: Little, Brown & Co., 2000.
———. *Globalización*. Barcelona: Planeta, 2002.

Stackhouse, Max (ed.). *God and Globalization. Volume 1: Religion and the Powers of the Common Life*. Harrisburg, PA: Trinity Press International, 2000.

———. *God and Globalization. Volume 2: The Spirit and the Modern Authorities.* Harrisburg, PA: Trinity Press International, 2001.

Stitskin, Leon. *Letters of Maimonides.* Nueva York: Yeshiva University Press, 1982.

Tabb, William. *The Amoral Elephant.* Nueva York: Monthly Review Press, 2001.

———. *Unequal Partners.* Nueva York: New Press, 2002.

Tamari, Meir. *With All Your Possessions: Jewish Ethics and Economic Life.* Nueva York: Free Press, 1987.

———. *The Challenge of Wealth.* Northvale, NJ: Jason Aronson, 1995.

Tocqueville, Alexis de. *La democracia en América.* Madrid: Alianza, 2005.

Toffler, Alvin. *El «shock» del futuro.* Barcelona: Plaza & Janés, 1999.

Voegelin, Eric. *Order and History. Volume 1: Israel and Revelation.* Columbia, MO: University of Misouri Press, 1956.

Walzer, Michael (ed.). *Thick and Thin.* Notre Dame, IN: University of Notre Dame Press, 1994.

———. *Toward a Global Civil Society.* Providence, RI: Berghahn Books, 1995.

Warren, Mark. *Democracy and Trust.* Cambridge: Cambridge University Press, 1999.

———. *Democracy and Association.* Princeton, NJ: Princeton University Press, 2001.

Weber, Max. *Ancient Judaism.* New York: Free Press, 1952.

———. *La ética protestante y el espíritu del capitalismo.* Barcelona: Península, 2013.

Wells, H.G. *The Study of History.* Londres: George Newnes, s.f.

Whitehead, Alfred North. *Adventures of Ideas*. Harmondsworth: Penguin, 1942.

Williams, Bernard. *Ethics and the Limits of Philosophy*. Londres: Fontana, 1985.

Wilson, Edward. *Consilience: la unidad del conocimiento*. Barcelona: Galaxia Gutenberg, 1999.

Wright, Robert. *The Moral Animal*. Londres: Little, Brown & Co, 1995.

———. *Nadie pierde: la teoría de juegos y la lógica del destino humano*. Barcelona: Tusquets, 2005.

Este libro se terminó de
imprimir en los talleres de
Cayfosa (Impresia Ibérica)